ANDRÉ MICHEL

SUR LA
PEINTURE FRANÇAISE
AU XIXᵉ SIÈCLE

Avec huit planches hors texte

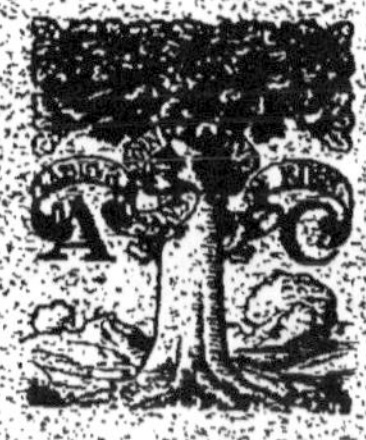

LIBRAIRIE ARMAND COLIN
103, Boulevard Saint-Michel, PARIS

SUR LA

PEINTURE FRANÇAISE

AU XIXᵉ SIÈCLE

ANDRÉ MICHEL

SUR LA
PEINTURE FRANÇAISE
AU XIXᵉ SIÈCLE

Avec huit planches hors texte.

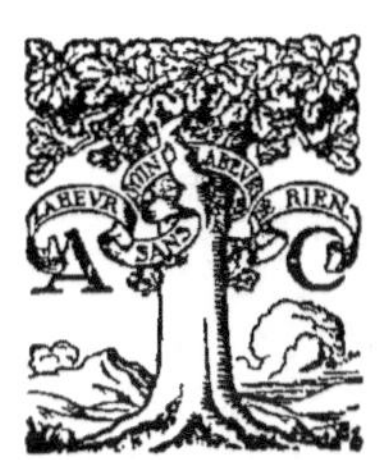

LIBRAIRIE ARMAND COLIN
103, Boulevard Saint-Michel, PARIS
1928

AVANT-PROPOS

Une seule fois, au cours de sa longue carrière de critique et de professeur, en 1896, André Michel s'était donné la tâche de réunir, en un petit volume, modestement intitulé Notes sur l'art moderne[1], *un certain nombre d'articles parus ici et là. Quelle ample et brillante matière offrirait la réunion totale de ses articles épanchés au jour le jour, pendant plus de quarante ans, au* Journal des Débats *notamment! Mais ce serait sans doute trahir sa mémoire que de réaliser sans lui ce qu'il n'avait pas voulu faire lui-même, comme ce serait peut-être le desservir que de publier d'après des notes, si complètes et fidèles soient-elles, la matière de ses vingt-cinq années de cours, dont la substance seule devait passer dans ses chapitres de* l'Histoire de l'Art.

Toutefois, sachant qu'il songeait lui-même, dans les dernières années de sa vie, à quelque choix d'études significatives, sa famille, ses élèves, ses éditeurs — tous ses amis — ont souhaité voir revivre sa pensée ardente, sa puissance d'analyse pénétrante, son enthousiasme communicatif pour les œuvres qu'il aimait, en un groupement homogène sur un des sujets qui lui tenaient le plus au cœur. De ce désir est né ce volume sur la peinture française au XIXe siècle, où reparaissent quelques-unes de ses grandes études sur Corot,

1. Paris, Librairie Armand Colin, 1896, in-12.

sur Millet ou sur Puvis, par exemple, déjà reprises dans les Notes de 1896, aujourd'hui épuisées. Nous les avons encadrées d'autres études, les unes très anciennes, datant de ses débuts au Parlement, les autres de ses derniers feuilletons aux Débats d'après-guerre; certaines sont des resumés de conferences, d'autres des articles de revues, d'autres de simples notes écrites rapidement pour saluer la mémoire d'un disparu ou l'entrée au Musée d'une œuvre magistrale. On pourrait en retrouver d'équivalentes suscitées par l'apparition d'un ouvrage, ou par un souvenir évoqué au cours d'une visite d'exposition. Partout la même vivacité d'impression, la même spontanéité, la même verve, la même indépendance de jugement, la même abondance d'information qui faisaient le charme et la valeur de la critique d'André Michel.

Nous avons groupé et ajusté ces morceaux dans un ordre logique, sans y rien ajouter bien entendu, en élaguant seulement çà et là quelques incidentes et quelques allusions d'actualité. Certaines lacunes s'y marqueront peut-être; mais tous les points traités sont essentiels. Ceux qui ont connu et aimé André Michel l'y retrouveront tout entier; les autres, ceux qui sont venus trop tard, ceux qui viennent, apprendront à le connaître par quelques-uns des meilleurs spécimens de sa manière; c'est pour ceux-ci qu'il nous a paru bon aussi de faire précéder ce recueil in memoriam d'une brève notice résumant la carrière et l'activité féconde de notre maître, avec l'indication des témoignages que lui ont rendus ceux qui l'ont approché et qui se reclament de lui.

Paul Vitry.

ANDRÉ MICHEL

1853-1925

André Michel était né à Montpellier le 7 novembre 1853. Il y avait poursuivi ses études de lettres et d'histoire jusqu'à la licence. Il vint les achever à Paris, où il suivit les cours de l'École des Hautes Études, ceux notamment de Giry et de Gabriel Monod. Déjà orienté vers l'histoire de l'art, il songeait à une thèse de doctorat sur Poussin. L'Université ne s'était pas encore ouverte alors à cette science dont il constatait lui-même, aux premières lignes de son *Histoire de l'Art depuis les premiers temps chrétiens jusqu'à nos jours*, qu'elle est « la dernière instituée parmi les sciences historiques », et le sujet fut rejeté.

Mais l'art vivant l'attirait également, et la presse parisienne accueillit de bonne heure ses essais de critique d'art, qu'il devait poursuivre, de 1886 jusqu'à ses derniers jours, au *Journal des Débats*, avec une indépendance, une ouverture d'esprit, une faculté d'attention sympathique qui lui firent jusqu'au bout une place éminente et hors de pair parmi ses confrères. L'enseignement, qu'il n'avait pas abordé par la voie officielle, mais pour lequel il était fait, prit aussi une part importante de son activité. Ses cours privés, ses conférences à Paris, en province, à l'étranger témoignèrent de la chaleur communicative de sa parole, de ses dons de généralisation et de mise au point des sujets les plus divers. Émile Boutmy le chargea, en 1884, de le suppléer dans sa chaire d'Histoire de l'Art de l'École spéciale d'architecture, qu'il occupa ensuite comme titulaire jusqu'en 1893.

A cette date, bien qu'il n'eût jamais songé jusque-là à entrer dans l'administration et qu'il y parût assez peu disposé, Louis Courajod, qu'il avait connu à la *Gazette des Beaux-Arts*, dont il était l'un des collaborateurs les plus brillants depuis 1884 et dans les jurys de l'Exposition de 1889, Louis Courajod lui proposa, par sympathie d'idées, de sentiments et de caractère, de devenir au Louvre son adjoint dans la conservation du département de la Sculpture du Moyen Age, de la Renaissance et des Temps modernes, qui venait de recevoir une existence autonome. Cette collaboration affectueuse et féconde ne dura que trois ans. En 1896, Courajod était enlevé prématurément, et André Michel recueillit la conservation du département. On sait assez ce qu'il en a fait, continuant avec passion et souvent avec bonheur, non sans orages parfois, dans les services administratifs ou dans les conseils trop lents à son gré à suivre ses impulsions, l'œuvre d'enrichissement et de classement de notre musée de la sculpture française. Ses articles aux *Débats*, dont il tenait volontiers les lecteurs au courant de ses travaux et de ses achats, ses revues périodiques à la *Gazette des Beaux-Arts*, ses études aux « Monuments Piot » sur les morceaux les plus importants qu'il avait pu recueillir, son petit livre, publié chez Laurens, sur *Le Département des Sculptures du Moyen Age, de la Renaissance et des Temps modernes* au Louvre, en ont laissé le témoignage, s'il ne lui a pas été donné d'en dresser lui-même un inventaire complet. Mais, de même que son premier soin avait été, en 1897, de mettre au point et de publier le catalogue préparé par Courajod, qui comprenait alors 867 numéros, nous avons pu, après son départ du Louvre, publier en 1922 un nouveau catalogue qui en comprend 1551.

Mais, pendant ces vingt-cinq ans de soins, de soucis, d'émotions, dont peut témoigner ici celui qui fut durant tout ce temps son élève et son collaborateur constant, son enseignement à l'École du Louvre s'était développé parallèlement. Il avait pris

l'histoire de la sculpture moderne à son origine et l'avait conduite, sans jamais revenir en arrière, jusque vers la fin du
xviie siècle : ce fut pour lui-même une école et une discipline
toute nouvelle que cette enquête menée pas à pas avec un souci
minutieux de l'exact et du complet, auquel il astreignit un esprit
habitué aux généralisations brillantes et aux divinations instinctives du critique et du conférencier. Ses élèves, qui furent nombreux et assidus, n'en ont pas perdu la mémoire, pas plus que
des lueurs éclatantes dont, au milieu d'une discussion critique
ou d'une énumération aride, sa sensibilité toujours en éveil
savait illuminer tel essai balbutiant d'un imagier roman ou tel
chef-d'œuvre classique d'un Puget ou d'un Coysevox.

Quelle magnifique histoire de la sculpture française il eût pu
écrire, s'il avait pris le temps de tenir mainte promesse faite à
droite ou à gauche, s'il n'avait préféré surtout faire passer la substance de cet enseignement analytique dans les chapitres qu'il se
réserva de cette *Histoire de l'Art* à laquelle il allait consacrer, à
partir de 1903, ses dons d'écrivain, ses vues larges et généreuses et sa puissance de synthèse.

Les Expositions universelles de 1889 et de 1900 lui avaient été
déjà l'occasion de tracer, pour la *Gazette des Beaux-Arts*, de
vastes tableaux de l'art sculptural ou pictural du xixe siècle.
Après un *Boucher*, daté de 1886, il avait, en 1890, écrit une
histoire de *L'École française de David à Delacroix*. Mais c'était
surtout ses remarquables chapitres sur l'histoire de l'art depuis
le xvie siècle, parus dans l'*Histoire générale* de Lavisse et Rambaud, qui avaient mis en lumière ses qualités d'historien et
l'étendue compréhensive de ses vues d'ensemble. Quand, après
cette *Histoire générale*, M. Max Leclerc, directeur de la Librairie
Armand Colin, eut l'idée d'entreprendre une *Histoire de l'Art*,
cette idée aussitôt s'identifia dans son esprit avec André Michel,
qu'il avait appris à connaître et à aimer aux *Débats*. Lui seul
pouvait être l'âme de cette vaste entreprise. Mais la matière se

trouva si riche que les huit tomes prévus durent se dédoubler en dix-sept volumes dont on sait aujourd'hui ce qu'ils représentent de notions, de faits et d'idées accumulés.

André Michel ne se borna pas, du reste, à distribuer la tâche entre les collaborateurs dont les compétences diverses et les manières parfois divergentes lui étaient connues et qu'il savait prêts à accepter ses suggestions amicales. Par des discussions, souvent délicates, malgré tout, par un travail personnel sur les manuscrits et les épreuves, par les conclusions et les avertissements qu'il tint à rédiger lui-même pour « lier la gerbe », comme il disait, il s'efforça de maintenir autant que possible l'unité de l'œuvre, et il y réussit non sans peine, non sans inquiétudes et sans troubles de conscience parfois, souhaitant souvent d'arriver vers la fin du cycle pour assumer une part personnelle de plus en plus grande de la besogne, afin de réaliser, par l'intervention de sa propre vision, si large et si humaine, des manifestations de l'art moderne, le tableau d'ensemble qu'il rêvait comme la conclusion de l'ouvrage.

Ce fut, hélas! le contraire qui arriva. On sait combien la période de la guerre, qui interrompit la publication de l'*Histoire de l'Art*, lui fut cruelle à lui-même par les angoisses et les deuils multipliés autour de lui. Son activité apparente n'en fut pas diminuée. Il se raidit au contraire et se multiplia pour « servir » quand même. Mais il nous disait fréquemment sa lassitude extrême, son cœur surmené, ses nerfs usés. Les honneurs lui étaient venus tardivement. Il avait remplacé, en 1917, à l'Académie des Beaux-Arts, son ami Louis de Fourcaud. Deux fois président de la *Société de l'Histoire de l'Art français*, il avait eu la charge de présider en 1921 le *Congrès de l'Histoire de l'Art* tenu à Paris, et nul n'était certes mieux qualifié que lui pour représenter la science et l'esprit français devant les délégués des vingt-six nations amies ou alliées qui vinrent se grouper à la Sorbonne et affirmer, comme il le leur disait en un magnifique

langage, que, « en dépit de tant de réalités décevantes et cruelles,
de destructions et d'hécatombes, l'homme n'est pas voué aux
œuvres de haine et de mort ». Mais, de la période terrible qu'il
venait de traverser, un nuage restait sur sa pensée, un voile sur
sa parole jadis si vibrante, même lorsqu'il nous disait encore
cette fois que « ce qui fait le prix de la vie, après la bonté, c'est
la beauté », lorsqu'il vantait à cette assemblée d'érudits « le rôle
initiateur et révélateur de la sensibilité et du sentiment ».

Il venait de quitter le Louvre, non sans mélancolie, pour se
consacrer à l'enseignement au Collège de France, où la mort de
Georges Lafenestre lui avait permis d'entrer. Il ne put y donner
toute sa mesure. Deux ans après, il était obligé de renoncer au
professorat. L'*Histoire de l'Art* restait sa préoccupation essen-
tielle, et s'il dut, au cours de l'année qui suivit, renoncer à écrire
« son chapitre » sur la Sculpture de la seconde moitié du
xviiie siècle, toutes les épreuves du volume lui passèrent encore
par les mains et retinrent son attention défaillante, son esprit
terrassé par un mal implacable. Il succomba le 12 octobre 1925.

Il ne nous appartient ici que de rappeler ce qu'avait été, chez
André Michel, le savant, l'écrivain, le professeur. Comment
cependant ne pas évoquer d'un mot, en terminant, et la chaleur
de son amitié, et ses vertus familiales qui lui faisaient, à son
foyer si durement frappé, un cercle d'affections si puissantes, et
cette conscience enfin où, comme le disait admirablement
M. le Pasteur Westphal, au jour de ses obsèques, « la notion
du devoir, marquée au coin de l'intransigeance huguenote,
s'unissait à une compréhension chevaleresque de la conscience
d'autrui » ?

PAUL VITRY.

NOTICES SUR ANDRÉ MICHEL

Discours de M. le Pasteur Westphal aux obsèques d'André Michel (non publié).

Paul Vitry, *Beaux-Arts*, 1ᵉʳ novembre 1925 ; *Gazette de Beaux-Arts*, décembre 1925.

Robert Rey, *L'Europe nouvelle*, novembre 1925.

Robert Burnand, *Foi et Vie*, 1ᵉʳ décembre 1925.

André Hallays, *Journal des Débats*, 27 décembre 1925.

F. Guiraud, *Larousse mensuel*, 1ᵉʳ janvier 1926.

Ad. Boschot, *Notice lue à l'Institut*, 12 juin 1926.

Paul Vitry, *Bulletin de l'Académie des Beaux-Arts*, 1926.

Louise Lefrançois-Pillion, *Journal de Rouen*, 18 juin 1927.

Max Leclerc, *Histoire de l'Art*, t. VIII, 3ᵉ partie, p. 923, 1928

SUR LA PEINTURE FRANÇAISE
AU XIXe SIÈCLE

DAVID
ET SON ÉCOLE

I. — LES DÉBUTS DE DAVID[1]

Qu'avant de devenir le maître impérieux de l'art
« régénéré », le dictateur de « l'idéal », — lequel résidait
alors, comme l'enseignaient les docteurs de l'École, dans
« la régularité absolue », la représentation impersonnelle et abstraite de « l'homme, tel qu'aurait dû être
son archétype... avant l'invasion des irrégularités, des
dégradations et des déviations », et tel qu'on pouvait se
le figurer d'après l'*Antinoüs*, l'*Apollon du Belvédère* et la
Vénus des Médicis, — Louis David eût sacrifié aux
grâces papillotantes et chiffonnées que Boucher, d'im-
pure mémoire, avait servies et courtisées, qu'il eût, en

---

1. *Journal des Débats*, 8 avril 1913. — A propos d'une exposition
rétrospective de l'œuvre de David et de ses élèves.

ses jeunes années, participé au goût dépravé de la société corrompue que décima et décapita le vertueux jacobinisme, on le savait et on l'a assez dit.... Mais voici une occasion vraiment exceptionnelle de le constater sur le vif. Et du même coup, — par la brusque confrontation des chefs-d'œuvre nés des meilleurs désirs du peintre, de ses heureux et intermittents abandons à la peinture et à la vie, avec ses tableaux « de style », les pensums d'école de sa vieillesse, peints à grand renfort de formules et de tubes d'empois, — il sera loisible de vérifier les ravages que peuvent exercer l'esprit de système, le froid délire de la raison raisonnante.... Mais ce n'est pas une raison de méconnaître tant de belles œuvres où le vrai David se révèle tout entier.

*
* *

Son histoire au fond est bien simple; on la suit ici à livre ouvert. Voici ses premières œuvres : deux portraits de 1769. Il a alors vingt et un ans à peine. Sur les conseils de Boucher vieilli, découragé et un peu aigri, il a été confié aux soins de Vien[1], qui jouait au chef d'école, et que Mme du Barry admirait, moins pour avoir entrepris de rendre à la peinture française « toute sa dignité » que pour avoir peint *Vénus montrant*

---

1. J'ai publié, dans le *Livre du centenaire du « Journal des Débats »* (voir pages 466 et suivantes), d'après les comptes rendus contemporains, le récit, aussi amusant qu'instructif, d'une cérémonie célébrée le 9 brumaire an IX, sous la présidence de David, en l'honneur de Vien, « régénérateur de l'École française, patriarche de la peinture ».

à Mars ses pigeons qui ont fait leur nid dans son casque.
Il est chez Vien, mais il est encore plein de Greuze et
il aime Rubens, — et il sera trop heureux de continuer
chez la Guimard l'œuvre inachevée de Frago. Un de
ses oncles, le frère de sa mère, l'architecte Jacques
Buron, lui a été particulièrement bienveillant et utile;
il a plaidé sa cause auprès de ses parents quand il s'est
agi de délaisser l'architecture, à quoi on le destinait (le
grand-père était entrepreneur, deux oncles étaient
architectes), pour la peinture. Il met tout son cœur de
brave petit peintre dans les portraits de l'oncle et de la
tante Buron.

L'oncle, avec sa face enluminée et assez mal rasée,
son bel habit vert et or et son gilet orange, offrait une
admirable matière à un peintre réaliste, coloriste et ami
des généreux empâtements. Le jeune David l'aborda
avec une rare franchise et comme s'il avait étudié déjà
les meilleurs et plus savoureux portraits de Greuze.
Certes, il apprendra par la suite beaucoup de choses
qu'il ne sait pas encore, mais les plus belles œuvres
seront celles où il retrouvera la spontanéité, l'entrain et
la chaleur de ce premier morceau. Quand il peindra,
treize ans plus tard, d'une pâte plus mince, la large et
bonne tête aux gros sourcils débonnaires de son autre
oncle, l'architecte Demaison, en habit rose et gilet d'or
fleuri, il s'y montrera, certes, portraitiste excellent, — et,
dans les détails et accessoires, compas, crayon, peintre
de nature morte singulièrement habile et savoureux, —
mais on dirait que, devant cette figure haute en couleur
et qui eût mis en verve un Jordaens, il est déjà en garde

contre les entraînements du pinceau et du « métier ».

La tante Buron (1769) est aussi un franc et bon portrait. La vérité physionomique est serrée de près avec une curiosité affectueuse; tous les éléments pittoresques du costume sont mis en œuvre avec entrain. La bonne dame lisait, et elle tient ouvert devant elle le livre à brochure jaspée que l'on voit souvent aux mains des charmantes liseuses du XVIIIe siècle; mais elle vient de suspendre sa lecture, le front encore appuyé sur la main gauche; son regard passe par-dessus la page interrompue, comme si elle s'apprêtait à répondre, sa large bouche aux lèvres épaisses complétant l'expression des yeux, à quelque question d'un interlocuteur invisible. Elle ne se soucie pas du tout de savoir si l'art a pour mission de rechercher, par la beauté, « le type fondamental de l'espèce », et de nous ravir « au stérile domaine de la réalité ». Elle vit, elle lit et prend plaisir à sa lecture, et son jeune peintre ne s'embarrasse pas non plus d'esthétique et de théories.

Trois ans plus tard, nous le retrouvons en plein travail pour le concours du prix de Rome, qu'il devait manquer deux fois avant de l'obtenir. C'est d'abord (1772) *Apollon et Diane perçant de leurs flèches les filles de Niobé*. Boucher, mort depuis deux ans, ne put pas voir ce morceau; il y eût reconnu son esprit et en eût été ravi; il eût pu constater qu'il n'avait pas à réagir autant qu'il l'avait craint contre les conseils de Vien. « Venez me voir, avait-il dit au petit David (s'il faut en croire le propos si souvent cité, rapporté... et peut-être inventé par Miette de Villars dans les *Mémoires de*

David, p. 53), venez me voir souvent, je corrigerai les défauts de ce maître en vous apprenant à *mettre de la chaleur et à casser un bras et une jambe avec grâce.* » Cette touche fouettée, ces accents roses prestement posés du bout du pinceau, cette déesse tireuse d'arc nonchalamment couchée sur les nuages, ce ragoût de couleurs claires et fleuries, qu'est-ce, sinon encore du Boucher ? Et la *Mort de Sénèque* (1773), pour laquelle David avait si bien espéré son premier prix qu'il voulut se tuer quand il se le vit refuser ? C'est encore du plus frivole XVIIIe siècle. Sénèque, entouré de jolies femmes galamment dévêtues de vert céladon, de rose tendre et de bleu turquoise, comme d'un bouquet de fleurs éclatantes, meurt ou s'apprête à mourir avec la bonne grâce et dans un décor qui conviendraient à un épicurien. Pourtant les personnages, guerriers et médecins, qui l'entourent, témoignent, à leur manière et selon le goût du temps, avec une sensibilité faite pour émouvoir Diderot, que leur peintre vient de mériter le *prix d'expression.* Le morceau eut un grand succès, et on accusa Vien d'avoir, dans un accès de mauvaise humeur, privé du premier rang son élève indocile. Cochin l'admirait fort : « N'allez pas, comme tant d'autres, disait-il, deux ans plus tard, à David, n'allez pas vous perdre à Rome ; *rappelez-vous votre charmant tableau de Sénèque !* »

David ne se tua pas ; le bon Sedaine, dont il fit cette année-là le portrait, et son oncle Buron le persuadèrent de vivre et, l'année suivante, sa constance fut enfin récompensée : *Érasistrate découvrant la maladie d'Antiochus dans son amour pour Stratonice* lui valut ce premier prix tant désiré. On peut, à y regarder de près, constater ici un commencement de conversion ; des influences ou des intentions plus austères commencent à se faire jour dans ce tableau, tout plein, d'ailleurs, de l'esprit de la vieille académie. Le médecin, surtout les deux femmes, dont une agenouillée près de Stratonice, à droite de la composition, sont vaguement *poussinesques.* C'est que, depuis quelques années, Poussin et Lesueur étaient invoqués comme des exemples à opposer au « dévergondage » de Boucher. Diderot, en même temps qu'il multipliait de pathétiques appels et rappels au *Laocoon,* à l'*Apollon du Belvédère,* au « grand style sévère et antique », à Raphaël, au Dominiquin, aux Carrache, proposait aussi aux jeunes peintres les œuvres de ce Poussin, qui savait « peindre comme on parlait à Sparte » ! Dès 1767, il s'écriait : « O le Poussin ! ô Lesueur ! où est le *Testament d'Eudamidas ?* où est la *Vie de saint Bruno ?* » Et, dix ans auparavant, le *Mercure de France,* à propos d'une gravure du *Testament d'Eudamidas* par Metray, avait commencé une campagne assez intermittente, il faut l'avouer, mais qui avait éveillé dans la littérature du temps de nombreux et significatifs échos.... On peut dire que David arrivait plutôt en retard !...

Le sujet même, choisi par l'Académie, avait été depuis quelques années, par l'influence de Winckelmann et de Raphaël Mengs, introduit, si l'on peut dire, dans le répertoire de la pédagogie académique européenne, comme la *Mort de Socrate, Andromaque pleurant sur le cadavre d'Hector, Achille pleurant la mort de Patrocle,*

Philoctète blessé, *Priam implorant Achille*, *Agrippine au tombeau* (ou *ramenant les cendres*) *de Germanicus*, que des peintres anglais ou allemands établis à Rome (Gavin, Hamilton, Benjamin West, James Barry, Angelica Kauffmann, Gessner) ont déjà traités et que les gazettes (la *Gazette littéraire de l'Europe*, le *Journal étranger*, le *Mercure* lui-même) ont signalés et commentés. — La préface du Salon de 1767 de Diderot reflétait assez ces préoccupations nouvelles. Ici encore David suivait le mouvement, bien plus qu'il ne le créait. Mais il allait bientôt y mettre sa marque impérieuse et sa terrible autorité....

II. — DAVID ET LE TABLEAU DU SACRE[1]

Quand David reçut la commande du tableau du Sacre, il en était à sa troisième conversion. Je n'entends pas seulement par là que, de bon royaliste, il s'était fait terroriste et régicide, et que, depuis 1798, il était fervent bonapartiste. C'est de ses conversions esthétiques que je veux parler.... Quand il était entré pour sa part de Créateur, comme on dit aujourd'hui, dans le monde de l'art, il avait trouvé la peinture française florissante, mais sous les « petits maîtres »; Boucher — Watteau étant mort trop tôt — en était encore le représentant le mieux achalandé; mais déjà il avait rencontré, dans l'opinion des lettrés, des philosophes, un commencement de résistance et provoqué une sensible réaction.

Quand on regarde d'un peu près dans l'histoire des idées et de l'art au XVIIIe siècle, on est frappé de voir comment, au moment même où, avec la faveur de la Pompadour et de Marigny, Boucher semble le maître absolu des ateliers et de la mode, une tendance se marque de plus en plus, dans une partie de l'opinion, à remettre en honneur, ainsi que s'exprimaient les circulaires de Marigny lui-même avant celles de M. d'Angiviller, la « peinture d'histoire », et ce que

1. *Revue de la Semaine*, 11 février 1921, — Conférence faite pour la *Société des Conférences.*

Diderot appellera bientôt le grand art sévère et antique,
qu'il opposera, avec une âpreté croissante, bientôt même
avec des injures, à ce malheureux Boucher qui restait,
lui, le défenseur ou le représentant de cet art « tout de
grâce et de volupté » que la majorité du public aimait
toujours et encourageait encore. Mais, tout de même,
cet « air de négligence qui est une des plus agréables
séductions de l'art », ce dessin, « du plus beau coulant
dans ses carnations fraîches, touchées de grandes
lumières », étaient de plus en plus critiqués, et surtout
la tendance de la pédagogie, — depuis la création de
l'École Royale des Élèves protégés, qui date, remar-
quez-le, de 1748, — affirmée dans les textes officiels;
sinon encore dans les œuvres, la tendance de la pédagogie était de réformer cet art. Lectures quotidiennes
de Tite-Live et des historiens et poètes propres à fournir de beaux sujets pour des tableaux d'histoire,
exercices théoriques et pratiques, etc., etc. Que de
Manlius Torquatus, Horaces, Stratonices, Andro-
maques et Brutus furent peints avant ceux de David!
Ceux même qui défendaient, avec le plus de zèle, le
pauvre Boucher et ses congénères, n'en parlaient plus
qu'avec une certaine réserve. Écoutez, par exemple,
Gresset :

> Si dans cette illustre carrière
> La peinture sur ses autels
> De Rigaud et de Largillière
> N'offre plus les traits immortels,
> A juste titre elle a pu croire
> Que c'était assez pour sa gloire,

> Assez pour enseigner ses lois
> D'offrir des Coypels, des De Troys,
> Et de conduire sur ces traces
> Van Loo, le fils de la gaîté,
> Boucher, peintre des voluptés,
> Et Nattier, l'élève des grâces.

C'est ce qu'on appelle plaider les circonstances atténuantes.

Quand Piron demande, pour son ami Boucher qui commence à vieillir, la faveur d'un logement au Louvre, voici comment il s'y prend :

Boucher ne tire de sa cervelle

> Qu'objets fripons, jolis minois,
> Qu'amour et tout ce qu'il inspire :
> Une bergère qui se mire
> Dans l'onde, un bouquet sur le sein,
> De nymphes un folâtre essaim
> Que, l'œil en feu, lorgne un satyre....
> Je ne recherche, pour tout dire,
> Qu'élégance, grâce, beauté,
> En un mot que ce qui respire
> Ou gentillesse, ou volupté.
> Le tout, sans trop de liberté,
> Drapé du voile que désire
> La scrupuleuse honnêteté.
> Voile mince, à la vérité,
> Et qu'avec facilité
> L'imagination déchire.
> *Tel est le genre accrédité*
> *Où le goût régnant me condamne.*
> *J'ai des enfants et des besoins*
> *Et l'on court moins*
> *A Michel-Ange qu'à l'Albane.*

Et il ajoute que :

Sous l'antique toit de Louis.

si l'on accorde à son ami Boucher ce logement au
Louvre, peut-être une manière « plus grande, plus mâle
et plus fière » naîtra peu à peu sous ses pinceaux réfor-
més.

Voici donc quel était, au moment des débuts de
David, l'état de l'opinion et ce que l'on pourrait appeler
le milieu moral.

Eh bien! David, quand il débute, est tout entier du
côté de Boucher. Vous n'avez, pour vous en rendre
compte, qu'à aller au Louvre et à l'École des Beaux-
Arts voir les différents morceaux de concours qu'il
peignit entre les années 1771 et 1774, alors qu'il était
candidat au Grand Prix de Rome. En 1771, c'est le
Combat de Minerve contre Mars. Il est au Louvre,
près du tableau du Sacre ; allez le voir et vous consta-
terez que cette Vénus, qui intervient, mollement couchée sur les nuages, dans le combat de Minerve contre
Mars, cette Vénus aux molles nudités, avec ses
touches de rose posées dans les plis de sa peau et sur
les boutons de ses seins, que ce Mars, avec les verts
céladon de son costume et ses roses tendres d'opéra,
sont tout à fait dans la manière et dans le goût de
Boucher.

En 1772, quand il peint *Apollon et Diane perçant
de leurs flèches les enfants de Niobé* ; en 1773, quand
il peint *La mort de Sénèque* dans une claire et soyeuse
harmonie où sont prodiguées les notes les plus gaies et

les plus chatoyantes de la palette de Boucher, David est bien loin de penser à réformer quoi que ce soit dans l'art et la mode de son temps. Et c'est la même année que, — Fragonard ayant laissé inachevée la décoration de l'hôtel de la Guimard, — David est choisi pour continuer le travail interrompu, — et, bien entendu, dans le goût de son prédécesseur.

C'est en 1774 qu'il obtint le prix avec le tableau d'*Antiochus, fils de Séleucus, malade de l'amour qu'il avait conçu pour Stratonice, sa belle-mère.* Ce sujet de la *Stratonice* était inscrit depuis des années dans le programme courant de la peinture d'histoire, — et bien avant, comme vous voyez, qu'Ingres pensât à s'en inspirer.

Dans ce tableau, pour la première fois, on peut commencer de constater un revirement, ou plutôt une atténuation dans la manière de David. Les influences de Boucher sont remplacées par les influences très reconnaissables de Greuze et, dans certaines figures, même, la préoccupation de Poussin, que Diderot, depuis des années, ne se lassait pas de rappeler aux peintres « dégénérés » de l'École Française.

Et voilà David prix de Rome.

Son succès coïncida avec la nomination d'un nouveau directeur. Ce nouveau directeur, c'est son maître Joseph-Marie Vien, venu de sa ville natale, Montpellier, à Paris, qui, sur ses vieux jours, aimait à s'appeler, non sans quelque complaisance, le « régénérateur de l'École et le sectateur des Grecs ».

Vien emmène David avec lui. Avant de partir,

celui-ci est allé prendre congé de Boucher et de Cochin,
qui l'avaient paternellement engagé à ne pas laisser se
« refroidir » à Rome la palette dont il avait peint son
joli tableau de Sénèque ! Et David protestait : « L'Antique ne me touche pas, l'Antique ne me remue pas. »

On s'arrête à Parme et on voit Corrège. Corrège
l'enthousiasme et le sage Vien lui dit : « Attendez, mon
ami, attendez que nous soyons à Rome ! C'est là que
vous verrez la véritable Italie, le grand art italien. »

On arrive à Rome au moment où il n'est question
que de Pompéï, d'Herculanum, des fouilles qui sont
en train de remettre à jour cette Antiquité que de génération en génération on croit découvrir et que l'on
ne connaissait en réalité encore qu'assez mal. C'était
surtout le moment où, depuis sept ou huit ans, s'était
institué au Vatican même, sous les auspices du pape
Benoît XIV, un enseignement de l'histoire de l'art et
de l'esthétique, confié d'abord à un peintre allemand,
théoricien implacable, Raphaël Mengs, qui avait inau-
guré un cours : « Contre le goût français. »

A mesure que j'étudie de plus près cette intervention, à cette heure, dans la pédagogie de l'esthétique
néo-classique allemande, je me convaincs davantage
qu'il y eut là, dans cette capitale du monde civilisé, un
centre, un foyer d'influences désastreuses. Tout ce qui
s'est glissé, tout ce qui s'est enfoncé dans les cervelles
de métaphysique absconse, tout le « bourrage de crânes »
qui a affolé toute une génération d'esthéticiens et de
docteurs de l'*idéal*, tout ce que la *chimera bombynans in
vacuo*, comme disait Rabelais, a pu susciter de défini-

tions, de formules vides et d'autant plus tyranniques...,
c'est à l'enseignement des esthéticiens de Rome qu'il
faut en faire remonter la cause première et la responsabilité. C'est Raphaël Mengs, c'est Winckelmann, —
qui le « renforça » et le compléta, — qui furent les
auteurs responsables du pseudo-classicisme de la Révolution et du Premier Empire, qui imposèrent à l'imagination de nos artistes français ce manteau lourd et
glacé, que le romantisme allait quelques années plus
tard secouer frénétiquement. « Qui nous délivrera des
Grecs et des Romains ? » C'est contre les Grecs et les
Romains, drapés selon les théories de Winckelmann,
que protesta bientôt toute la jeunesse.

C'est au cours d'un voyage avec Quatremère de
Quincy à Pompéï, que David commença de prêter
l'oreille aux discours des théoriciens, et c'est au retour
de ce voyage qu'il déclara : « Je viens d'être opéré de
la cataracte, j'ai compris l'Antiquité ! »

Il a vu l'Antiquité et il se met à l'œuvre.... D'abord
son *Andromaque*, pleine encore d'influences de Greuze,
son *Bélisaire*, plus « poussinesque », marquent les étapes
de la conversion qui le conduira bientôt au *Serment des
Horaces*.

Il y aurait beaucoup à dire sur l'exécution, la conception, le succès — en un mot l'histoire — de ce tableau.
Ce n'est pas aujourd'hui mon sujet, mais il me semble
que je devais vous rappeler ces « antécédents » pour vous
faire mieux comprendre où en était David quand il se
trouva devant l'immense toile, encore blanche, où il
devra représenter le *Sacre de Napoléon*.

Les *Horaces* avaient produit à Rome un effet qui peut nous étonner aujourd'hui ; mais les témoignages sont unanimes. Ce fut comme l'accomplissement, la révélation de ce qu'attendait toute une génération ! Et quand, de Rome, les *Horaces* arrivent à Paris et sont exposés au Salon de 1785, depuis le roi Louis XVI et la reine Marie-Antoinette jusqu'au dernier critique du *Mercure de France*, du *Journal de Paris*, ou du *Pausanias français*, c'est une acclamation unanime : « Un grand peintre nous est né ! » Les commentaires jaillissent de tous côtés. Les uns admirent surtout le vieil Horace tenant de la main gauche les trois glaives qu'il va distribuer à ses fils, qu'il bénit de la main droite ; les autres s'extasient sur ce groupe des trois frères, aux jambes robustes et bien musclées, — contrastant avec les vieilles jambes fléchissantes et tremblantes du vieillard, — sur le geste de leurs bras tendus, alignés comme à la parade, pour un serment solennel... : c'est Rome, c'est l'héroïsme pathétique et sentimental conforme au goût du temps.... Mais bientôt David sent s'éveiller en lui des scrupules et un autre idéal.... Il a voulu retourner à Rome pour finir les *Horaces*. Mais il ne suffira plus d'être « Romain » : il faut être « Grec ». *Pâris et Hélène*, qu'il peint en 1788 pour le comte d'Artois, est un premier essai, un premier effort dans cette voie nouvelle, qui doit le conduire, — mais après et à travers quelles tourmentes ! — aux *Sabines*, qui ne seront achevées qu'en 1799.

Au cours de ces dix années, 1789-1799, vous savez ce qui se passe : la Révolution, le délire jacobin, David

pris, roulé par les événements, entraîné dans le Robes-
pierrisme le plus fanatique, après avoir été proclamé,
dès 1791, le « peintre de la Révolution »....

Le premier tableau, qu'il ne devait jamais finir, dans
lequel il se révèle sous cet aspect nouveau, c'est le
Serment du Jeu de Paume.

Dubois-Crancé était monté, le 20 octobre 1790, à la
Tribune de la Société des Jacobins et y avait déclaré
qu'il était temps d'effacer de notre chronologie tant de
siècles d'erreur, d'oublier les tyrans et de déclarer que
la France régénérée « datait du 20 juin 1789 », jour du
Serment du Jeu de Paume. André Chénier, qui donnait
de tout son cœur et de toute sa foi dans les idées nouvelles, publiait son ode sur le *Serment du Jeu de Paume*,
dédiée à son ami Louis David... :

> Reprends ta robe d'or, ceins ton riche bandeau,
> Jeune et divine poésie,
> Quoique ces temps d'orage éclipsent ton flambeau...,
> Aux lèvres de David, roi du savant pinceau,
> Porte la coupe d'ambroisie...

Il rappelait les œuvres du peintre depuis le

> Mâle serment des trois Frères sauveurs de Rome

et l'invitait à peindre

> Un plus noble serment digne de son pinceau.

Les choses, vous le savez, allèrent plus vite que les
prévisions humaines. La plupart des héros du Jeu de

Paume furent bientôt des proscrits, et même Chénier, qui avait dédié à David l'ode du *Serment*, en venait moins de deux ans après à flétrir :

Le stupide David qu'autrefois j'ai chanté.

David, emporté par la terrible logique des «journées» révolutionnaires, était devenu pour son malheur un pauvre homme politique. Il n'avait peint qu'à la sollici- tation des événements. Et ce fut l'apothéose de *Le Pelletier de Saint-Fargeau;* ce fut *Marat* dans sa bai- gnoire, ce fut le petit *Bara,* l'organisation des grandes fêtes, des « pompes », des cortèges solennels, jusqu'à celui de l'Être Suprême.

Mais, pendant ce temps, les dogmes artistiques se formulaient en aphorismes de plus en plus impérieux, où le jacobinisme intellectuel se confond avec les élucubra- tions d'une « idéologie » exaspérée. « L'accident ne doit jamais altérer l'unité du caractère, de la forme. Le type du beau n'existe que dans la nature collective et, pour le retrouver, on n'a d'autre ressource que les écrits des anciens... Toute figure qui ne serait pas étudiée et méditée dans un esprit philosophique serait un ouvrage indigne de la haute science de l'art... Les traits d'un beau visage sont simples, aussi peu multipliés que pos- sible. Une figure, où le trait qui descend du front à l'ex- trémité du nez, l'arc du sourcil et ceux décrits par les paupières sont rompus, a moins de beauté que la figure dans laquelle chacune de ces parties est formée d'une seule ligne. La « difformité » augmentera à mesure que les lignes se multiplieront par la cavité des yeux, le

renflement des narines, l'exubérance des lèvres et la
saillie des os. »

Et vous voyez, à mesure que je vous lis ces textes,
se dessiner devant vos yeux, se dresser devant vous,
rigides, immobiles, glacées, toutes ces figures « idéales »,
que la peinture et la sculpture du temps, en Allemagne
comme en France, multiplièrent sur tous les chevalets et sur toutes les selles dans presque tous les
ateliers.

Quand il dut renoncer à la politique, quand, au
lendemain de la chute de Robespierre, son grand ami,
il se vit accuser à son tour, traduit devant la Convention, poussé à la tribune, balbutiant, lamentable,
pâle, la sueur dégouttant de son front, décrété d'accusation, incarcéré, David passe successivement cinq mois,
puis trois mois, en prison, et c'est dans sa cellule du
Luxembourg que, reprenant une pensée déjà caressée,
il revient au projet des *Sabines*. Ses élèves, ses amis,
obtiennent sa liberté provisoire ; on l'autorise à rentrer
chez lui, sous la surveillance d'un garde, et c'est seulement à l'amnistie du 4 Brumaire, qu'il se sent définitivement libéré.

Le temps me manque pour vous conduire au Louvre,
dans cet atelier des *Sabines* où il mit en train ce tableau,
qui devait être comme le manifeste de son idéal « épuré ».
Il y travaillait avec un enthousiasme croissant, enlevant
l'une après l'autre les draperies qu'il avait d'abord
laissées sur le corps de Tatius et de Romulus, faisant
flotter celles d'Hersilie, de façon à mettre en évidence
la nudité, la beauté de son corps et à se rapprocher

ainsi du pur idéal *grec*, car, d'après la formule désormais triomphante : *græcum est nihil velare*....

Mais le tableau ne devait être fini qu'en 1799, et, entre temps, des événements imprévus, foudroyants, allaient une fois de plus saisir, entraîner le Jacobin converti.

Le général Bonaparte était arrivé à Paris le 17 octobre 1797, apportant le traité de Campo Formio dont il venait demander la ratification. Il avait déjà remarqué ce David, que, peut-être, dans ses rêves d'avenir, il avait associé à son destin. Pendant la réaction fructidorienne, qui avait inquiété les anciens régicides, il lui avait fait offrir un asile dans son camp, lui garantissant, au milieu de son armée, une protection qui le mettrait à l'abri de toutes les menaces, et David ne l'avait pas oublié. Aussi, comme la France tout entière, attendait-il avec une impatience et une curiosité frémissante, le héros qu'il ne connaissait pas encore. Le désir de le peindre le hante désormais. Bonaparte accepte, mais oublie successivement plusieurs rendez-vous qu'il avait accordés. Enfin, il finit par arriver à l'atelier du Louvre.

Il faut lire dans Delécluze, l'élève, le confident, l'ami de David, le récit de cette visite. Le petit escalier malodorant qui conduisait à « l'atelier des Horaces », dans les combles du palais, du côté de ce qui sera un peu plus tard la rue de Rivoli, l'attente enfiévrée des élèves, la rumeur des voix, l'ardeur allumée des regards....

David avait fait préparer une estrade et une toile sur laquelle il avait sommairement esquissé une grande composition qui représentait un épisode des campagnes d'Italie ; il y avait ménagé une place pour Bonaparte qu'il voulait représenter descendant de cheval. Le général était arrivé vêtu d'une redingote bleu foncé, le cou enveloppé d'une large cravate noire d'où son maigre visage, sa pâleur ambrée et ses yeux, pareils à de noirs diamants, émergeaient et semblaient fulgurer....

Il y eut un tête-à-tête de trois heures entre le peintre et son modèle, et c'est dans cette unique séance que fut ébauché l'admirable, l'incomparable portrait dont la tête seule est peinte, avec le col bleu de l'habit et la haute cravate noire, le reste étant simplement crayonné, indiqué de quelques traits sommaires. Jamais portrait plus évocateur, plus décisif du héros ne fut peint.

Bonaparte à peine parti, les élèves se précipitent : « Vous l'avez vu? Qu'a-t-il dit? — Vous êtes impatients de savoir ce qui s'est passé? Eh bien! mes amis, je crois vraiment que ce que je viens de faire n'est pas indigne de mon modèle. Il est beau comme l'antique! L'antique lui eût élevé des autels. » Et, prenant un crayon de la main d'un de ses élèves, David dessine sur le mur un profil de Bonaparte, devant lequel tout « l'atelier », bouche béante, reste muet d'admiration.

Pendant la « pose », Bonaparte, impatient, avait regardé l'atelier, il avait vu *Brutus*, il avait vu les *Horaces*, mais il n'avait rien manifesté qu'une grande hâte d'en finir. Dès lors, la connaissance était faite ; Bonaparte avait même proposé à son peintre, si, par hasard, une promenade en Égypte l'intéressait, de le prendre avec lui. David avait hésité. Il pensait encore

aux *Sabines*. Il voulait les finir. Il s'était enfoncé dans
des lectures savantes ; il piochait Pausanias, pour
essayer de reconstituer les tableaux de Polygnote et de
se faire de plus en plus « grec »! Il copiait les dessins
des vases « étrusques », de toute sa volonté il s'efforçait « d'épurer » son dessin.... Mais les événements
allaient encore le prendre et lui imposer des œuvres
imprévues.

D'abord, le 18 Brumaire. Un de ses élèves vient
annoncer à David le coup d'état. David est en train
de fumer sa pipe. « *Victrix causa...* » dit-il..., et il lâche
une bouffée en demandant : « Quelle est donc la fin? —
Sed victa Catoni, souffle son élève. — Oui, oui, *sed victa
Catoni!* .... » Il lâche une dernière bouffée. Ce fut toute
l'oraison funèbre que l'ancien révolutionnaire accorda
à la défunte liberté.

Bonaparte, premier consul, demanda à David un
autre portrait. Il lui avait dit : « Je voudrais être représenté calme sur un cheval fougueux. » Et ce fut l'origine
du tableau que l'on peut voir à Versailles, du Bonaparte
franchissant le Saint-Bernard, qui n'est certes pas du
meilleur David! Il fut fait à peu près « de chic », hors
de la présence réelle du modèle, le fils du peintre
tenant « la pose », un mannequin portant l'habit, le
chapeau et les bottes que Bonaparte avait à Marengo.
Comme David avait les mains fines et les pieds particulièrement petits et élégants, ses élèves ne manquèrent
pas de remarquer que les bottes de Bonaparte le
chausseraient très bien, et quelqu'un ajouta : « Les
grands hommes ont toujours eu le pied petit et la tête

forte. » Là-dessus David prend le chapeau de Marengo, le met sur sa tête… et le chapeau descend jusqu'au cou.

18 Brumaire! L'Empire, le Sacre n'étaient pas loin. La question n'était plus que de savoir si Bonaparte serait roi ou empereur. Il décida d'être empereur. En même temps que Napoléon commandait à David le tableau du sacre, le Corps législatif avait commandé à Canova une statue du héros « pour consacrer les bienfaits que la nation venait de recevoir de lui par l'organisation du nouveau Code ». Ce fut alors, dans le public et l'opinion (les journaux du temps en sont pleins, et la collection du *Journal des Débats* en particulier), de longues et vives discussions sur le costume qu'il convenait d'adopter pour les effigies triomphales du Maître.

Parmi beaucoup d'autres lettres ou articles publiés à ce propos, voici une lettre de Vivant-Denon : « A cette époque où les destinées de la France se présentent sous un aspect si grand, pourquoi ne redonnerait-on pas aux arts toute cette grandiosité (sic) qui les rendait si recommandables dans les beaux siècles de la Grèce et de Rome? Pourquoi ne les débarrasserait-on pas de ces entraves du costume qui arrêtèrent leurs progrès sous le règne de Louis XIV… et pensèrent les anéantir sous ceux de Louis XV et de Louis XVI? »

C'est le moment où les théoriciens de l'Institut impérial, après ceux de la Convention, instituaient le procès de l'art du XVIII° siècle, déclaraient que Pigalle et Lemoyne avaient complètement « perdu l'art », que, depuis Watteau jusqu'à Van Loo, il n'y avait eu que des « corrupteurs » du goût public. Houdon lui-même

(Houdon qui, heureusement pour lui, était encore vivant et qui, jusqu'en 1828, ne manqua jamais une séance à l'Institut) était compromis dans ce procès. Si on ne le condamnait pas tout à fait, c'est qu'il était présent à son banc. On lui reprochait tout de même, discrètement, d'avoir, quand il sculptait Mirabeau ou Gluck, trop accordé à la simple vérité et à la nature, jusqu'au point de marquer dans le marbre les cicatrices de la petite vérole, que Gluck et Mirabeau avaient gardées sur leur visage. Il y a là-dessus des textes qui sont bien significatifs de l'état des esprits.

Canova donc persuada à Napoléon, non sans quelques résistances de la part de celui-ci, qu'un « seul costume était digne de lui, de sa gloire et de l'art : c'était la nudité héroïque et mythologique ». Vous savez que le résultat fut la statue qui est dans la cour du Musée Brera à Milan, et ce que vaut cette statue inspirée de l'Apollon du Belvédère que les rapins appelleront bientôt « un navet ratissé ».

De la même esthétique naquirent les lamentables théories de héros nus qui, de Londres à Rome, se morfondent encore sur leurs socles. Et c'est ainsi que les dames anglaises (les dames anglaises !), après Waterloo, ayant ouvert une souscription pour élever une statue au vainqueur de Napoléon, à Wellington, commandèrent la statue qui est aujourd'hui à Hyde-Park, aussi nue qu'un héros « mythologique et héroïque » peut se permettre de l'être....

Quand David se trouva devant la commande du Sacre, on a dit et on répète partout qu'il l'accueillit avec joie. Cela n'est pas exact. Il y a des témoignages formels, venant, en particulier, de celui que nos lointains prédécesseurs des *Débats* appelaient l'oncle Boutard, qui montrent que David éprouva un moment de trouble et d'hésitation. Certes, on ne repousse pas de telles commandes, et, pour le premier peintre de Sa Majesté l'Empereur, il n'en fut pas question. Mais elle l'intimidait, elle le troublait. Elle le ramenait, dans sa recherche du « Beau absolu » et de l'idéal grec, à des problèmes plus réalistes.

Comment s'y prendrait-il?... Après des délibérations assez longues, il décida avec une sorte de brusquerie : « Ce sera de la *peinture portrait.* »

C'était certes le bon parti! Il se fût perdu, refroidi, certainement gâté en des allégories plus ou moins mythologiques. Mais des portraits, une réunion de portraits, c'était son affaire!

Quand je vous ai parlé de l'évolution de ses idées, de ses goûts et de ses doctrines, c'est à dessein que je n'ai rien dit de ses admirables portraits. Depuis 1766, depuis les portraits de ces vieux parents si bienfaisants pour lui, qui s'appelaient les Buron, ceux de Demaison, du comte Potocky, du médecin Leroy, des Pécout (allez voir au Louvre ces portraits des Pécout!), il s'était révélé, sans s'en douter certes, le *vrai* David, le *grand peintre* qui apportait à l'école française le renfort d'un génie réaliste de premier plan. Il avait, dans le bienfait de la présence réelle de la nature, trouvé toutes ses forces, et, avec une verve, une abondance dignes des grands ancêtres du xviie et du xviiie siècles, confirmé, renouvelé, élargi encore la tradition qui fut, à travers les âges et les révolutions du goût, le terrain solide où notre école retrouva toujours toutes ses forces et alimenta son génie. Aussi fut-il bien inspiré quand il décida de faire du *Sacre* une *peinture portrait.*

On avait chargé Percier d'aménager Notre-Dame pour le jour de la cérémonie. L'architecte avait conduit David dans le chœur de la cathédrale et avait choisi, d'accord avec lui, la place d'où il pourrait le plus commodément embrasser l'ensemble du spectacle.... C'était du côté de l'Évangile et dominant l'autel, une tribune qui devait lui être réservée. Tout le détail de la cérémonie avait été réglé par M. de Ségur avec la minutie la plus protocolaire, mais au prix de quelles peines! Il s'agissait de ménager tant d'amours-propres exigeants! On avait remis à David un plan indiquant la place et le nom de tous les personnages officiels.... Le jour venu, il s'était installé avec sa famille et quelques amis dans *sa* tribune qu'il avait fallu, au dernier moment, défendre contre les prétentions de quelques courtisans! Et ce jour-là, il arrêta définitivement dans son esprit le futur tableau du *Sacre.*

Comme pour l'encourager à entreprendre ce prodigieux travail, qui allait encore l'écarter de la *peinture d'histoire* et de ce *Léonidas* où il rêvait de s'élever plus haut encore vers l'*Idéal* que dans les *Sabines*, Vivant-Denon lui écrivait : « De semblables spectacles sont dignes d'inspirer, par leur splendeur et leur rareté, le pinceau d'un artiste. »

Il se mit au travail le 21 décembre 1805 seulement, quand sa toile fut prête.

Une lettre du 19 juillet 1806 (le tableau ne fut fini qu'à la fin de 1807) nous renseigne sur ce qu'il voulait encore faire à cette date :

« Après la bénédiction des ornements de l'Empereur « par le Pape, Sa Majesté, montée à l'autel, prend la « couronne, *la place de sa main droite sur sa tête*, puis, « *de la gauche, il serre étroitement son épée sur son cœur.* « Ce grand mouvement rappellera au spectateur « étonné cette vérité que celui « qui a su la conquérir « saura bien la défendre ». L'attitude, les gestes, les « regards de la foule attendrie, tout indiquera le senti- « ment dont chacun est pénétré.

« L'impératrice, à gauche, au pied de l'autel, les « mains jointes, attend la couronne que son auguste « époux va lui placer sur la tête. Son Altesse Impériale, « Madame (Madame Mère), dans une tribune à part, « avec le cortège qui lui convient, est présente à un « événement aussi glorieux qu'attendrissant pour son « cœur de mère.

« Les princes ses frères, les grands dignitaires, les « maréchaux de l'Empire occupent les places qui leur « sont désignées, remplissent les fonctions qui leur sont « attribuées.

« Ce tableau est plus qu'à moitié fait, continue-t-il, « et sera terminé en six mois.... »

Nous sommes au mois de juillet 1806. Ce n'est qu'un an et demi après qu'il le termina, « ne l'ayant commencé que le 21 décembre 1805, parce qu'il fallut aménager mon atelier, faire les machines propres à ce genre d'ouvrage, mise au carreau, etc. ».

L'atelier! Il avait été très diffficile de le trouver. Il fallait un atelier de dimensions tout à fait exceptionnelles, et ils étaient rares à Paris. Il y en avait de très bons dans cet ancien couvent désaffecté des Capucines, qui était devenu une colonie de peintres.... Et, pour le dire en passant, l'histoire de ce couvent des Capucines, pendant les années de la fin de la Révolution et les premières années du XIXᵉ siècle, serait bien amusante à écrire. C'est là que Girodet, que Prud'hon, que Gros, Ingres, tous les peintres dont le nom montait ou allait grandir, travaillèrent. C'est là que se livrèrent des combats d'ambition et des combats de doctrine qui mirent toutes les imaginations et tous les esprits en branle. C'est là que le *Déluge* de Girodet, c'est là que son *Atala* furent peints; c'est là qu'arrivait l'écho de toutes les discussions qui, de plus en plus ardentes, remplissaient les ateliers, et que retentissaient déjà contre David des critiques et des récriminations de plus en plus hardies.

C'est dans l'église désaffectée de Cluny, aujourd'hui démolie, place de la Sorbonne, qu'on finit par trouver l'atelier du Sacre.

« On m'a prévenu, écrit le Ministre de l'Instruction publique à David, premier peintre de Sa Majesté, le 17 Pluviôse an XIII, on m'a prévenu que, après bien des recherches, on avait découvert un emplacement qui, au moyen de quelques réparations et de constructions nouvelles, pourrait vous servir d'atelier pour l'exécution du tableau du Couronnement, que cet emplacement était l'ancienne église de Cluny, place de la Sorbonne, qu'il faudrait la louer 5oo francs par an et, de plus, donner au locataire actuel 1200 francs d'indemnité pour qu'il renonce à son bail. J'accède, Monsieur, aux conditions imposées par le locataire. »

Le gouvernement impérial payait le loyer et les indemnités.

« M. de Gisors, architecte, est chargé des travaux. Je ne puis que vous inviter à travailler avec le plus grand zèle à un ouvrage qui, je n'en doute pas, deviendra, tant par le sujet que par l'exécution, le plus durable monument de la gloire que vous vous êtes acquise dans votre art. »

Signé : Champagny. »

En attendant de se mettre à son tableau, David commence un portrait de Pie VII.

L'histoire de ce portrait de Pie VII vaudrait d'être contée. Le Pape Pie VII, par sa bonté, par sa dignité, par sa tristesse, toucha infiniment David. Il s'était attaché avec une véritable affection et un grand respect à cette figure. Il disait : « Mon Pape ! » comme il avait dit : « Mon Bonaparte ! » « Mon Empereur ! ». Et, en attendant le chef-d'œuvre des chefs-d'œuvre, qui est le portrait du Pape dans le tableau du Sacre, il avait fait deux portraits du pontife : l'un avec le cardinal Caprara, debout à ses côtés; l'autre, qui est au Louvre. Et ce sont certes d'admirables choses.

Il se mit donc au travail, assisté d'un élève qui s'appelait Rouget. C'est ce Rouget qui avait fait la

mise au carreau   c'est lui qui l'aida pour l'exécution
du tableau et en peignit même ou, du moins, en « pré-
para » d'importantes parties, presque tout le côté
gauche. Ce n'est certes pas Rouget qui l'a peint complètement, mais c'est lui qui l'a « mis en place ». David,
assis dans un fauteuil, le regardait faire : « Bien!
bien! ça va! Maintenant arrête-toi! » Et il se levait
pour aller poser lui même les touches décisives. A
mesure qu'il avance dans ce travail, à mesure que les
témoins et acteurs de la solennité dont il va dresser
le procès-verbal épique défilent devant lui, il *s'étonne
lui-même,* — c'est Boutard qui nous le dit pour l'avoir
entendu dire à David — de l'intérêt croissant qu'il
prend à cette peinture.

Le *peintre* en lui s'excite, s'exalte. Il n'est pas un des
ornements dont on a porté le modèle dans son atelier,
depuis le manteau impérial jusqu'au costume du dernier des clercs et des officiers, qui ne soient pour lui une
occasion de « *peindre* » avec allégresse et enthousiasme.
C'est une poussée de joie créatrice!

Regardez le tableau. Au centre, dans un grand plan
de lumière, l'Empereur; derrière lui, le Pape, le cardinal Caprara, le cardinal Brachi, neveu du Pape, un
évêque grec. David avait d'abord représenté le Pape
mitré, puis il enleva la mitre pour maintenir la figure
dégagée dans toute son austère beauté. Quant à la tiare,
il la plaça, presque cachée, sur un coin de l'autel.

Devant l'Empereur que, d'abord, il avait peint —
conformément au dessin que nous avons au Louvre
et conformément au programme qu'il avait lui-même

rédigé dans la lettre que j'ai citée, — en train d'élever lui-même la couronne au-dessus de sa tête, il eut, après l'avoir complètement achevé, un doute. D'abord, ce geste le gênait ; il était mal venu et ne lui plaisait pas. Il fit venir un homme en qui il avait grande confiance, malgré de nombreux démêlés et déjà bien des rivalités suscitées entre eux, Gérard.

« Oui, il faut chercher autre chose. » Et c'est Gérard qui aurait suggéré, avec l'approbation de l'Empereur, bien entendu, le geste de Napoléon élevant des deux mains la couronne au-dessus de la tête de Joséphine agenouillée devant lui. David fit racler au couteau, par Rouget, toute la figure déjà entièrement peinte, et la remplaça lui-même par la figure que l'on voit aujourd'hui.

Joséphine est agenouillée ; derrière elle, sa dame d'honneur et sa dame d'atours, Mme la comtesse de la Rochefoucauld et Mme de Lafayette. Derrière celles-ci, plus au fond, le cardinal du Belloy, archevêque de Paris, avec son grand vicaire, et, se déroulant de la droite à la gauche, Berthier, Murat, Serrurier, Moncey, Bessière et M. de Ségur, grand-maître des cérémonies.

Au premier plan à droite, devant l'autel, Lebrun, archi-trésorier, avec le long bâton de commandement à la main. Et ce bâton, qu'il tient de sa main gantée de noir, a dû bien gêner David, mais il voulait peindre les choses comme elles s'étaient passées. Cette main de Lebrun avec l'insigne protocolaire qu'elle porte malencontreusement coupe, tout juste devant le Pape et l'Empereur, le tableau, et n'est d'ailleurs pas dans une perspective tout à fait exacte.

A côté de Lebrun, Cambacérès avec la main de justice, puis Berthier, et enfin, debout, souriant d'un inexprimable sourire d'ironie et de scepticisme, Talleyrand, qui avait vu tant de choses et devait en voir tant d'autres encore, Talleyrand dans son manteau de velours rouge, admirable portrait, le plus beau qui soit de lui s'il n'y avait pas celui de Prud'hon. Puis, autour de l'autel, Eugène de Beauharnais, Caulaincourt, le cardinal Fesch, oncle de l'Empereur, dont il faut regarder le profil et tout ce que David y a mis !

Dans la tribune, son Altesse Impériale Mme Mère, entre Mme de Fontanes et la Maréchale Soult, ses dames d'honneur et d'atours. Derrière, M. de Cossé-Brissac, son grand chambellan ; le maréchal de Beaumont, son grand écuyer. Et, dans la tribune au-dessus, réservée à David, au premier rang Grétry, le poète Lebrun, Vien, son maître, introduit là par reconnaissance... : « Tiens ! le bon M. Vien ! » dit Napoléon en le reconnaissant. Et David de répondre : « Oui, Sire, c'est un hommage que j'ai voulu rendre à mon maître !... » Mme David et ses filles, et ses chers amis Nougès.... Tout au fond enfin, debout et regardant, un peu penché, David lui-même qui ne perdit rien de la cérémonie, par son génie à jamais vivante dans la mémoire des hommes.

A l'extrême droite, la tribune diplomatique : l'amiral Ravignan, ambassadeur d'Espagne, l'ambassadeur d'Autriche, l'ambassadeur d'Italie et même celui de la

Porte qui assista à la cérémonie et qui, pour obtenir
l'autorisation·de se laisser peindre, dut en référer au
Grand Sultan. Pour finir, M. Armstrong, ambassadeur
des États-Unis.

Sur la gauche du tableau, le général Junot sert de
transition, comme de trait d'union, entre le cardinal
du Belloy et la reine de Naples, femme de Joseph; à
côté, la reine Hortense qui tient par la main et sur-
veille un petit garçon vêtu de velours rouge, qui n'est
autre que le petit prince Louis. Il viendra lui aussi, un
jour, à la même place, se faire couronner. Puis les trois
sœurs de l'Empereur, la princesse de Piombino, la princesse Borghèse et la grande duchesse de Berg; ses
frères, Louis, roi de Hollande, Joseph roi de Naples;
puis les maréchaux Lefèvre, Kellerman et Duroc.

C'est la scène telle qu'elle s'est passée, telle que
David l'a vue. Il n'y a rien ajouté que l'évidence
de son génie.

Jamais certes le grand portraitiste ne trouva d'occasion plus magnifique, — mais dans quelles conditions
écrasantes par l'amoncellement des figures dans cet
immense cadre! Il disciplina tout, ordonna tout, mit
et maintint tout en place. La façon dont chaque tête
s'enlève, se détache et s'harmonise dans l'ensemble,
vivante, expressive, individuelle, gardant sa valeur
et son importance dans ce déploiement de velours, de
soies, de dorures, d'uniformes, de chasubles, de mitres
et de panaches! Il fallait une volonté égale à la puissance du talent pour ne pas faiblir un moment d'un bout
à l'autre. Et si quelques morceaux ne sont pas dignes

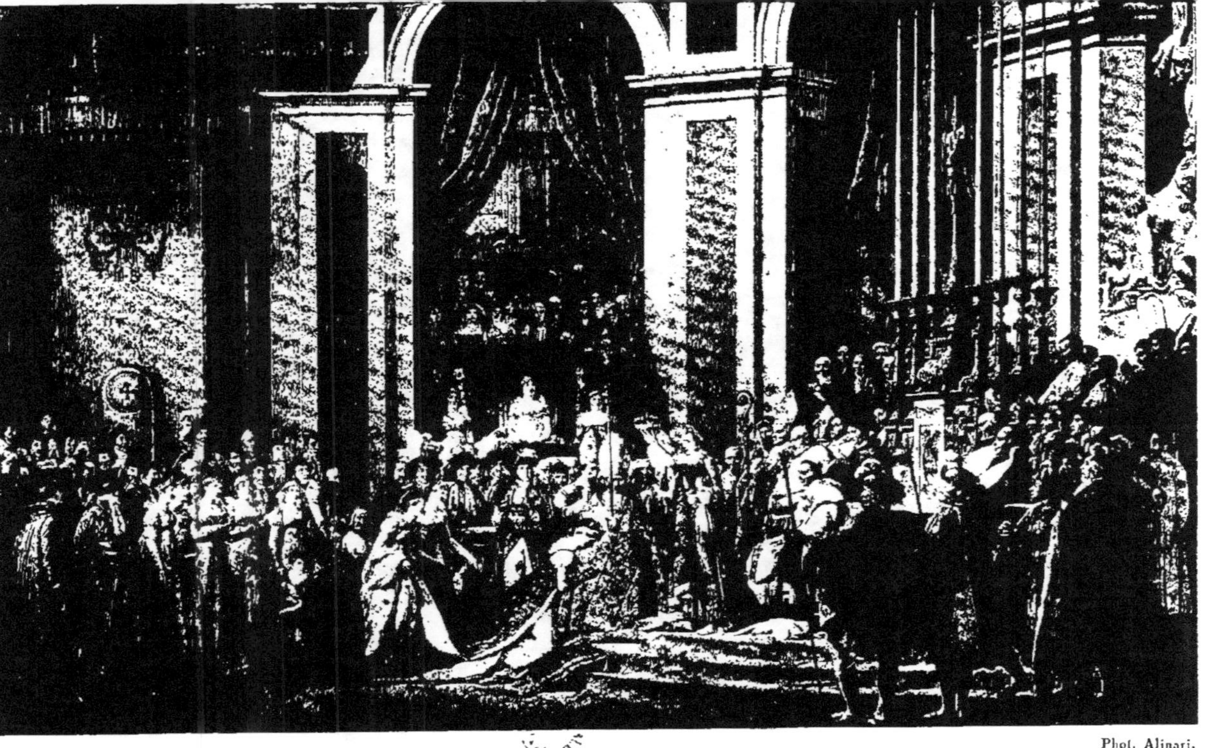

Phot. Alinari.

DAVID : LE SACRE DE NAPOLÉON Ier.
(Musée du Louvre)

Peinture française au XIXe siècle.

du chef-d'œuvre central, c'est que David passa la main
à Rouget. Mais qui peignit jamais figures plus évoca-
trices que celle du Pape résigné, bénissant comme pas-
sivement de sa main à peine soulevée? David l'avait
d'abord représenté les deux mains à plat sur les genoux.
Il corrigea et reprit le morceau : « Napoléon ne l'a pas
fait venir de si loin pour ne rien faire! » — Et la
large tête, puissante, pensive, du cardinal Caprara! Il
n'est pas jusqu'au tapis jeté sur les marches de l'autel,
— tapis non cloué et qu'on enlèvera et roulera après la
cérémonie (comparez-le à celui que Rubens peignit ou
fit peindre pour le sacre de Marie de Médicis à Saint-
Denis), — qui ne soit un « morceau » étonnant.

Quand, après Austerlitz, après Eylau, à la fin de
1807, Napoléon revint à Paris, il s'informa du tableau
du Sacre, depuis si longtemps commencé, et déclara
qu'il voulait le voir.

Ce fut une journée mouvementée, qui mit tout Paris
« en l'air ». Au son des trompettes, un cortège magnifique partit des Tuileries et s'achemina vers la place
de la Sorbonne. Pendant *trois quarts d'heure*, raconte
Delécluze, témoin de la scène, l'Empereur, sans pro-
noncer un mot, la tête couverte, la main passée dans
le pan de son habit, ou derrière le dos, se promena
silencieusement, de long en large, devant la toile. Chacun regardait, attendait anxieux le verdict du Maître.
On n'avait pas manqué déjà de critiquer ou de dis-
cuter plus d'un détail. Il y avait d'abord ceux qui
n'étaient pas contents de leur place, ceux qui approuvaient ou n'approuvaient pas le « parti » général; ceux

qui, dans la jeune école, tenaient déjà pour une autre
« peinture »…. Lui, s'arrêtant enfin devant le peintre,
porta la main à son chapeau et dit : « David, je vous
salue! » A partir de ce moment-là, le *Sacre* fut sacré
chef-d'œuvre.

Et pourtant! la tyrannie des idées régnantes était
telle, la conception de la « peinture d'histoire » et la
« doctrine » était si impérieuses que, lorsque, en 1810,
s'ouvrit l'exposition des fameux concours pour « les
prix décennaux » institués par Napoléon, comme des
revues solennelles de l'état des lettres, sciences, arts
et industries de son Empire, le *Sacre* de David ne put
être considéré comme « un *tableau d'histoire* » puisqu'il
n'y avait pas de nudités! Il fallut créer une section
spéciale, celle des *tableaux représentant des faits hono-
rables pour le caractère national* pour pouvoir attribuer
à l'auteur une première médaille.

Et même dans la classe des « tableaux d'histoire »,
ce ne furent pas les *Sabines* qui obtinrent la récompense
suprême : le premier prix fut donné au *Déluge* de Girodet, élève et déjà rival de David, Girodet qui avait
fait un *Ossian*, acclamé par la jeunesse, une *Atala*
inspirée de M. Chateaubriand et qui, dans son néo-
classicisme figé, portait déjà comme un vague pressen-
timent du prochain romantisme…. Le groupe des « primitifs », auquel Ingres fut affilié, avait déjà déclaré le
Maître trop « Pompadour! » encore, comme M. de
Voltaire, et rococo! Quant à prétendre être grec,
comment l'eût-il osé?…

1810 marqua en même temps l'apothéose et le déclin

de l'école Davidienne, qui voyait déjà monter de tous
côtés, autour d'elle, les premiers bruissements avant-
coureurs des « révolutions » prochaines. Géricault, Gros
lui-même les annonçaient. Douze ans après, Delacroix
entrait en scène! Mais ceci n'est plus mon sujet. Le
Sacre, — à présent qu'est tombé le vain bruit des dis-
putes, — reste pour la postérité le vrai, le grand,
l'inattaquable chef-d'œuvre de David.

En vain dans son exil de Bruxelles, quand la Restauration eut chassé de France l'ancien ami de Robespierre et le régicide, en vain le peintre des *Sabines* et
du *Léonidas* s'efforce-t-il de reprendre, — par quelques
tableaux mythologiques où se marquent de plus en plus
les défaillances de sa main vieillie, — le « sceptre du
grand art »; en vain gourmande-t-il son élève Gros :
« Que faites-vous, mon bon Gros, reprenez votre Plutarque! » ... c'est encore dans ses derniers portraits
(voyez *Les Trois Dames du Louvre*) que se réveillera la
flamme de son génie.

III. — GRANET ET GROS [1]

A ceux qui ne connaissent pas le beau musée d'Aix-en-Provence, la salle occupée par Granet réserve de charmantes surprises. Voici le plus aimable représentant de ce groupe provençal qui, de Chardigny aux Giraud, est si vivant et si original et dont je voudrais bien qu'un homme de goût et de savoir nous écrivît enfin l'histoire. Quel beau livre à faire ! Il s'appelait Marius, et ce prénom déjà nous avertit sympathiquement; mais ce n'était pas un de ces Marius sonores et hâbleurs, comme les gens du Nord, pleins de naturelle malveillance, sont trop enclins à dire qu'on en rencontre un peu trop entre Tarascon et les Martigues. Il appartenait à l'espèce des Provençaux sérieux et réfléchis, capables même de se taire, d'observer, de penser et de sentir avec discrétion et profondeur. Il ne faudrait pourtant pas que les Tartarins fissent oublier les Fabri de Peiresc....

Granet, dans l'atelier de David, appartenait à la génération intermédiaire entre Drouais et Ingres; il était un peu plus jeune que Girodet, Gros et Gérard, et de cinq ans l'aîné d'Ingres. Il fut son voisin dans le

1. *Journal des Débats*, 2 mai 1913. — A propos de l'exposition rétrospective de David et de ses élèves.

couvent des Capucines, dont les bâtiments et les jardins occupaient à peu près ce qui est aujourd'hui la rue de la Paix, entre la rue des Petits-Champs et les boulevards, et où toute une colonie d'artistes avait établi ses ateliers dans les cellules désaffectées. Ingres et Bartolini y travaillaient ensemble et s'enfermaient jalousement pour parler des primitifs florentins, des « gothiques », tandis que, à l'autre bout du couvent, Girodet peignait dans le plus grand mystère son *Ossian* et son *Atala*. A deux ou trois cellules d'Ingres et de Bartolini, Granet avait son atelier. Il avait pris, dès son entrée chez David, une attitude très nette. Aimable, spirituel, modeste, de visage pâle, avec l'air bon et fin, de maintien discret, il ressemblait à un « habitant des cloîtres », et, dès le premier jour, ses camarades l'avaient surnommé *le moine*. Il avait, avec le Lyonnais Révoil, Auguste de Saint-Aignan, Forbin et Richard Fleury, assidûment visité le musée des Petits-Augustins, « dont l'influence contre-balançait, observait Delécluze, celle du musée des antiques » et contribuait à développer *le genre anecdotique* qui devait « détourner l'attention du public, dirigée presque exclusivement jusque-là sur la peinture de haut style ».

Vers ce « haut style », Granet ne s'était jamais senti attiré et il avait eu la sagesse de ne pas forcer sa nature. « Celui-là a ses idées, il a son genre. Ce sera un coloriste ; il aime le clair obscur et les beaux effets de lumière, disait David. Tâchez de dessiner, mon cher Granet, mais suivez votre idée. Bon courage, votre carrière est ouverte ! » Tandis que plusieurs de ses camarades s'évadèrent plus tard bruyamment de la discipline et de « l'idéal » classiques, en criant du haut de leur tête, sur l'air des lampions : « A bas les Grecs, à bas les Romains », il suivit tout naturellement son inclination, et les querelles esthétiques se déchaînèrent autour de lui sans l'émouvoir. On le voyait régulièrement établi dans un coin du cloître des Capucines, avec sa toile et son chevalet, ou bien occupé à peindre les longs et obscurs corridors où s'alignaient les cellules, observant à toutes les heures du jour et jusqu'au crépuscule « les effets variés de la lumière », causant amicalement avec tous ceux qui l'abordaient et, à l'occasion, sachant donner aux camarades dans l'embarras de très avisés et efficaces conseils.

Un petit tableau, exposé au Petit Palais sous le numéro 156, me semble prendre, dans cette évocation de *David et ses élèves,* la valeur d'un symbole. *Le jeune dessinateur* (c'est le titre du tableau) est assis à son chevalet ; devant lui, le modèle, l'auguste modèle de plâtre, est dressé contre la muraille ; mais, en réalité, le peintre s'est arrangé pour l'escamoter à peu près complètement. On en aperçoit assez cependant pour reconnaître l'*Apollon du Belvédère*. Le jeune dessinateur a tout l'air de faire un pensum. Cependant, au fond de la pièce, à sa gauche, la fenêtre est grand'ouverte et, dans l'encadrement de la large baie, la campagne apparaît ; le ciel lumineux, mais un peu voilé, emplit doucement l'horizon ; les frondaisons automnales, à peine dorées, moutonnent au loin, les fabriques s'étagent dans la perspective et « se composent » plus encore par

leurs valeurs que par leurs lignes ; une fine harmonie
enveloppe toutes choses et, bien plus que le plâtre
vénérable, c'est la nature qui se charge de donner discrètement et tendrement au *jeune dessinateur* une grande
leçon. Et il semble qu'on entende le bon Granet dire à
sa manière, pendant que les anciens et les modernes,
les classiques et les romantiques, les homéristes et les
shakespeariens apprêtent leurs armes et leurs invectives
pour la bataille prochaine : « Laissez raisonner et diva-
guer les théoriciens ; apprenez votre métier et aban-
donnez-vous à la nature qui est éternelle. Sachez
peindre et peignez ce que vous aimez. C'est encore la
bonne tradition française. Chardin l'a maintenue à travers toutes les fantaisies de ce XVIIIe siècle que l'on nous
apprend à exécrer et à mépriser. Le savant Joseph
Vernet, que nous avons perdu en 1789, en a condensé
le plus délicat enseignement dans ses petits paysages
qu'on admire moins que ses grands tableaux, mais que
je connais bien et voici, autour de moi, des jeunes gens
qui, déjà, me font signe qu'ils ont compris. Dieu, que
j'ai défendu contre les blasphémateurs dans l'atelier
de David, me fera la grâce de vivre assez longtemps
pour voir s'épanouir le génie de Corot.... »

Il alla en Italie, comme tous les jeunes gens de
son temps, et comme Géricault lui-même, et c'est à
Rome qu'Ingres fit de lui, en 1807, l'admirable portrait
que les administrateurs du musée d'Aix ont bien voulu
nous donner la joie de revoir en le prêtant à cette exposition. On dirait que, en le peignant, Ingres, tout plein
alors des primitifs, pensa aussi à l'art et aux prédi-

lections les plus intimes de son ami. Un grand nuage
plombé emplit tout l'horizon, dégageant seulement à
droite un triangle de ciel où se dressent, dans la lumière,
les nobles architectures de la Villa Médicis et de la
Trinité des Monts ; les verdures graves des jardins
alternent avec les fabriques, qu'un pin parasol, au fond,
domine et couronne. C'est Rome, son rythme, sa grandeur, résumés et évoqués avec je ne sais quelle fervente austérité, quel religieux enthousiasme. Et, sur la
grande teinte plate du sombre nuage, s'enlève vivement
la tête pensive de Granet, encadrée dans les notes vives
d'un immense faux-col blanc triangulaire, qui serait
ridicule si l'audace géniale du peintre n'avait su l'imposer
avec une impérieuse et subtile autorité. Il est enveloppé
d'un grand manteau brun ; il tient à la main son album
de croquis. Or nous pouvons feuilleter ici un de ces
précieux albums ; nous pouvons voir réunis en de grands
cadres quelques-unes des études qu'il y recueillait. Coins
des jardins de la villa d'Este ou de la villa Falconìeri,
campagne romaine, vues des monts Albains, Tivoli,
Subiaco, Città di Castello, bords du Tibre, église San
Francesco du Campo Vaccino, — avec quel amour,
quelle intelligence il a vu, observé et peint cette Rome
alors toute bruissante de discussions esthétiques et où
il ne demandait, lui, qu'à la nature, à la lumière mo-
delant les grandes étendues, aux nobles architectures
mêlées à cette nature éternelle et incorporées à l'œuvre
de la création, de quoi alimenter son art et sa rêverie,
maintenir en état de grâce son esprit et son cœur bien
équilibrés, délicats et sincères.

*
* *

Dans ce même couvent des Capucines d'où Granet était parti pour Rome, Gros était aussi venu chercher un gîte. C'est là qu'il peignit ou ébaucha plusieurs portraits du Premier Consul, et ses merveilleuses esquisses des batailles du Mont-Thabor et d'Aboukir. Sa vocation s'était révélée avec une étonnante précocité et une singulière évidence dans un tableau d'école qu'il fit à dix-sept ans, en 1788, et que le musée de Saint-Lô a prêté à l'exposition. Je n'ose en recommencer l'analyse, mais je ne saurais trop engager ceux que ces choses intéressent à le regarder de près. Une destinée de peintre semble y prendre un joyeux essor; une composition pittoresque, expressive et vivante, un bouquet de couleurs claires et chantantes épanouies dans la lumière montrent quels dons révélait cet enfant à l'heure même où David, dont il était depuis deux ans l'élève, ramenait à l'abstraction de plus en plus froide et à la grisaille de plus en plus monochrome les conditions et les lois du style, du « haut style ». Certes, il conviendra volontiers, avec Forbin, avec Granet, que tous les genres ont du bon; il accusera même quelques-uns de ses disciples, plus zélés qu'intelligents, d'être plus rigoureux qu'un tribunal révolutionnaire de l'art. Il oubliait alors son propre jacobinisme, qu'un caricaturiste de la fin du XVIIIe siècle exprimait plaisamment dans une lithographie où il est représenté, dans l'attitude du Tatius des Sabines, tenant sa palette comme un bouclier, brandissant son appuie-main comme une lance, tandis que ses élèves, à grands

renforts de bustes et de torses antiques, font assaut —
et qu'un moulage en plâtre lève lui-même un bras menaçant — contre une figure falote de marquis, symbole
de l'Académie royale, de l'art monarchique impur et
proscrit !

Et le malheureux Gros, impérieusement ramené à
Plutarque et au grand art toutes les fois qu'il tentait de
s'évader du côté de la vie, succomba sous le poids des
remords que lui avait imposés l'implacable rigueur de
son maitre. Delécluze, sur ce point, est le témoin le plus
sûr, d'autant plus sûr qu'il inclinerait plutôt du côté de
David. Écoutez-le : « Le coloris brillant, la hardiesse
du pinceau et jusqu'à l'espèce de désordre qui régnait
dans ces compositions faites avec tant d'aisance et d'audace..., ces habitudes et ces qualités si différentes de
celles qui régnaient depuis dix ans dans les écoles de
Paris parurent tout à coup à un grand nombre d'artistes
celles qui devaient être préférées et dont les résultats
seraient les plus satisfaisants pour l'exercice de l'art. Il
est donc certain que la manière aisée et quelque peu
cavalière de Gros porta aussi atteinte aux doctrines
sévères que David avait enseignées et que, après l'exil
de son maître, et à la mort de Girodet (1824), lorsque
la nouvelle école romantique avait déjà fait des progrès
si rapides, Gros ne s'accusait peut-être pas sans raison
d'avoir contribué à ébranler les principes de son
maître.... »

Regardez surtout ses œuvres ; avec quelle évidence,
tragique souvent, elles témoignent de cette lutte entre
ses profonds instincts, les vraies aspirations de sa nature

et l'idéal de convention qu'il a reçu d'autorité. La vie le
reprend tant qu'elle peut : il assiste en Italie aux grandes
batailles ; il retrouve à Gênes Rubens, sa chère
hérésie, son culte d'autant plus ardent qu'il doit être
secret, et sa joie de peindre, ses dons de coloriste
éclatent dans de simples petits portraits, comme cette
tête de jeune garçon sur fond de ciel azuré, ou ce
charmant portrait de jeune femme qui a toute la plénitude et la fraîcheur des plus jolis morceaux de l'école
anglaise, avec des dessous plus solides, ou encore dans
ce vigoureux portrait du comte Chaptal.... Mais, de
plus en plus, il se surveillera, il se contiendra, il se
matera jusqu'au tragique dénouement, au navrant suicide du 26 juin 1835....

IV. — GÉRARD

ET LE PORTRAIT DE MADAME RÉCAMIER[1]

Gérard n'était pas encore, quand il peignit Madame Récamier, « le roi des peintres et le peintre des rois » que la Restauration et la mode devaient consacrer plus tard. Il venait d'échapper, mais à quel prix ! à la tourmente de la Terreur. Pour le mettre à l'abri de la conscription, David n'avait rien imaginé de plus expédient que de le faire inscrire sur les listes du tribunal révolutionnaire, et, mis en présence de cette horrible corvée, la conscience et le cœur de Gérard s'étaient révoltés. Se dérober, c'était encourir l'accusation « d'incivisme » et tomber sous le coup de l'épouvantable justice dont il n'avait pas voulu se faire le complice.... Il feignit d'être malade, incapable de tout « service », et, par conséquent, de tout travail et de tout gagne-pain, dont le besoin se faisait pourtant cruellement sentir à son foyer nécessiteux. La générosité du bon Isabey l'avait discrètement et délicatement tiré d'affaire, et il voulut, en 1795, payer, dans la mesure de ses moyens, sa dette de reconnaissance en peignant, de son bienfaiteur, l'exquis portrait qui est au Louvre, et qui est *son* chef-d'œuvre, *un* chef-d'œuvre parce que l'abondance du

1. *Journal des Débats*, 27 juillet 1920. — A propos d'une exposition du Portrait français au XIXe siècle.

cœur y multiplia les vertus du talent…. Vous vous rappelez ce charmant et émouvant morceau : Isabey debout sur le palier de son atelier du Louvre qu'il vient de quitter, sa fillette à la main ; il est tête nue, en veste de velours noir, culotte verdâtre et bottes à revers ; la lumière tamisée l'enveloppe et le caresse d'une fine transparence en grisaille, et quelque chose de la tendresse des plus beaux Prud'hon se mêla ce jour-là à la palette du peintre qui se préparait à peindre sa *Psyché recevant le premier baiser de l'amour*….

Or, Mme Récamier, qui avait demandé à David son portrait, s'inquiétait de voir la tournure que lui donnait son peintre, alors tout rempli des *Sabines*, et elle s'adressa secrètement à celui qui lui paraissait le plus apte à entrer complaisamment dans son plus intime désir de plaire. Les séances se ralentirent chez David, — que les commandes multipliées du grand client qu'on ne pouvait faire attendre allaient d'ailleurs de plus en plus absorber, — et le portrait de la divine Juliette resta chez le peintre du *Sacre* à l'état de l'exquise ébauche que nous voyons encore au Louvre, tandis que celui de Gérard était achevé, parfait, du plus savant *fini*, avant 1805…. Le capricieux modèle s'avisa alors de retourner chez son premier peintre pour lui demander de reprendre les séances interrompues. On sait, par notre Delécluze, comment elle fut reçue : « Madame, lui dit-il sèchement, les artistes comme les femmes ont leurs caprices. Souffrez que je garde votre portrait dans l'état où nous l'avons laissé…. » Il voulut même le détruire. M. Lenormant, par bonheur, arriva à temps pour acheter cette admirable « ébauche », où le chef-d'œuvre est déjà réalisé et qui brille toujours au Louvre dans sa fleur de jeunesse, de grâce et de fraîcheur....

Heureux caprice de Juliette, qui nous valut le portrait de Gérard! La voilà donc représentée selon son goût, son cœur, par le peintre le plus habile à se faire le complice de sa plus secrète coquetterie. Généreusement décolletée selon la mode du temps dans sa robe à taille haute, à peine serrée sous la gorge charmante, les bras et les pieds nus, elle vient de se laisser choir sur les coussins tourterelle à ganses d'or d'un de ces fauteuils-canapés en bel acajou, comme en fabriquait alors le célèbre Jacob. Un sourire mélancolique de coquetterie résignée, d'adorable lassitude erre sur ses lèvres. A-t-elle eu à repousser déjà quelque déclaration trop pressante d'un adorateur moins paisible que l'inoffensif Ballanche, moins « pacifié » que Montmorency? Ces passions, que sa beauté allume, que sa bonté apaise, que sa charité soigne avant de les convertir doucement en amitié, se sont-elles révoltées? A-t-elle dû se défendre et gronder? Il y a comme un reproche et une nuance de découragement dans son caressant regard.... Un vague décor de tragédie classique l'environne, que prolonge, par-dessus une tenture de ce ton chamois havane alors fort à la mode, la perspective de l'Abbaye au Bois. Elle-même est vêtue, ou dévêtue, en princesse de tragédie ou d'élégie, et rien n'égale la grâce savante de ses bras nus et de ses mains abandonnées sur la grande écharpe jaune orangé jetée sur sa tunique blanche.

INGRES

I. — LES DÉBUTS D'INGRES[1]

On commence à invoquer Ingres *redivivus* comme le
Sauveur nécessaire. Ce n'est pas la première fois.... Le
1ᵉʳ octobre 1825, Amaury Duval, assistant dans une
tribune de l'Institut à la séance annuelle de la distribution des prix de Rome, confiait à son voisin, M. Varcolier, son ambition d'être peintre et élève de M. le
baron Gros. « Pourquoi Gros? lui répondit M. Varcolier, dont la figure, habituellement austère et presque
dure, se rembrunit tout à coup. Il est vieux ; il ne s'occupe plus de ses élèves. Entrez donc chez Ingres, qui
va ouvrir un atelier et qui est le seul homme aujourd'hui
capable d'enseigner et de remettre dans une voie noble
et élevée notre École qui dégénère. » Au même instant,
par les deux portes latérales, à droite et à gauche du
bureau, les académiciens, devançant M. Granier, président du jour, et Quatremère de Quincy, entraient pour
prendre séance et, parmi eux, M. Varcolier désigna à

1. *Journal des Débats*, 2 et 6 mai 1911. L'Exposition Ingres.

son jeune ami « un petit homme au teint bruni de méri-
dional, les cheveux noirs séparés sur le front, l'œil vif
et brillant, qui portait la tête haute avec un certain air
assuré et fier que se donnent quelquefois les plus
timides... ». L'ordre du jour de la séance comprenait le
rapport sur les ouvrages des pensionnaires à Rome et
l'Eloge historique de Girodet-Trioson par M. Quatremère de Quincy. Celui-ci, secrétaire perpétuel de l'Académie des Beaux-Arts depuis 1816, était l'organisateur
officiel de la résistance contre le romantisme. Girodet
était mort quelques mois auparavant (le 9 décembre
1824) et Boutard, « l'oncle Boutard », dans le *Journal
des Débats* du 14 décembre, avait rendu à son ami un
hommage dont on sent encore à la lecture combien
l'émotion en était sincère. Le jour de l'enterrement du
peintre des *Funérailles d'Atala*, les membres de l'Institut
et « les plus habiles artistes », réunis dans la chambre
mortuaire, (c'est Delécluze, protégé et successeur de
Boutard au *Journal des Débats* qui a rapporté, dans son
livre sur *David*, cette scène dont il fut le témoin), s'en-
tretenaient de « la perte irréparable que venait de faire
« l'École dans un moment où elle avait besoin d'une
« main puissante qui la retînt sur la pente où elle était
« entraînée par l'école dite romantique », et chacun des
interlocuteurs cherchait celui qui pourrait, en l'absence
du maître, de David vieilli, exilé, et qui devait bientôt
après mourir à Bruxelles, prendre la tête de la résistance. « Que ne le remplacez-vous, Gérard, dit quelqu'un, et que ne vous levez-vous pour remettre l'École
dans la bonne voie? » Et Gérard de se récuser; il ne

se sentait plus la force de mener la bataille, et .puis, portraitiste acclamé, « roi des portraitistes et portraitiste des rois », il avait mieux à faire.

« Et vous, Gros ? » Et Gros, « dont les yeux étaient rougis et la voix altérée », baissait la tête et s'accusait publiquement : non seulement il ne se sentait plus assez d'autorité pour ramener et diriger l'École, mais encore il confessait avoir été « l'un des premiers à donner le mauvais exemple que l'on a suivi ».

Personne, semble-t-il, ne prononça ce jour-là le nom de Dominique Ingres. Il vivait alors loin de Paris, à Florence, fidèle à sa fière devise : « Tout braver avec courage ; ne travailler que pour plaire, d'abord à sa bonne conscience, puis à peu de monde », et sentant peut-être encore peser sur lui un reste des sévérités que les « classiques » davidiens ne lui avaient pas ménagées, pour avoir « imité le style suranné des premières écoles », pour ses « caprices bizarres », cette « fantaisie extraordinaire de remettre à la mode la manière de peindre des siècles passés », de revenir « au genre le plus détestable, puisqu'il est *gothique* », pour avoir tendu à « faire rétrograder l'art de quatre siècles, à nous reporter à son enfance, à ressusciter la manière de Jean de Bruges ! » ou bien encore pour « sa *manie* inexplicable de s'inspirer du *divin* Masaccio, de l'*incomparable* Ghirlandajo !... »

Six mois après pourtant, grâce à Quatremère de Quincy, qui allait s'allier avec lui contre les « romantiques » et les « gothiques », le 25 juin 1825, il était nommé membre de l'Académie des Beaux-Arts, non point à la place de Girodet, qui avait été remplacé le

5 février par Thévenin, mais au fauteuil de Denon....
C'est le *Vœu de Louis XIII* qui avait opéré ce miracu-
leux revirement.... L'Ingres d'après 1824 a trop fait
oublier celui des années héroïques....

*
* *

Quand, âgé de dix-sept ans à peine, il arriva à Paris,
en 1797, dans l'atelier de David, ses camarades, s'il faut
en croire notre vénérable Delécluze (qui est certes bien
digne de foi), furent frappés par son application au travail, sa volonté et son caractère plus que son esprit.
« ...Il était l'un des plus studieux et cette disposition,
« jointe à la gravité de son caractère et au défaut de
« cet éclat de pensée que l'on appelle esprit en France,
« fut cause qu'il prit très peu de part à toutes les folies
« turbulentes qui avaient lieu autour de lui : aussi
« étudia-t-il avec plus de suite et de persévérance que
« la plupart de ses condisciples. » Je le soupçonne pourtant, car les œuvres de sa jeunesse le dénoncent, d'avoir
participé, sinon effectivement et en adoptant leurs mas-
carades, tout au moins par une tacite sympathie avec
quelques-unes de leurs doctrines essentielles, à la révolte
de la secte anatématisée par les purs Davidiens, tantôt
sous le nom de *primitifs*, tantôt sous celui de *barbus* et de
penseurs. « Barbu » il ne le fut jamais, tous les portraits
qu'il nous a laissés de lui-même presque dès cette
époque en témoignent ; mais « primitif », c'est autre
chose. Il faut relire dans *David, son école et son temps*, le
chapitre doucement ironique que Delécluze a consacré

à ces « barbus »; dans le *Journal des Débats*, Boutard
n'avait pas assez de mépris et de colère contre cette
secte pensante; mais Nodier leur consacrait des pages
dithyrambiques. Leur chef était un Maurice Quay dont
Nodier osait écrire que, « sous les traits d'Antinoüs et
d'Hercule combinés, il recélait l'âme de Moïse, d'Homère et de Pythagore…, il unissait le courage des forts
à la simplicité des enfants et la raison des sages à l'enthousiasme des poètes…. Jamais je ne l'ai entendu m'appeler à ses côtés avec ce langage ineffable et mélodieux
qui lui était familier sans me rappeler que le Dieu fait
homme aussi aimait à s'entourer des malheureux de la
terre… », et la suite ! Mais après cela on peut tirer l'é-
chelle. Ses adeptes l'appelaient aussi Agamemnon; il se
promenait par les rues « vêtu d'une grande tunique des-
« cendant jusqu'à la cheville et d'un ample manteau
« qu'il portait avec une grâce et une aisance souve-
« raines ». Le placide Delécluze lui-même, qui a raconté
avec plus d'ironie que de sympathie cet épisode, dit
pourtant en propre termes : « On retrouvait dans cet
homme du Mahomet et du Jésus-Christ; grand, les cheveux et la barbe noirs et touffus; son regard ardent et
son expression, tout à la fois passionnée et bienveillante, avaient quelque chose qui attirait et imposait en
même temps…. » Il fut le « Sâr » de ce temps-là…, et
M. Péladan, redevenu simple critique d'art et des plus
éloquents, devrait écrire son histoire. A côté de lui,
Lucile Franque était l'Égérie du cénacle. Son nom seul
prononcé « purifiait les lèvres ». « Avez-vous vu, écrivait
Nodier, — et il faut citer ce portrait parce qu'il contient

toute la doctrine d'art de ces esthètes exaltés et pourrait s'appliquer aussi bien aux peintures et aux dessins
du jeune Dominique Ingres, — avez-vous vu, *sur les
coupes des Grecs* et sur les bas-reliefs d'Herculanum, ces
figures sveltes et légères où tant de noblesse est alliée à
tant de grâce et *tant de pureté à tant de volupté?* Vous
êtes-vous arrêté pensif devant cette image de sainte
Cécile qui prête l'oreille aux chœurs célestes? La plain-
tive Malvina touchant sur sa harpe des airs douloureux et adressant un regard triste et plein de larmes au
barde aveugle qui n'en jouira pas, vous a-t-elle jamais
intéressé à ses malheurs? Vous connaissez presque
Lucile!... » Et j'admets très bien qu'Ingres n'a jamais
donné dans cette rhétorique, encore qu'il ait fait lui
aussi son *Rêve d'Ossian*, comme Girodet qui peignit le
sien en se cachant de David et à la très virulente indignation de celui-ci quand il découvrit le méfait. Mais
il suffit de regarder quelques-unes de ses peintures et
ses dessins de cette époque pour affirmer qu'Ingres était
de cœur avec Maurice Quay, quand celui-ci osait ha-
sarder sur les œuvres de leur maître commun « des
critiques légères, puis plus graves ». Le tableau des
Sabines, par exemple, témoignait bien sans doute, au
jugement de ces jeunes gens, « quelques intentions de
marcher dans la voie des Grecs », mais ils n'y trouvaient en somme rien qui fût, à leur gré, assez « *simple
et primitif* ». (C'était le mot qui revenait sans cesse.)
Ces Préraphaélites, d'avant le Préraphaélisme, en vinrent à déclarer que David était encore « Van Loo, Pompadour, rococo ». D'ailleurs, Euripide lui-même était,

à leur goût, un peu avancé déjà. Ils n'admettaient rien
en Grèce après Périclès, en Italie après Raphaël ; ils ne
trouvaient de beauté véritable, inattaquable et pure
qu'à la Bible, à Homère et... à Ossian ! Sophocle, ils
l'admiraient encore, mais Euripide, « c'est comme
Monsieur de Voltaire » ! Et David lui-même se lamen-
tait d'avoir connu (ou entrevu) la Grèce trop tard, et
de sa manière « romaine » s'efforçait de s'élever à une
manière « grecque » dont les *Sabines* étaient, dans sa
pensée, comme la première réalisation.

Cette « secte des *penseurs* », des « barbus », des « primitifs », dont j'ai essayé de montrer l'influence probable
sur la formation d'Ingres, était née sous le Directoire ;
mais c'est en 1800 surtout, s'il faut en croire Delécluze,
qu'elle commença de « manifester » et de faire parler
d'elle. Ingres avait alors vingt ans. Il venait d'obtenir le
second grand prix de Rome sur ce sujet : *Antiochus
envoie à Scipion l'Africain des ambassadeurs chargés de lui
remettre son fils,* qui, si l'on en juge par la reproduction
que M. Henry Lapauze a donnée, dans son livre, de ce
tableau aujourd'hui détruit, était encore très *davidien.*
L'année suivante, il était classé premier, et son morceau de concours : *Les ambassadeurs d'Agamemnon, en-
voyés pour apaiser Achille et lui demander de combattre,
le trouvent sous sa tente, avec Patrocle, occupé à chanter
les exploits des héros,* conservé à l'École des Beaux-Arts,
montre qu'il tendait, dès lors, à s'émanciper de la manière, sinon de la doctrine et de l'autorité de son maître.
Une académie, qui lui valut, en 1800, le prix du concours
de torse (et que le musée de Montauban a prêtée à

l'exposition de la galerie Georges Petit), est encore de l'élève accompli de David, mais au moment où il va voler de ses propres ailes. Il signe ou il signera encore des dessins : *Ingres, élève de David*, ou même : *de son cher maître David*; il fait, d'après les Horaces, un dessin attentif et respectueux que David contresignera, mais les rapports entre le maître et l'élève ne tardèrent pourtant pas à se gâter et ils furent bientôt plus que refroidis. En 1814, il écrira qu'il a ses « grandes raisons » pour n'avoir avec son ancien maître « aucune espèce de contact »; et il ajoute : « Je désire qu'il voie mes ouvrages seulement à l'exposition. »

*
* *

Pourvu du grand-prix en 1801, il attendit plus de cinq ans l'arrêté ministériel qui l'autorisait à partir pour Rome. Jusque-là, dans un atelier de l'ancien couvent des Capucines, il travaillait avec acharnement, dessinait d'après l'antique, copiait des camées et des estampes, peignait d'après le modèle vivant et crayonnait « quantité de petits portraits », et déjà signait des chefs-d'œuvre. Nous avons son portrait par lui-même à cette époque (1804); il s'était représenté, un manteau jeté sur l'épaule, debout devant la toile blanche, le crayon dans la main droite, effaçant de l'autre l'esquisse, insuffisante à son gré, la tête tournée et les yeux, — ses beaux yeux pleins d'ardeur, d'avidité réfléchie, que son ami Roques avait déjà bien vus dans le portrait de 1797, qui semblent vouloir scruter, capter,

retenir à la fois les apparences et le principe des formes,
— fixés, dardés sur le modèle.... Plus tard, il reprit
(fut-ce pour tenir compte des critiques qui l'avaient
assailli au Salon de 1806? mais ces lâches concessions
lui ressembleraient bien peu!...), il remania, il gâta ce
premier jet (dont M. Lapauze publie une reproduction),
supprimant la toile avec l'ébauche crayonnée que sa
main effaçait, ramenant, d'un geste vague et conventionnel, cette main gauche sur son cœur, et c'est l'état
définitif du portrait que l'on voit au Musée Condé à
Chantilly; mais il y reste la tête, l'enchassement des
yeux sous la robuste arcade sourcilière qui prendra
avec les années une expression toujours plus âprement
volontaire, le front têtu, et déjà cette moue de la lèvre
dont la courbe se tendra de plus en plus — mais jamais
du côté des sourires!

C'est pendant cette période qu'il peint le charmant
portrait de son père, aux cheveux poudrés, où, sous
l'influence de la présence réelle du modèle, quelque
chose de la grâce du XVIIIe siècle, de *presque* prudho-
nien semble encore sourire; les trois portraits de la
famille Rivière du Louvre, celui du graveur Desmarais,
de dessin si souple, d'expression si finement intime;
enfin, le portrait du Premier Consul, que le Musée de
Liège a prêté à l'Exposition.

Ingres fut-il intimidé par son terrible modèle ou,
plus simplement, ne put-il obtenir de lui les séances indispensables? Les conversations de l'Empereur avec
David nous ont révélé ses idées sur l'utilité de la *ressemblance* d'un portrait historique, et c'est pourquoi

rien n'est plus incertain aujourd'hui que l'iconographie de Napoléon. Dans la commande faite au jeune Ingres, il s'agissait de donner à la ville de Liège, en souvenir de la reconstruction du faubourg d'Amercœur, un portrait officiel. Le décor et l'éclatant uniforme rouge y ont pris plus d'importance que la figure. Sur la table, se déroule un parchemin où se lit le nom du faubourg donné à la ville, et par la fenêtre ouverte un paysage paraît, où se profile, dans une fine lumière, le clocher de l'église de briques, sur un ciel doucement soleillé. Ingres paysagiste ! Il n'eût certes tenu qu'à lui de l'être, s'il avait daigné; les fonds de l'admirable portrait de Mlle Rivière le démontrent assez, et, plus encore, à la fin de sa vie, l'esquisse, en ce moment exposée, où il évoqua dans un cadre de nature les délices de l'âge d'or.... Mais il avait autre chose à faire et à vouloir.

Le Premier Consul était devenu empereur quand son portrait arriva à Liège. On fut sans doute content du peintre puisqu'on lui commanda aussitôt, pour le Corps Législatif, un autre portrait de *Sa Majesté l'Empereur sur son trône*. C'est celui que le musée de l'Armée a prêté à l'Exposition et qui figura au Salon de 1806, ouvert après le départ du jeune homme pour Rome. « Il est difficile, écrivait le critique du *Publiciste*, de faire avec un pinceau aussi exercé un tableau aussi désagréable! » Et l'*Observateur* et le *Pausanias Français* renchérissent encore. C'est le commencement de la grande rupture entre les purs *davidiens* et l'élève émancipé, qui, jusqu'en 1824, sera traité comme un « gothique », un excentrique, un primitif. Il semble qu'il ne comprit d'abord absolument rien à cette volée de bois vert qu'on lui administrait avec une unanimité si rare. Il écrivait de Rome à ses amis Forestier : « Quelles horreurs est-ce que je viens d'apprendre ? Je sais tout ce qui se passe à Paris sur mon compte. Le Salon est donc le théâtre de ma honte ? Je suis victime de l'ignorance, la mauvaise foi, la calomnie…. Les scélérats ! Ils ont attendu que je sois parti pour m'assassiner de réputation…. D'un jour à l'autre suis-je changé de peintre distingué en un homme dont on ne peut plus regarder les ouvrages, dont l'effet met en furie, dont tout Paris s'entretient d'une manière affreuse ?... Et je ne suis pas là, je ne puis me défendre ! Je sacrifierai ma vie, — ou cette horde croassante de jaloux aura cessé de crier. Mais, de grâce, par pitié, voyez mon désespoir…. » Toute la lettre est vibrante d'indignation, de douleur, de mépris.

Il y eut peut-être dans cette levée de plumes et de boucliers, dans cet effort, qui semble concerté, de toute une école contre ce peintre de vingt-six ans, quelque machination d'une jalousie sournoise ; on ne peut cependant aller jusqu'à croire que David, qui savait assez que la faveur impériale lui était assurée, ait pu redouter la concurrence de son élève. Son âme, certes, n'était pas de très noble trempe, mais tout de même on n'a pas le droit de lui imputer tant de bassesse. C'est donc que le désaccord esthétique entre le disciple et le maître, entre la vision d'Ingres et les habitudes d'œil et d'esprit de ses contemporains, ou plutôt des docteurs assermentés de l'École, allait s'accusant chaque année davantage. Ce que David devait éprouver, bientôt après, devant les tableaux de Gros (émancipé lui aussi, mais dans une autre direction) et devant ceux de Géricault, ce que lui avait déjà inspiré d'inquiétude ou d'agacement « le romantisme » menaçant de Girodet, il le ressentit devant les envois de cet autre incomparable élève. Dira-t-on que si Ingres lui-même avait su profiter de sa propre expérience, il eût pu, il eût dû garder au moins de ses épreuves le bénéfice de l'indulgence, quand, devenu à son tour chef d'école et représentant d'une doctrine menacée, il lança sur d'autres hérétiques l'anathème au nom de l'orthodoxie, quand, par exemple, il alla jusqu'à vouloir faire enlever du musée du Louvre le *Radeau de la Méduse* et les deux *Dragons*, comme il disait, de Géricault, de ce Géricault d'esprit si hospitalier, de cœur si haut, d'âme si généreuse, qui, sur son lit de mort, avait, près de son chevet, un dessin d'Ingres et, jusque dans son agonie, disait encore : « Regardez! regardez! c'est comme Raphaël »? Il serait peu intelligent de demander à un génie de cette trempe la souplesse et la sympathie critique. Il avait mis dès lors toute sa volonté — et quelle volonté! — au service d'une volupté secrète, dont il sentait grandir dans son cœur, à mesure qu'il prenait plus conscience de sa force, le délicieux et obsédant égoïsme. Il va de plus en plus se consacrer au service de ce démon intérieur, s'enfermer jalousement dans son idéal, que son passage à Florence, à Pise, l'a, semble-t-il, aidé à mieux connaître... (« Comme ils m'avaient trompé! » écrira-t-il de ses maîtres), poursuivre d'une main toujours plus savante, d'une contemplation toujours plus ardente, la forme, la ligne, la ligne sinueuse, serrant d'une étreinte amoureuse, enlaçant de subtiles caresses la beauté féminine, lui imposant, pour mieux en jouir, une immobilité et comme une passivité frémissante, en prenant possession tour à tour avec une précision fervente et passionnée, puis, tout à coup, avec on ne sait quels raffinements, quelles déformations presque morbides, quels caprices et quel arbitraire de sultan, de maître souverain.... Depuis le *Jupiter et Thétis* de 1811 jusqu'au *Bain turc*, qu'il signait à quatre-vingt-deux ans, mais qui l'avait comme obsédé sa vie durant, cette prodigieuse histoire nous est ici offerte.

II. — LES PREMIERS CHEFS-D'ŒUVRE [1]

Jupiter et Thétis fut peint à Rome en 1811. Ce fut le dernier *envoi* d'Ingres; il y avait pensé dès 1806; il voulait que son tableau « sentît l'ambroisie », que les « chiens enragés » qui venaient d'aboyer à ses trousses en fussent eux-mêmes touchés; mais il laissa dormir son idée et se décida pour l'*Œdipe*, envoyé en 1808 et assez mal accueilli par l'Académie davidienne. Entre les deux envois, il peignit, entre autres œuvres capitales, l'admirable portrait de *Madame Devauçay* (à Chantilly), le portrait de Granet; il cherchait, dans le dos de sa *Baigneuse*, 1807 (collection Bonnat), et dans celle du Louvre (1808), le double mystère des lignes sinueuses et filées, définissant, subtilisant les contours de la forme et des modèles, obtenus dans la lumière égale et la matière mince, par d'impondérables modulations dans les clairs. *Œdipe* était encore davidien (l'Académie lui fit pourtant un assez froid accueil); *Jupiter et Thétis* contient tous les secrets désirs, toutes les prédilections passionnées du « primitif » qu'il était alors. Ce retour aux « figures sveltes et légères qu'on voit sur les coupes des Grecs », où « tant de pureté est alliée à tant de volupté », que « la secte des penseurs »

1. *Journal des Débats*, 16 mai 1911.

avait inscrit dans son programme et opposé aux ron-
deurs de la statuaire gréco-romaine, Ingres l'avait ici
réalisé, proclamé comme un manifeste. Thétis vient en
suppliante implorer du maître de l'Olympe la permission de ne pas épouser un mortel. Zeus et Poseidon se
sont jadis disputé sa possession, mais Thémis a révélé
que le fils qu'enfanterait Thétis serait plus fort que son
père, et c'est devant cette menace que les grands
immortels ont renoncé à leur amour et vouent la déesse
à un simple héros. Mais elle se révolte; elle fuit et, de
là, sur tant de vases grecs, cette poursuite de Pélée,
cette lutte de Pélée et de Thétis, jusqu'à ce que, sur
les sommets du Pélion, dans la caverne du centaure
Chiron, se célèbrent, en présence des Dieux et par leur
volonté, les noces de la déesse vaincue par le héros. Une
amphore de Clitias et d'Ergotimos, célèbre sous le nom
de vase François, conserve l'illustration de toute cette
histoire, et il paraît à peu près certain qu'Ingres n'avait
pas manqué de la voir pendant son séjour à Florence.
Agenouillée à la manière des suppliants qui embras-
saient l'autel, Thétis, le torse nu, le sein voluptueuse-
ment appuyé sur la cuisse de Zeus, tend vers la barbe
du Dieu impénétrable — le seul libre, mais non contre
la destinée — sa main, son cou, sa tête et ses yeux qui
implorent, et le Dieu médite; cette prière lui rappelle d'anciennes caresses; mais Thémis a prophétisé,
l'inexorable Moira veille. Les destins s'accompliront....
Aucune œuvre n'est plus révélatrice de cette secrète et
obsédante volupté à laquelle allait être désormais sou-
mise l'impérieuse volonté du peintre. C'est de son Ju-

piter qu'il était surtout fier ; peu de temps avant sa mort, il en reprenait encore la tête et, quand il eut fait alliance et amitié contre les romantiques avec l'auteur du *Jupiter olympien*, Quatremère de Quincy, c'est ce Jupiter qu'il aimait à évoquer comme un gage de leur commune orthodoxie. Mais, dans sa Thétis, dans le corps de Thétis, dans la tension sinueuse du dos, des bras, du cou, et l'insinuante caresse du jeune sein sur la cuisse du Dieu, Ingres, à son insu, peut-être, avait mis l'aveu d'autant plus persuasif de tout ce qui allait faire désormais, non pas « le charme de sa vie », mais la saveur, la personnalité, l'incomparable et pénétrante puissance de son art. Peintre de la femme, il ne sera vraiment que cela ; mais n'est-ce pas assez ? Son Jupiter nous ennuie et aussi ses petits tableaux de genre, (où son romantisme inavoué — et troubadour, oh combien ! — d'avant 1824 s'est tout de même soulagé), et son *Saint-Symphorien* nous laisse froid comme une belle leçon un peu pédante. Mais voyez, autour de toutes ces figures de femmes, odalisques, baigneuses ou portraits, les recherches voluptueuses de ses dessins préparatoires, même pour ses Madones, qui, peintes, n'auront jamais la tendresse et l'onction chrétiennes. Comment une nuque s'infléchit, comment une épaule, un bras, un sein ondulent, il ne le précisera ni ne l'exprimera jamais assez à son gré, ni d'un trait assez fin, assez délié, assez pur et assez prenant et enlaçant à la fois.

Ce *Jupiter et Thétis*, quand il arriva à Paris, fit l'effet d'une « charge », et l'Académie des Beaux-Arts consignait gravement dans son rapport officiel : « On voit avec peine que cet artiste semble plutôt s'efforcer à se rapprocher de l'époque de la naissance de la peinture qu'à se pénétrer des beaux principes qu'offrent les plus belles productions de tous les grands maîtres de l'art.... En tout, on a remarqué avec peine que M. Ingres, en persistant dans le système qu'il paraît avoir adopté, n'emploie son talent qu'à se placer au-dessous de lui-même. On l'exhorte à se servir plus utilement de ses moyens. »

Les années qui suivirent furent parmi les plus fécondes et les plus riches en œuvres caractéristiques. Dans la disgrâce où le tenaient ses maîtres et les docteurs de l'École, il se livra avec une sorte de rage têtue à son génie, à son démon, à sa volupté (à l'Académie, on disait : à son vice). Les plus beaux portraits qu'il ait jamais faits sont de cette époque, — je ne reviens pas sur cet incomparable chef-d'œuvre, *Mme de Sénonnes* (1814), dont j'ai longuement parlé jadis. Mais les vieilles femmes aussi l'inspiraient. Nous n'avions jamais vu encore le portrait de *Mme la comtesse de Tournon* (1812), mère du préfet de Rome. Il y a, dans ce prodigieux et obsédant visage, du batracien et de l'oiseau de nuit. Mais quel chef-d'œuvre que cette intense et implacable évocation, et de la robe verte au voile posé sur les cheveux bouclés, des bras nus à la gorge gonflée sous la guimpe tendue, tout est *peint* merveilleusement. « Il est sans exemple, dira-t-il plus tard, qu'un grand dessinateur n'ait pas trouvé la couleur qui convenait exactement au caractère de son dessin. » C'est surtout sur les portraits de cette période qu'on pourrait vérifier, en ce qui le concerne, la vérité de la sentence. Ce n'est plus ici simple enluminure, mais bien véritable et puissante peinture. Et, si l'on en avait le loisir, on aurait à faire, dans quelques autres portraits contemporains, plus d'une surprenante découverte. Il en est un au moins que je veux signaler : c'est celui de M. Davilliers (1811). Ce fonctionnaire, mal rasé, a revêtu son uniforme brodé d'argent : un jabot de dentelle tombe du double col de batiste sur le gilet brodé. Regardez de près la qualité de ces broderies d'argent, de ces étoffes et de ces tissus, les valeurs de ces blancs juxtaposés. C'est de *la peinture*, de la plus fine, de la plus juste et de la plus délicate....

Dans le précieux tableau où Heim a représenté la *Distribution des récompenses après le Salon de 1824*, on voit, au-dessus du roi qui donne à Cartelier le grand cordon de Saint-Michel, au centre du panneau d'honneur, le *Vœu de Louis XIII* et, dans les rangs pressés des académiciens en uniforme, un petit homme, l'air tout jeune, en simple habit noir, qui regarde de tous ses yeux et qui se tient, sans perdre un pouce de sa taille, au premier plan. C'est Ingres lui-même, entre l'avantageux Lethière et M. Dupaty. Derrière lui, un peu à gauche, émerge en pleine lumière et avec autorité, à côté de Lemot, la tête pâle et dogmatique de M. Quatremère de Quincy, le secrétaire perpétuel de l'Académie, « l'organisateur de la résistance... ». Je suis allé revoir, comme si je ne les avais jamais regardés, le *Vœu de Louis XIII* et le *Massacre de Scio*. J'ai revu aussi, soit en originaux, soit en reproduction, les admirables dessins préparatoires du *Vœu de Louis XIII,* — ceux des deux anges qui écartent le rideau, nus d'abord, puis drapés, — ceux des deux bras du roi, tendus vers la Vierge — geste dont il a observé, étudié le rythme, l'élan, la vérité et l'éloquence, — qu'il a peints comme il les avait dessinés, qui restent la partie la plus, — la seule — émouvante de tout le tableau. Mais, à ces bras admirables, il a attaché des mains incapables de tenir le sceptre et la couronne qui y sont posées et n'y restent que par un incompréhensible prodige d'équilibre instable. Il avait longuement concerté, « porté » ce tableau, commencé en 1821, à Florence, et tout inspiré, — est-ce inspiré qu'il faut dire? — tout rempli de l'imitation de Raphaël, du Raphaël de la Vierge de Saint-Sixte pour la composition générale et du Raphaël de la période florentine pour la figure de la Vierge. Il n'avait « épargné aucune peine », comme il l'écrivait à son ami Gilibert et comme on le sent trop, « pour rendre la chose *raphaëlesque* et *à moi* » (à *lui* l'âpre volonté surtout). Il ajoutait : « Je compte beaucoup sur ma grande page pour laquelle je veux déployer tout le luxe de la grande peinture. » Il espérait, ou du moins il en avait le « violent désir », faire taire les « médiocres aboyeurs ». Par elle, en tout cas, il conquit l'école et la direction des troupes conservatrices dans la bataille qui s'engageait.

Mon Dieu! que les journaux de ce temps-là sont intéressants à feuilleter; que notre collection des *Débats,* en particulier, est amusante! C'est ici que le sage Delécluze, après avoir gémi : « L'École est dans la crise ou,

plutôt, il n'y a plus d'École ! » instituait, entre les *Homé-*
ristes et les *Shakespeariens,* — Homère qui prend fait et
cause pour le beau contre le laid, que le *sceptique* Shakespeare et les modernes ne considèrent que comme des
accidents différents ! — ce parallèle, cette antithèse qui
eut tant de succès dans la littérature du temps.

Et, deux ans après, on commandait à M. Ingres,
membre de l'Institut, l'*Homère déifie,* pour le plafond de
la neuvième salle du Musée Charles X. Il le conçut
comme un manifeste, et, par la suite, dans un dessin
commencé en 1840 et repris en 1864, il le revisa et
l'épura encore. Shakespeare fut exclu du nombre des
élus qui avaient le droit d'assister à l'apothéose d'Homère. Michel-Ange lui-même, qui, dans le plafond, n'était
que *méditant,* devint, dans la seconde version, « un peu
sombre, absorbé dans ses pensées..., dans *ses remords*
peut-être, en songeant qu'il n'a pas été assez fidèle au
culte des anciens!... », et la suite. Il faut relire et con-
fronter ces textes et ces œuvres pour se rendre compte
de tout ce qu'il y avait d'étroit, de borné et, par moments, de puéril dans la cervelle du grand Ingres. Il fit
effort vers la culture, mais ne fut vraiment jamais
cultivé et, s'il reste grand, ce n'est certes pas par ses
théories, mais par sa volonté, cette terrible volonté
mise au service de cette sensibilité très spéciale, beaucoup moins fine, vibrante et profonde que celle d'un
Delacroix.

Quant à sa *doctrine,* elle était, elle fut vaine. En
dépit et au-dessus de tout ce qu'il y eut dans le romantisme d'artificiel, d'enthousiasme factice, de snobisme

et d'enfantillage, un Delacroix apportait à l'art français, — à l'heure où nous en avions le plus besoin et où
dans l'évolution logique de notre art il était le plus
désirable, — un enrichissement dont le *Massacre de Scio*
reste, en opposition du *Vœu de Louis XIII*, la révélation décisive. Et si rien n'était plus vain que de raisonner sur des hypothèses et qu'il fallût absolument
répondre à cette inutile question : « Quelle eût été pour
l'art français la perte la plus sensible si, en 1824,
Ingres ou Delacroix avait dû disparaître », à ne
regarder que les deux tableaux fameux qui mirent aux
prises les deux Écoles et devinrent comme leur drapeau,
c'est bien le *Massacre* (« ce massacre de la peinture »,
comme on dit alors) qui fut pour l'art français le véritable enrichissement.

III. — LE PORTRAIT DE M. BERTIN[1]

Si les nouvellistes ont dit vrai, à l'heure où ces lignes paraîtront, ce portrait célèbre, historique à tant de titres, appartiendra définitivement au Louvre. Il n'en est pas de plus populaire dans l'œuvre entier du maître, ni qui soit plus caractéristique de sa manière, d'une personne et d'un temps.

Cette acuité de vision qui lui faisait percevoir, dans la lumière égale et froide, sans opposition ni vibration, qui suffit aux primitifs (ses vrais maîtres), les plus subtiles modulations de la forme, les plus insaisissables « passages » du modelé, cette volonté âpre et tenace, cette probité et cette fermeté d'esprit et de main qui, en présence du modèle, le rendaient également impérieux et docile, on n'en trouverait nulle part ailleurs des manifestations plus décisives. Il en est même d'une naïveté un peu puérile et telles qu'on n'en rencontrerait de semblables que chez les Flamands les plus minutieux; par exemple, sur la tranche de bois verni du dossier du fauteuil, ce minuscule reflet d'une fenêtre placée en face.... Mais quelles mains ! quelle bouche ! Et dans tout le personnage, dans la manière de le poser, dans le moindre pli de la redingote et du gilet symboliques, quelle prise de possession et quelle exaltation plastique de la vie et de la vérité !

1. *Journal des Débats*, 16 mars 1897.

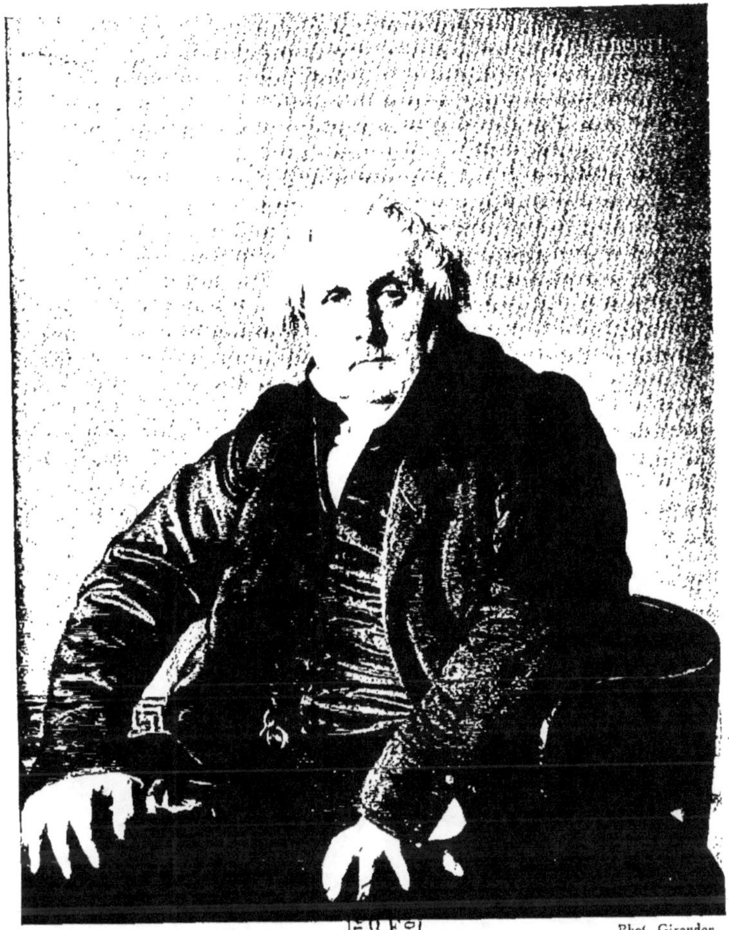

INGRES : PORTRAIT DE BERTIN AINÉ.
(Musée du Louvre)

                    Peinture française au XIXᵉ siècle.

Ingres tâtonna longtemps avant de trouver l'attitude expressive et révélatrice qu'il rêvait. On peut suivre la trace de ces recherches dans plusieurs crayons ou croquis préparatoires. La tête, merveilleusement indiquée d'abord de trois quarts dans un dessin large et gras, fut successivement « essayée » sur des épaules disposées de différentes manières : on la voit, rapportée et collée, sur un dessin du musée de Montauban, où Bertin est représenté debout, le bras droit replié, accoudé sur un meuble, le corps légèrement penché, la main gauche à la hanche et tenant le chapeau à larges bords. C'est déjà un très beau portrait; Ingres fut le seul à s'en déclarer peu satisfait. « Peu s'en fallut même, a écrit M. le comte H. Delaborde dans son catalogue des œuvres du maître, peu s'en fallut que, à un certain moment, le peintre, mécontent des poses contraintes données jusqu'alors par son modèle, et surtout mécontent de ses propres efforts, ne renonçât à un travail qu'il n'avait entrepris, d'ailleurs, que pour tenir une promesse déjà ancienne. » Un incident imprévu vint tout sauver : Ingres lui-même l'a raconté à M. Reiset. Un soir, au plus fort de ses hésitations et de ses inquiétudes, il eut la bonne fortune d'assister, dans le salon de M. Bertin, à une discussion qui s'était engagée sur des affaires politiques entre le maître de la maison et ses deux fils. « Tandis que ceux-ci soutenaient leur opinion, M. Bertin les écoutait dans l'attitude et avec la physionomie d'un homme que la contradiction irrite moins encore qu'elle ne lui inspire un surcroît de confiance dans l'autorité des paroles déjà prononcées

par lui ou dans l'éloquence prochaine de sa réplique.... »
Dès lors, Ingres avait *vu* ce qu'il cherchait. « Votre
portrait est fait, dit-il à M. Bertin; cette fois, je vous
tiens et ne vous lâche plus. » Certes, il le tenait bien;
et, avec Bertin l'aîné, on peut dire qu'il peignit et livra
à jamais à l'histoire le portrait de toute une classe à
laquelle la confiance en soi, l'habitude d'avoir raison
(ou de le croire, ce qui revient au même) avaient alors
communiqué cet air d'autorité tranquille et, dans un
singulier mélange, avec la bonhomie, l'antique simplicité
héritée des aïeux, une espèce de dignité césarienne. Ces
belles et fortes mains, pesamment appuyées sur les
cuisses puissantes, peuvent tenir tour à tour la canne
de Joseph Prudhomme et le bâton de commandement.

Le portrait, peint en 1832, fut exposé au Salon de
1833, et, dès le premier jour, unanimement acclamé.
Chaque fois qu'il a reparu depuis, à l'Exposition universelle de 1855 comme dans un petit nombre d'expositions d'art et de bienfaisance, il a excité la même
admiration. C'est peut-être dans la famille même de
Bertin qu'il fut le moins apprécié. Dans la notice charmante qu'il écrivit sur *Bertin l'aîné et Bertin de Veaux*
pour le *Livre du Centenaire du Journal des Débats*,
M. Léon Say a raconté que Mlle Louise Bertin n'était
pas contente du portrait de son père. Elle disait quelquefois : « Mon père avait l'air d'un grand seigneur :
Ingres en a fait un gros fermier. » Et elle préférait le
portrait où F.-X. Fabre l'avait peint, trente ans plus
tôt, en jabot de mousseline, les cheveux légèrement
poudrés, séparés au milieu du front et retombant sur

les épaules. « Et cependant, ajoutait M. Léon Say,
Ingres avait eu raison de voir dans Bertin le type d'une
race, d'une grande race; mais d'une race bourgeoise et
fermière.... »

Une autre critique, mieux fondée, avait été faite,
— et celle-ci par Gustave Planche dans son *Salon* de
1833, et, sous une autre forme, un peu plus tard,
par Ingres lui-même. Quand Amaury-Duval exécuta
la copie, qui appartient à Mme Léon Say, Ingres,
après avoir beaucoup approuvé, ajouta brusquement :
« Pourquoi n'avez-vous pas essayé un autre fond... un
fond verdâtre? » Il reconnaissait par là que la tête de
son portrait est décidément un peu « sourde » et que
Planche ne se trompait pas en regrettant que le maître
n'eût pas suffisamment tiré parti du ton chaud et vigoureux de la tête originale.

Mais n'était-ce pas se tromper aussi que de lui demander d'être à la fois Ingres et Vélasquez...? Tel qu'il
est, ce portrait de Bertin l'aîné est, je ne dis pas le
chef-d'œuvre du maître, mais un de ses chefs-d'œuvre
les plus complets et les plus significatifs. Réjouissons-
nous de le voir entrer dans nos collections nationales.

IV. — LE DOGMATISME D'INGRES[1]

.   .   .   .

Ingres va venir au secours d'Homère ! Si l'on veut bien considérer que, génie exclusivement plastique, amené par les exigences les plus logiques et par les besoins les plus intimes de son œil et de son esprit à contempler les formes isolées, en quelque sorte, dans la clarté la plus égale, sans complications, pour lui inutiles et gênantes, de rayons contrariés et de reflets colorés, il n'empruntait jamais à la couleur que le minimun indispensable pour accentuer leurs plus subtiles modulations, qu'il modelait dans les clairs avec une vigueur et une finesse comparables à celles des plus authentiques primitifs et qu'il lui suffisait d'un crayon noir pour évoquer sur une feuille de papier d'un trait mince, grêle et délié, des figures merveilleusement expressives et vivantes, on comprendra comment les coloristes de l'école romantique, et, par-dessus tous, Delacroix, devaient lui être incompréhensibles et monstrueux. Il leur déclara la guerre avec une énergie de conviction, une fureur de rancune, un emportement de parti pris et un manque de critique qu'il faut admirer : la sincérité, l'étroitesse et la puissance de sa nature y éclatent. Tous ses instincts, tout ce qui était l'essence et la con-

1. Extrait des *Notes sur l'Art moderne*, pp. 71-77.

dition même de son art et de son œuvre, conspiraient ici avec ses superstitions d'école, sa culture classique et la dévotion qu'il avait vouée à Raphaël et à l'antiquité.

Il professe alors et il dogmatise. Écoutez-le : « Rubens et Van Dyck peuvent plaire au regard, mais ils le trompent! Ils sont d'une mauvaise école coloriste, de l'école du mensonge ! — Une chose bien dessinée est toujours assez bien peinte. » En 1863, il écrira, dans sa brochure contre la fondation des ateliers de peinture à l'Ecole des Beaux-Arts : « Le dessin est tout; c'est l'art tout entier. *Les procédés matériels de la peinture sont très faciles et peuvent être appris en huit jours.* »

Et, en effet, il n'avait pas besoin de la *peinture*. Quand il avait inscrit dans un pur contour et modelé en quelques lignes, presque imperceptibles à un œil moins sensible, une figure et un corps, il avait satisfait à toutes les exigences de sa vision ; et quand, pour achever le tableau, il avait appliqué sur ce dessin des tons plats et entiers à la manière des enlumineurs, étendu du bleu sur un manteau, du rouge sur une robe, du lilas sur un coussin, du vert par-ci ou du jaune par-là, quand il avait rempli tous ces compartiments de couleurs, on l'eût fort étonné en lui disant que toutes ces couleurs juxtaposées ne faisaient pas de *la couleur*, qu'elles refroidissaient plus qu'elles n'animaient son tableau et que, par leur crudité acide, elles pouvaient irriter et affoler d'autres yeux. « Il est sans exemple, affirmait-il, qu'un grand dessinateur n'ait pas trouvé la couleur qui convenait exactement au caractère de son dessin », et, en effet, son procédé d'enluminure violente, qui, dans quelques-unes de ses premières œuvres, n'est pas sans analogie avec la peinture de certains primitifs, s'adaptait, en somme, fort bien à la netteté coupante et à la précision aiguë de son dessin.

Quant à lui faire comprendre ce que les grandes symphonies colorées d'un Rubens et d'un Delacroix peuvent contenir de beauté et de lyrisme, comment, avec des couleurs contrastées ou associées, Delacroix parvenait à exprimer certains états de l'âme de son temps, à révéler aux yeux toute l'angoisse d'un drame intérieur, il eût été naïf de le tenter. Rien n'était plus contraire d'abord aux conditions de son art que l'expression des passions ; elles n'étaient bonnes qu'à désorganiser la peinture, à troubler l'harmonie des contours ! Sophismes que tout cela ! « Sophismes ? répondait-il. *Est-ce que la lumière et l'air changent ? Est-ce que le cœur humain a changé depuis Homère ?* Il faut suivre son siècle, dites-vous ? Mais si mon siècle a tort ! Parce que mon voisin fait mal, je suis donc tenu de le faire aussi ? Parce que la vertu, ainsi que la beauté, peut être méconnue par vous, il faut que je la méconnaisse à mon tour ! Point de paix avec les méchants. »

Et il allait, dans cette haine du *moderne*, jusqu'à des excès vraiment comiques. C'est ainsi que, après avoir admis Shakespeare dans sa première *Apothéose d'Homère* (1827), il le fit disparaître du grand dessin repris en 1840 et en 1864, « *pour ne pas compromettre l'unité morale et la vertueuse harmonie de la scène* ». Les *shakespeariens* étaient ainsi remis à leur place et le peintre d'*Hamlet* et de *Lady Macbeth* dûment averti. Quant à

Gœthe, malgré les instances de son cher disciple, Lehmann, qui avait du sang allemand dans les veines, Ingres refusa obstinément de l'introduire parmi les *homérides*. L'auteur d'*Iphigénie en Aulide* n'était-il pas aussi celui de *Werther* et surtout de *Faust*, que Delacroix avait illustré? En revanche, Winckelmann, Longin, l'abbé Barthélemy, l'auteur d'*Anacharsis*, reçurent dans cette nouvelle édition les honneurs de l'apothéose!

On n'en finirait pas de relever les singularités amusantes de cette doctrine, et l'on perdrait son temps à la critiquer et à la combattre avec indignation. Il vaut mieux, devant l'*Apothéose d'Homère*, admirer simplement la grande et tranquille ordonnance de ce *triomphe* solennel, comprendre comment l'émotion de la froide beauté contemplée par un dévot s'y fait sentir sous une impérieuse et forte volonté…. Il faut surtout se reporter aux études admirables qu'Ingres fit en vue de ce tableau, à cette *Iliade* et à cette *Odyssée*, « les deux filles du génie d'Homère », qu'il assit au pied du poète déifié, et qui n'ont pas gardé, comme il lui arriva plus d'une fois, dans l'œuvre définitive, l'éloquence suprême du premier jet.

Le Martyre de saint Symphorien, qu'il appelait « son maître tableau », celui qui devait « montrer et faire triompher » sa doctrine, en fournirait bien d'autres exemples. Le tableau est froid; l'empilement des personnages et des gestes concertés y sent le professeur qui démontre beaucoup plus que l'artiste qui voit, s'inspire et crée; mais les études en sont de toute beauté: celles du geste de la mère, du saint, du proconsul, du licteur surtout, de sa plus grande manière, et rien n'est plus instructif que de suivre, à travers ces reprises successives et ces études multipliées, le travail de sa pensée et l'œuvre de sa volonté.

C'est au musée de Montauban qu'on peut, mieux que partout ailleurs, se livrer à ces recherches et se donner cette joie profitable ; c'est là aussi, dans les centaines de dessins conservés, qu'on peut voir à quel point le maître resta toujours, devant la nature, l'élève ardent, curieux et docile que ses débuts nous ont montré. Tel de ses dessins, pour la série des *Baigneuses* et l'*Odalisque*, pourrait être qualifié de *troublant*, si l'on n'avait tant abusé de ce mot. Quand on feuillette de même les études pour le *Vœu de Louis XIII* — les mains du roi, par exemple, son profil perdu avec le bout de sa moustache espagnole —, on voit à quel point il était capable à l'occasion de pousser la recherche du caractère individuel. Ce qui reste faible, et décidément froid, c'est la Vierge, imitée de Raphaël dans sa période péruginesque, mais sans la douceur et la tendresse qui avaient révélé au fils de Giovanni Santi, dans sa virginale période ombrienne, l'âme de la Madone. Ingres fut toujours incapable d'exprimer l'émotion, surtout l'émotion religieuse et l'intimité du rêve intérieur.

C'est pourquoi il a été si peu aimé et souvent si mal jugé. Il n'a pas compris son temps, et son temps le lui a bien rendu. Il a si rageusement tourné le dos à l'art moderne, si brutalement nié, dans l'ardeur de la dispute, ce qui, à travers bien des tentatives décevantes

et des dangers, restera la grandeur et la beauté de cet
art inquiet, troublé, agité, mais vivant, ému et sincère ;
il s'est enfermé si absolument dans une contemplation
unique et un dogmatisme étroit qu'on a oublié de chercher, derrière ce prêtre intolérant de « Raphaël et de
l'antique », le naturaliste impénitent et naïf de la belle
naïveté des maîtres. On a même oublié — ce qui est à
peine croyable — que l'homme capable de faire, à
soixante-seize ans, ce morceau exquis et puissant, une
Source, était un maître dans toute la force du terme.

V. — LA « LEÇON » D'INGRES[1]

De toutes parts des voix se sont élevées, graves et solennelles : « Recueillons la Leçon d'Ingres.... » Le pluriel conviendrait mieux, peut-être, puisque chacun a cherché et rapporté la leçon, souvent contradictoire, dont il avait besoin ou simplement envie. Par exemple, le groupe des « synthétistes de l'objectivité picturale », — c'est la dernière définition que, pour nous mettre en goût, ait proposé un des exégètes des cubistes, — une fois de plus et avec une audace d'affirmation encore accrue, s'est réclamé de lui. N'est-il pas le maître de la « déformation »? N'a-t-il pas donné l'exemple de travailler « le dos tourné à la nature »? En effet, dès l'apparition de l'*Odalisque*, il ne manqua pas de critiques pour remarquer qu'elle avait « trois vertèbres de trop ». Le « goître » de la *Belle Zélie*, le « cou de girafe » de *Thétis*, l'épaule décrochée de Mme de Sénones, le bras de la Renommée dans l'*Apothéose d'Homère* excitèrent tour à tour la verve ou l'indignation. Sainte-Beuve a eu bien raison de dire que, si l'on veut se donner la peine de chercher, on finit toujours par constater que les contemporains ont déjà dit sur une œuvre d'art, littéraire ou plastique, à peu près tout ce que la postérité en dira à son tour. Mais les points de vue, les

1. *Revue de Paris*, juin 1921.

conclusions et même le sens des mots ont changé. « S'il est le maître de la déformation, il est notre patron », disent donc les ingénieux synthétistes de l'objectivité picturale. « C'est chez lui que nous trouvons, sinon le modèle définitif, tout au moins le principe et la justification de ces « constructions » géométriques, par plans et volumes brusquement juxtaposés, arbitraires, parce que non conformes aux vaines apparences de la Nature, disent les esprits superficiels, mais profondément raisonnées, que crée notre Pensée. Ne savez-vous donc pas quelle insurmontable horreur Ingres professait pour l'anatomie qu'il eût voulu rayer à jamais de toute pédagogie artistique? Nous sommes les seuls continuateurs de son esprit, les exécuteurs fidèles de son profond Vouloir…. » C'est une affirmation, beaucoup plus qu'une démonstration. Ingres lui-même a expliqué ce qu'il entendait par déformation ou plutôt par « exagération », qui doit — qui *peut* — être la mise en évidence d'un caractère important en vue de l'expression. Mais il a dit et redit : « Il faut *copier* la nature toujours et apprendre à la bien voir. C'est pour cela qu'il est nécessaire d'étudier les antiques et les maîtres, non pour les imiter, mais pour apprendre à *voir*. Quand vous manquez au respect que vous devez à la nature, vous donnez un coup de pied dans le ventre de votre mère…. »

Quant aux «Pompiers», comme Luc-Olivier Merson, que nous venons de perdre, aimait à s'appeler, ils n'ont pas de peine à trouver dans le répertoire des pensées et maximes recueillies par le comte Henri Delaborde, et dans les tableaux d'Ingres, depuis *le Vœu de*

Louis XIII, le *Saint-Symphorien*, *l'Apothéose d'Homère* jusqu'à *l'Age d'Or*, tous les articles du Credo auquel ils prétendent rester fidèles. « Qu'on ne me parle plus de cette maxime absurde : il faut du nouveau, il faut suivre son siècle ; tout change ; tout est changé. Sophismes que tout cela ! Et si mon siècle a tort ! — Il n'y a pas deux arts ; il n'y en a qu'un ; c'est celui qui est fondé sur l'imitation de la nature et de la Beauté immuable, infaillible, éternelle.... Qu'est-ce que vous voulez dire ? Qu'est-ce que vous venez me prêcher avec vos plaidoyers en faveur du « neuf » ? En dehors de la nature, il n'y a que du baroque. En dehors des anciens et des maîtres, il n'y a, il ne peut y avoir que caprice et divagation ! Il n'y a rien d'essentiel à trouver dans l'art, après Phidias et après Raphaël. Mais il y a toujours à faire, même après eux, pour maintenir le culte du vrai et pour perpétuer la tradition du beau ! » Et enfin et par-dessus tout, en grandes majuscules d'or au mur de l'atelier : « Le Dessin est la probité de l'Art. »

Mais le diable — et Delacroix — répondait : « Quel dessin ? Celui d'Holbein ou celui de Rembrandt ? Celui même de Raphaël ou celui de Michel-Ange ? »

Il y a, en effet, tant de manières d'évoquer, noir sur blanc, en même temps que la « forme » des êtres et des choses, l'impression que nous en avons reçue et enregistrée ! Michel-Ange disait que Titien ne savait pas dessiner. Ingres lui-même, jusqu'en 1824, ne fut-il pas traité de « gothique » par les purs Davidiens pour sa « manie » paradoxale d'imiter le dessin étriqué et les sécheresses d'un Ghirlandajo et autres primitifs voués aux « galetas de la brocante » ? Et c'est en somme la critique des Davidiens que reprirent les romantiques quand, par la bouche de Préault, ils appelèrent Ingres « un Chinois égaré dans Athènes ».

Les « nobles contours », la calligraphie, pour l'appeler de son vrai nom, dont quelques élèves de David et d'Ingres lui-même firent la condition première du « grand art » ne sont d'ailleurs pas la « probité » au sens où l'entendait l'auteur du portrait de Mme de Tournon.... Et puis, comment l'entendait-il exactement lui-même ? L'eût-il définie de la même manière en ses jeunes années et quand il fut devenu le maître de l'École menacée, le défenseur de la « Tradition », de la « Beauté » contre les romantiques ? J'aurais voulu que M. Delaborde notât à côté de chacune des pensées qu'il a recueillies sa date exacte. Ingres ne manqua pas, à l'occasion, de compléter par des définitions plus précises, cette affirmation générale et un peu vague sur la probité : « *Dessiner ne veut pas dire reproduire des contours; le dessin ne consiste pas dans le trait; le dessin, c'est aussi l'expression*, la forme intérieure, le plan, le modelé. » On dit aujourd'hui d'un air important : les Volumes, car il est bien entendu que personne ne s'en était avisé avant nous ! Mais un autre jour, il dira : « La fumée même doit s'exprimer avec le trait », tout en recommandant de n'avoir d'yeux « que pour l'ensemble. *N'interrogez que lui. Les détails sont des petits importants qu'il faut mettre à la raison...* ». Même s'il s'agit des chamarrures d'or du manteau impérial, du collier de corail de la belle Mme Panckouke, des bagues et du coussin bleu de Mme Rivière, du léger duvet qui ombre la lèvre supérieure de l'impérieuse et noire comtesse de Tournon, un des plus extraordinaires chef-d'œuvre de ses jeunes années?

Si les propos du maître, riches de substance et de moelle sous leur forme souvent prudhommesque, sont bons à retenir, — chacun en prenant à ses risques et périls pour son usage personnel ce que ses capacités peuvent s'en assimiler, — les œuvres elles-mêmes, surtout quand elles ont l'air de démentir les propos, sont bien plus éloquentes et plus persuasives. Le mieux sans doute serait de se placer devant elles et de les contempler silencieusement, pour notre intime délectation, sans aucune malice, ni intention plus ou moins avouée d'y chercher des arguments pour ou contre une doctrine quelconque. Mais on a beau faire; elles restent des « documents », des témoins dans le grand procès esthétique dont chaque génération reçoit et augmente le dossier. Et dès qu'on parle de « Leçons », surtout, il n'est pas inutile, il est indispensable d'essayer de se replacer, par un effort de sympathie critique, dans les conditions et circonstances où elles furent données. D'un bout à l'autre de sa longue vie (1780-1867), Jean-Dominique Ingres assista à de passionnés conflits de sentiments, d'idées, de doctrines et de techniques, qui remplirent son siècle, le plus abondant en crises et en révolutions esthétiques. Pour le suivre, à travers ses œuvres, actions et réactions, au cours de sa carrière, il faudrait écrire en réalité l'histoire de la peinture française du Consulat à la fin du second Empire....

DELACROIX[1]

I. — LA PEINTURE MONUMENTALE

« Le Poussin a attendu deux cent cinquante ans cette
fameuse souscription à sa statue, laquelle, je crois,
n'existe pas encore.... S'il eût brûlé seulement deux
villages, il n'eût pas attendu si longtemps », lit-on dans
une lettre d'Eugène Delacroix. Il n'aura attendu, lui, que
vingt-sept ans, à supposer qu'on commence à attendre
ces choses-là le lendemain de sa mort. Quand il fut,
pour la première fois, question de consacrer par un
monument public son orageuse renommée, un scrupule
arrêta le zèle de ses amis. En même temps qu'il écrivait
dans son testament : « Mon tombeau sera au cimetière
du Père-Lachaise, sur la hauteur, dans un endroit un
peu écarté; il n'y sera placé ni emblème, ni buste, ni
statue. Mon tombeau sera copié très exactement sur
l'antique ou Vignole ou Palladio, avec des saillies très
prononcées, contrairement à tout ce qui se fait aujour-
d'hui en architecture », Delacroix ordonnait : « Après

1. Extrait des *Notes sur l'Art moderne*, pp. 79-95.

ma mort, il ne sera fait aucune reproduction de mes traits soit par moulage, soit par dessin ou photographie : je le défends expressément. » Ne serait-ce pas faire violence à sa volonté que d'infliger à la forme mortelle de cette âme inquiète, avide de repos, le supplice du bronze à perpétuité? On a pensé, avec raison, je crois, que, en interdisant la reproduction par un procédé quelconque de ses traits, *après sa mort,* le maître avait voulu surtout s'épargner toute exhibition, toute profanation de son dernier sommeil par les dessinateurs des journaux illustrés. La pensée qu'*Eugène Delacroix sur son lit de mort,* lithographié, gravé sur bois, tiré à des milliers d'exemplaires, pourrait traîner sur les tables de tous les cafés de France, offert à la banale curiosité du public, dut lui être odieuse et blesser dans ses plus intimes pudeurs ce respect de soi-même, cette réserve un peu hautaine qui le fit si souvent chercher un refuge dans une solitude ou abriter contre le monde, sous une enveloppe de froideur britannique, sa nature sensible, nerveuse et souffrante. Mais il professait « le plus grand respect pour la postérité »; le bruit des éloges, il l'a confessé, « enivre d'un bonheur réel »; « la gloire n'est pas un vain mot : c'est l'ambroisie des âmes ». Il n'eût pas refusé le monument qu'on lui destine et la rumeur d'apothéose qui va monter jusqu'à lui sera douce à son ombre, si son ombre l'entend.

L'emplacement a été bien choisi, dans un coin écarté du jardin du Luxembourg, sous les grands arbres qu'il aimait et dont la compagnie bienfaisante lui mettait dans le cœur « un sentiment de bonheur »; à deux pas de cette bibliothèque de la Chambre des Pairs où il a peint, en ses plus belles années peut-être, l'arrivée de Dante, conduit par Virgile à travers le cercle réservé aux grands hommes qui ne reçurent pas le baptême, dans l'assemblée des poètes glorieux de la Grèce et de Rome

> Intanto voce fu per me udita ;
> Onorate l'altissimo poeta....
>
> .   .   .   .
>
> Così vidi adunar la bella scuola
> Di quel signor dell' altissimo canto
> Che sovra gli altri, com' aquila, vola.

On voudrait pouvoir s'imaginer que Dante, à son tour, est venu prendre par la main celui qui l'aima tant et l'a introduit dans la compagnie des grands artistes, que Rubens, « cet Homère de la peinture », comme l'appelait Delacroix, et Véronèse, « notre ami Véronèse », l'ont accueilli *con salutevol cenno*, qu'ils lui ont ouvert leurs rangs, et qu'il est maintenant avec eux, jouissant enfin de la certitude et de l'apaisement,

> ..... infino alla lumiera,
> Parlando cose che 'l tacere è bello.

Mais ces belles imaginations ne nous sont plus permises.

Il me semble pourtant que, si l'on veut embrasser d'un coup d'œil l'ensemble de son œuvre et en suivre le développement, c'est de ce point de vue, c'est dans l'assemblée des grands décorateurs et des génies les plus lyriques de la peinture qu'il faut le considérer. On pourrait le définir (en tenant compte, bien entendu, des différences et *exceptis excipiendis*) : un Véronèse ou un Rubens malade. Venu trop tard dans un monde trop vieux, trop troublé et trop compliqué, il poursuivit dans la fièvre et le doute, il vit d'une vision brouillée et intermittente, il peignit d'une main tremblante ce que d'autres, nés sous des astres plus cléments, réalisèrent dans la santé et dans la joie. Mais la vocation véritable, le désir constant et profond de cet *enfant du siècle*, ce fut bien la grande peinture décorative et monumentale. « Couvrons plutôt les murs de notre atelier », disait-il ; et pendant qu'il travaillait à la chapelle des Saints-Anges, il écrivait à George Sand : « Depuis quatre mois je fais un métier qui m'a rendu cette santé que je croyais perdue ; je me lève le matin, je cours au travail ; je rentre le plus tard que je peux ; je recommence le lendemain.... Rien ne me charme plus que la peinture et voilà que, par dessus le marché, elle me donne une santé d'homme de trente ans ; elle est mon unique pensée, je n'intrigue que pour elle, tout à elle, je m'enfonce dans mon travail comme Newton (qui mourut vierge) dans la recherche de la gravitation. »

Rien ne ressemble moins à une étude complète sur Delacroix que les notes qu'on va lire ; je voudrais seulement essayer d'indiquer comment le *décorateur* se révéla et se dégagea chez le romantique militant, chez l'interprète passionné et vibrant de Byron et de Shakespeare. Cette partie de son œuvre étant la moins connue du public, il ne sera peut-être pas inutile d'y insister un peu.

*
* *

Il commence, chez Guérin, par faire docilement l'académie; mais il ne tarde pas à s'apercevoir que la palette
de l'école ne lui suffit pas et il apprend tout ce qu'il peut
d'un grand ami, Géricault, son aîné de quelques années,
dont l'influence sur lui fut à ses débuts prépondérante.
Il copie ses œuvres; il peint des *Soirs de bataille* bitumineux qui montrent naïvement d'où ils sortent: *le
Radeau de la Méduse* (1819) n'est pas étranger à la conception de *la Barque de Dante* (1822). Mais déjà l'originalité de Delacroix se dégage, et, chez ce peintre de
vingt-deux ans, on peut reconnaître un grand artiste
et un coloriste original; original, mais attentif aux
leçons des maîtres, de ceux du moins en qui un secret
instinct lui a révélé sa lignée. Il avait copié des gravures
d'après Michel-Ange, et l'on retrouverait aisément dans
le torse de Phlegias et dans la femme renversée contre la
barque, à peu près dans l'attitude de *la Nuit,* des souvenirs du maître. Quand il s'agit de peindre le torse du
damné ruisselant d'eau verdâtre et de « rendre les
gouttes d'eau qui découlent des figures nues », l'idée lui
vint, après cent tentatives impuissantes, d'aller au
Louvre demander conseil à Rubens; et les Néréides du
Débarquement de Marie de Médicis, bonnes filles généreuses, lui eurent vite appris le secret désiré.

Deux ans après, au moment du *Massacre de Scio,* il
est encore sous l'influence combinée de Géricault et de

Gros, de Gros qui l'a encouragé après *la Barque*, a même payé de ses deniers un cadre neuf pour remplacer celui qui avait été brisé dans le transport et fait venir chez lui le jeune homme, confus et émerveillé, qui reste quatre heures durant en contemplation devant la *Bataille d'Eylau* et les *Pestiférés de Jaffa*, ces chefs-d'œuvre, alors deux fois suspects et cachés dans l'atelier du maître. Pendant qu'il travaille au *Massacre*, il écrit : « Mon tableau acquiert une torsion, un mouvement énergique qu'il faut absolument compléter. Il y faut ce beau noir, cette heureuse saleté et ces membres comme je sais et comme peu en cherchent. »

« Cette heureuse saleté! » Il avait encore abusé des bitumes. Puis, sa toile finie et déjà portée au Louvre, il aperçut les paysages de Constable, qu'on venait d'accrocher dans la salle. Ces verdures franches, ces transparences d'atmosphère lui furent une révélation; son tableau lui parut tout à coup triste, « gris et terne ». Il sollicita et obtint du comte de Forbin l'autorisation de le retoucher; et, en moins de quinze jours, enfermé dans la salle des Antiques, il le « refit de pied en cap ». « Ah! dit-il, je m'en donnai là de toute une quinzaine, employant les couleurs les plus vives et me rappelant mon point de départ, c'est-à-dire les gouttes d'eau tant cherchées pour le *Dante et Virgile*. » On sait le résultat et comment il encadra son *Massacre* dans la splendeur d'un paysage ensoleillé, où, sous le ciel bleu, çà et là voilé de nuages roux et de fumées d'incendie, les terrains sablonneux s'enlèvent et fuient à l'horizon doré. C'est une scène de massacre et c'est un beau décor.

Pensait-il déjà à la peinture monumentale? Il n'en faut pas douter : Rubens, Michel-Ange et Velásquez, à cette heure, l'excitent entre tous. Il meurt d'envie « d'étaler sur une toile brune ou rouge de la bonne grasse couleur et épaisse ». Il écrit, pendant un séjour à Tours, à son ami Pierret : « Je tâche de chauffer le Chapitre et les curés pour me faire faire des tableaux d'église…. » Un peu plus tard, à Valmont, pendant une villégiature : « J'ai essayé de la fresque ; le cousin m'a fait préparer un petit morceau de mur avec les couleurs convenables, et j'ai fait en quelques heures un petit sujet dans ce genre assez nouveau pour moi, mais dont je crois que je pourrais tirer parti si l'occasion s'en présentait…. » Ce lui fut une vive joie d'être chargé, en 1826, d'un des grands panneaux de la salle des séances de la section de l'intérieur au Conseil d'État : *Justinien composant les Institutes* (détruit dans l'incendie de 1871). On en connaît une esquisse, acquise par Corot à la vente Delacroix ; le parti pris de la longue robe blanche de l'empereur y est d'un maître décorateur.

Malheureusement, le *Massacre* avait été le signal de la rupture violente entre l'École et le jeune peintre devenu inquiétant. Gros, qui ne voulait plus se compromettre et en était déjà à s'excuser publiquement de sa part de responsabilité dans les origines du romantisme, Gros avait dit : « C'est le massacre de la peinture. » Gérard, non moins favorable d'abord et encore plus compromis, avait dit : « Il court sur les toits. » Ingres venait d'être appelé au secours de l'école menacée ; la bataille s'engageait sur toute la ligne. Les amis de Delacroix et les influences dont il disposait dans certains ministères et à la préfecture de la Seine allaient devenir impuissants à le relever des anathèmes que l'Institut fulminait contre lui.

Le *Sardanapale* (1827) acheva de le perdre.

*
* *

On n'a pas à craindre, je crois, d'exagérer l'importance du séjour que Delacroix fit à Londres en 1825. Dans une étude qui voudrait être complète, il faudrait rechercher si ce n'est pas à ce moment précis qu'apparaissent dans son œuvre ces petits tableaux pleins de passion et de fièvre, dont il dira plus tard qu'il y « passait sa fureur de peindre » et soulageait ce qu'il avait « de noir au fond du cœur », et où il évoqua, pour la première fois, aux yeux effarés des jurés et des critiques de son temps, la mélancolie d'Hamlet, sa rêverie douloureuse et attendrie au cimetière, la folie furieuse de sa lutte contre Laërte, le geste de tragique inconscience dont il pousse du pied le cadavre encore chaud du pauvre et plat radoteur Polonius, l'éveil de l'ambition dans l'âme de Macbeth écoutant plein d'horreur et d'avide surprise les prédictions des sorcières, les adieux de Roméo et de Juliette, l'obsession du remords qui fait errer dans la nuit pleine de gémissements la tremblante lady Macbeth, les plaintes du prisonnier de Chillon, la mort d'Hassan, etc. On reconnaîtrait que le théâtre et les acteurs anglais agirent vivement sur son imagination, et, par suite, sur sa peinture; et l'on aurait à examiner, pour cette partie de son œuvre surtout, la portée qu'il convient de donner à cet aveu d'une de ses lettres : « Vous me demandez ce qui m'a fait naître l'idée des planches sur le *Faust*. Je me rappelle que je vis, vers 1821, des compositions de Retch qui me frappèrent assez; mais c'est surtout la représentation d'un drame-opéra sur *Faust* que je vis à Londres en 1825 qui m'excita à faire quelque chose là-dessus. L'acteur, nommé Terry,... était un Méphistophélès accompli.... » (1ᵉʳ mars 1862.) Mais cela nous éloignerait de notre objet.

Il n'allait pas seulement au théâtre : il recherchait avidement les occasions de visiter les ateliers. Il est reçu chez Wilkie, « dont les ébauches et esquisses sont au-dessus de tout éloge », chez Ettie, Lawrence, les Fielding; son admiration pour Gainsborough et Constable est sans réserve; et les blondes marines de Bonington, qu'il avait jadis rencontré au Louvre, « grand adolescent en veste courte », l'enchantent. Il était encore plein des souvenirs de ce récent voyage quand il se mit à peindre l'immense toile du *Bûcher de Sardanapale*. Nous le retrouvons là avec ses préoccupations caractéristiques de *décorateur*.

Mais l'insuccès fut aussi violent que l'effort avait été sincère et le travail acharné. *Sardanapale*, exposé au Salon, provoqua, on se demande aujourd'hui pourquoi, un véritable scandale. Delacroix fut mis définitivement à l'index par les distributeurs de commandes; tout « grand ouvrage » lui fut interdit, et c'est alors qu'il se

jeta, avec une sorte de fureur, sur ces petites toiles où
tous les acteurs du drame romantique et toute l'agitation de son ardent génie revivent dans une vraisem-
blance si pathétique et avec une si persuasive éloquence.
Il y a là un art nouveau, intense, des divinations admirables, des emportements de pinceau, des formes frémissantes, frénétiques et convulsées, des visions de
poète et aussi des hallucinations. « O sourire d'un
mourant! coup d'œil maternel, étreintes de désespoir,
domaine précieux de la peinture! écrivait-il sur son
carnet. Silencieuse puissance qui ne parle qu'aux yeux
et qui gagne et s'empare de toutes les facultés de
l'âme! Voilà l'esprit, voilà la vraie beauté qui te convient, belle peinture, si insultée, si méconnue, livrée
aux bêtes qui t'exploitent. »

Je n'oublie pas les chefs-d'œuvre de cette série,
d'ailleurs inégale; mais je note l'empressement joyeux
avec lequel Delacroix, dès que l'occasion lui est de
nouveau offerte, revient à la grande peinture monumentale. Avec « ce fond noir à contenter » qu'il sentait au
plus intime de son cœur, il gardait une instinctive
défiance contre les « truculences » et l'esthétique aven-
tureuse et purement négative des agités de l'école
romantique. « L'habitude de l'*ordre dans les idées* est
pour toi la seule route au bonheur », écrivait-il dès
1823 sur une page de ses carnets.

Mais les jurys sont devenus plus sévères pour lui
qu'à ses premiers débuts, les critiques les plus autorisés
n'ont pas assez d'épithètes pour flétrir « ce fanatisme
de laideur », cette « exécution barbare », « ces composi-

tions d'un malade en délire », ou « d'un sauvage ivre » ;
les plus indulgents consentent à grand' peine « à apercevoir quelque talent çà et là, luttant avec la bizarrerie
systématique et le faire désordonné de l'artiste, comme
on voit des lueurs de raison, quelquefois même des
éclairs de génie, percer déplorablement dans les discours de l'insensé », et le renvoient unaniment à la « belle
et savante école de David »; c'est alors que le duc
d'Orléans, au grand scandale d'Ingres, lui fait obtenir
la décoration du *Salon du roi* au palais de la Chambre
des députés. Le chef de bureau qui transmit la commande dut en frémir d'horreur.

Delacroix, à vrai dire, n'avait pas cessé de se préparer à cette tâche nouvelle ; du moins toutes ses expériences de peintre aboutissaient-elles naturellement à
former et à enrichir sa palette de décorateur. Dès
lors, il peut mettre au service de son inspiration la
science la plus précise ; les couleurs lui seront, comme
au compositeur, les instruments d'un orchestre disci-
pliné ; il sera le maître des grandes symphonies.

Comme un grand nombre de ses contemporains, il
fait (1832) le voyage du Maroc (changement d'air
essayé par des gens assez mal portants, a dit Fromentin), et il prend à l'Orient « les bleus forts de son ciel
et ses demi-teintes molles » dont il composera bientôt,
avec quelques souvenirs de Rubens et de Véronèse, la
profonde splendeur de ses ciels décoratifs et le jour
élyséen où se meuvent, dans l'hémicycle de la bibliothèque du Palais-Bourbon et la coupole du Luxembourg,
les héros et les poètes. Il va au Jardin des Plantes

avec Barye, et lui que le modèle vivant déconcerte, refroidit, « vulgarise », lui qui, aux heures d'ardente création, le repousse avec une sorte d'impatience, puisant dans le seul trésor de ses souvenirs et de ses contemplations en présence de la nature tous les éléments de son œuvre, il rapporte de ses études de grands fauves un sentiment élargi et rasséréné de la forme en action, souple, serpentine et puissante. Il va à la campagne, dans ce cher Champrosay où il trouve le silence et la solitude dont il a tant besoin, à Angerville, chez Berryer, à Nohant, chez George Sand, et les arbres et les fleurs lui communiquent, avec l'apaisement passager et délicieux, les fraîches inspirations. Son imagination s'exalte à les contempler; il jouit avec ravissement de ces vivantes couleurs, et les quelques tableaux de *fleurs* qu'il a laissés sont comme les fragments épars d'un triomphant poème où il aurait mis je ne sais quelles confidences de ses joies les plus saines et les meilleures en présence de la nature primitive, virginale et intacte que la pensée et la passion n'ont pas encore atteinte et déformée. Dans les musées enfin, où ce prétendu révolutionnaire ne dédaigne pas de faire de longues visites, il entre dans l'intimité chaque jour plus étroite de Rubens et bientôt de Véronèse ; « Véronèse, l'homme inimitable, que l'on doit le plus étudier (écrit-il sur son *agenda*), qui, par sa sagesse à établir les plans et les tons locaux de clair obscur fait que, de près, il n'y a pas de l'ombre au clair grande différence de valeur, mais tout est si juste, et quant à la place des objets et quant au vrai point de vue du spectateur, que l'effet voulu par l'artiste se trouve toujours produit ».

Aussi, quand l'heure vient enfin de couvrir les murailles et les voûtes des palais, de donner libre essor à cette ardeur de grande peinture qu'il contenait impatiemment, il est prêt. Il a compris que, pour un peintre, *exécution* et *invention* ne sont, à vrai dire, qu'une seule et même chose. Son imagination de poète s'élève sans effort aux régions idéales où se meuvent les génies et les héros qu'il choisit comme thèmes de ses peintures ; il est leur collaborateur prédestiné ; il les évoque au sein d'une nature dont il est l'inventeur et le maître, en des paysages élyséens aux lointains bleuissants où tous les échos semblent répéter des paroles éternelles ; l'*altissimo poeta* et les grandes ombres qui lui font cortège y paraissent comme des habitants naturels et des hôtes attendus. En même temps que l'esprit est excité et l'imagination émue par la qualité expressive, et l'on pourrait dire symbolique, des couleurs, l'œil est comblé d'aise par la plénitude des accords, l'intensité harmonieuse et la douceur opulente du décor, dont la richesse et la variété se résolvent dans une grande unité, et qui se pose sur la muraille « avec le moelleux d'une épaisse tenture ».

II. — A PROPOS DU
SARDANAPALE DE DELACROIX[1]

C'est au Salon de 1827 que le *Bûcher de Sardanapale*
fut exposé pour la première fois. Pour n'être pas resté
dans la mémoire des hommes aussi fameux que ceux de
1822 et 1824 qui avaient vu paraître la *Barque de Dante*,
le *Massacre de Scio* et le *Vœu de Louis XIII*, et s'engager sur tout le front la grande bataille romantique, le
Salon de 1827 n'en est pas moins resté une date mémorable dans l'histoire de notre peinture française. Ingres
y prenait décidément, avec l'*Apothéose d'Homère*, la tête
de la « résistance ». Delécluze, son ami, dans le *Journal
des Débats*, appelait tous les *Homéristes* à la rescousse
contre les *Shakespeariens*, les défenseurs du Beau, contre
les « sectateurs du laid ». Paul Delaroche, avec la *Mort
d'Élisabeth*, donnait aux « novateurs » des gages écla-
tants, et il y a vraiment de fort belles parties dans
ce grand tableau trop dédaigné. Horace Vernet faisait
de son mieux pour s'élever à la poésie idyllique et
légendaire, dans l'*Édith au col de Cygne découvrant le
corps d'Harold* (sept cent soixante pieds de surface cou-
verts en un mois à raison de vingt-cinq pieds carrés par
jour ! répétait-on dans la foule avec stupeur et admiration...), Devéria avec la *Lecture de la sentence de Marie*

1. *Journal des Débats*, 5 juillet et 2 août 1921.

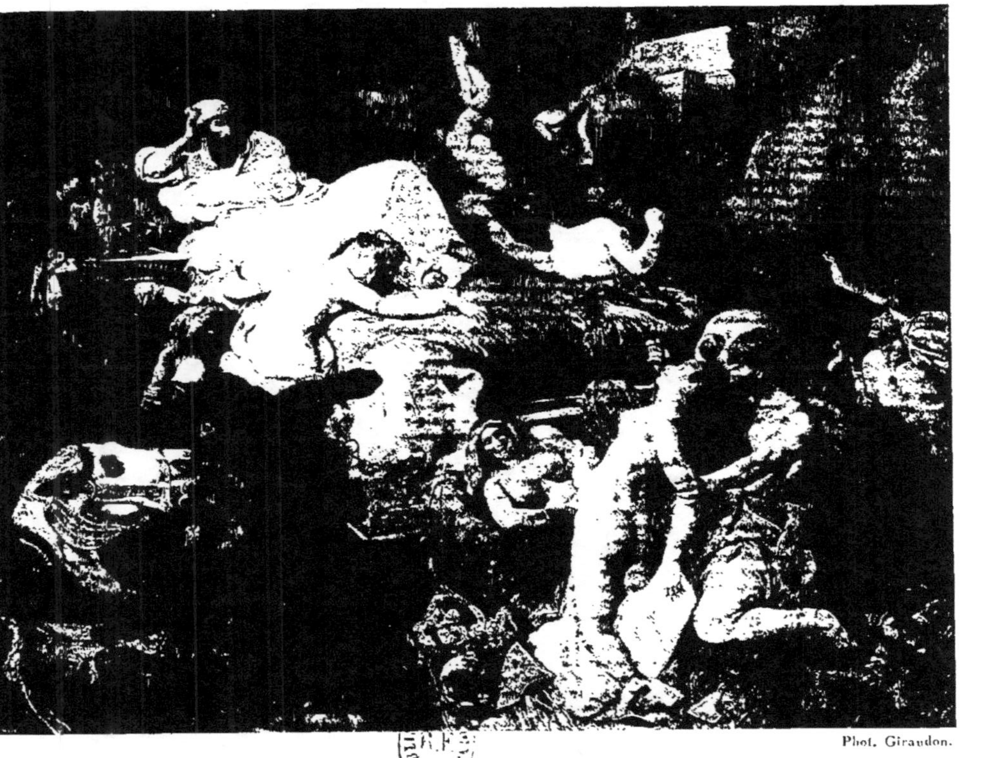

Phot. Giraudon.

DELACROIX : LA MORT DE SARDANAPALE.

(Musée du Louvre)

PL. III.

Peinture française au XIXe siècle.

Stuart renforçait les rangs des jeunes « gothiques » : les paysagistes classiques, Victor Bertin, Turpin de Crissé s'inquiétaient du succès des Bonington et des Constable ; Roqueplan, Ary Scheffer, Boulanger, chez les peintres ; Foyatier chez les sculpteurs, avec son *Spartacus,* dont l'opinion imposait l'achat au gouvernement ; Ramey fils, avec son *Thésée combattant le Minotaure* (qui est lui aussi au Louvre aujourd'hui), faisaient figure de novateurs ! David d'Angers, avec les statues de *Talma,* du *général Foy,* de *Racine,* en attendant de l'affirmer solennellement au fronton du Panthéon, établissait sa doctrine de la représentation des grands hommes en sculpture, au milieu des controverses passionnées que soulevait la question brûlante du « nu héroïque et symbolique » que Canova avait imposé à Napoléon et de « l'uniforme » réclamé par les modernes. Draperie et nudité pour les poètes et les orateurs ; uniforme pour les militaires, répondait ce statuaire « penseur », dont les admirateurs fervents parlaient alors comme de notre temps les Rodinisants. Mais *quid* pour le général Foy, qui avait droit à la culotte et aux grandes bottes comme militaire et à la draperie comme orateur ? Et les théoriciens et les esthètes patentés s'évertuaient à qui mieux mieux, contradictoirement.

Eugène Delacroix, — dont Gros, qui allait s'en défendre ou s'en excuser, avait secrètement encouragé les débuts, — envoyait pour son compte un lot important de tableaux, dont, contrairement à son attente, le jury avait, à une exception près, tout accepté. C'étaient, dans l'ordre du catalogue (numéros 292 à

A. Michel. — Peinture française XIXᵉ s.

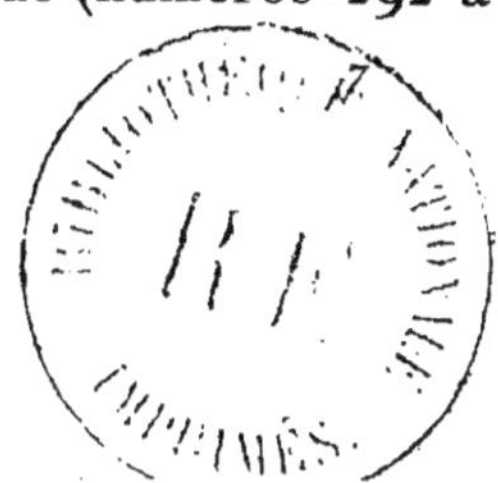

3oo) : le très brillant portrait de *M. le comte Palatino en costume souliote ; le Christ au Jardin des Oliviers*, dont Paul Huet avait, en partie au moins, peint le paysage (destinée primitivement à Robert Fleury par le comte Rambuteau, préfet de la Seine, pour l'église Saint-Paul-Saint-Louis, la commande de ce tableau avait été, non sans peine, obtenue par Robert Fleury lui-même pour Eugène Delacroix. On sait assez que c'est à Saint-Paul-Saint-Louis qu'on peut toujours l'admirer — quand le jour le permet!) ; *le Doge Marino Faliero décapité* (aujourd'hui au musée Wallace à Londres) ; *Deux chevaux de ferme anglais, Jeune Turc caressant son cheval, Pâtre de la campagne de Rome blessé se désaltérant au bord du marais* (lithographié sous le titre plus romantique de *la Mort du brigand*) ; *Tête d'étude d'une Indienne, Scène de la guerre actuelle des Turcs et des Grecs ; Nature morte* (c'est l'admirable tableau de la collection donnée au Louvre par Étienne Moreau-Nélaton, l'historien d'Eugène Delacroix, et exposée au Pavillon de Marsan. Des homards, un faisan doré, un geai, un lièvre, un fusil, un carnier de chasse y sont peints, par un procédé de vernis au copal que Delacroix avait alors en grande affection, au premier plan d'un grand paysage où passent des cavaliers en habit rouge) ; *la Mort de Sardanapale* enfin, qui, en vertu d'une tolérance alors admise, ne fut exposée qu'après l'ouverture du Salon, y figurait sous le n° 163o (une très belle réduction date de 1844 seulement) ; *le docteur Faust dans son cabinet voyant apparaître Méphistophélès* et *Milton aveugle soigné par ses filles* portaient les n°ˢ 1631 et 1632. Et c'est aussi de cette époque

que datait le *Justinien* peint pour la Cour des Comptes, brûlé par les communards en 1871, dont Raymond Kœchlin a recueilli une précieuse *étude*. Merveilleuse fécondité !

***

Il venait de faire à Londres un séjour qui marque dans sa vie un moment décisif. Il y avait vécu dans l'intimité de Bonington ; il était entré en contact avec la poésie tout autant qu'avec la peinture anglaise ; ses impressions de théâtre avaient été profondes et des représentations de Shakespeare il avait rapporté des idées de tableaux. Il écrivait un peu plus tard, à Paris, en rentrant d'une représentation des *Puritains* à l'Opéra : « Le clair de lune de la fin est magnifique. Ce sont des teintes très simples, je pense, du noir, du bleu et peut-être de la terre d'ombre, seulement bien entendues de plans. La terrasse qui figure le dessus des remparts, ton très simple avec rehauts très vifs de blanc, figurant les intervalles du mortier dans les pierres. *La détrempe prête admirablement à cette simplicité d'effet ;* les teintes ne se mêlent pas comme dans l'huile. Sur le ciel, très simplement, il y a plusieurs tours ou bâtiments crénelés, se détachant les uns sur les autres par la simple intensité du ton, les reflets bien marqués, et il suffit de quelques touches de blanc, à peine modifié, pour les clairs. »

Mais c'est Byron d'abord qui avait mis son imagination en branle. Le *Marino Faliero* et le *Bûcher de Sardanapale* ne sont que de grandes illustrations ou transpositions des drames et des poèmes Byroniens, comme la série des tableaux inspirés par « la Grèce dépouillée et violée se débattant contre des oppresseurs ». Walter Scott, Byron, Shakespeare allaient lui fournir, avec Gœthe, le thème de ses principales œuvres, et tour à tour l'occasion ou le prétexte de soulager, comme il disait, ce « quelque chose de noir à contenter » qui s'agitait dans son cœur et la réalisation d'un idéal plastique auquel « les blagues d'eunuques » que lui avait enseignées son maître Guérin n'avaient offert aucun moyen d'expression « adéquate ». C'est à Géricault, dont la mort prématurée l'avait laissé dans un morne désespoir, à Gros (au Gros des *Pestiférés de Jaffa*) qu'il était allé demander conseil.... Alexandre Dumas a raconté qu'un jour, au Salon de 1824, il avait rencontré l'auteur du *Massacre de Scio* devant son tableau. « Ah! vous regardez cela, lui avait dit Delacroix. — Oui, et même je le trouve fort beau. — Vraiment? — Sur l'honneur! Seulement, je lis dans le livret: *une scène des massacres de Scio* et je ne sache pas qu'il y ait eu la peste à Scio! » Delacroix me regarda tout étonné et, avec un tressaillement nerveux: « Chut! me dit-il en appuyant son bras sur le mien; vous avez frappé juste sur le clou, vous, tandis que tous les autres ont frappé à côté. C'est devant les *Pestiférés de Jaffa* que m'est venue *l'idée* de mon *Massacre*; j'ai mal lavé la palette de Gros; il ne faut pas le dire! » Mettons que Dumas ait un peu arrangé le dialogue, mais on sait d'autre part que le fond de l'anecdote est vrai.... Mais Gros, caractère timide et faible, pour ne pas déplaire à David et aux

Davidiens, en vint à renier publiquement ce qu'il avait
d'abord spontanément et secrètement encouragé : le
Massacre de Scio devint le « massacre de la peinture »....
Et c'est chez Rubens, cet « Homère de la peinture » et
chez Véronèse, « l'inimitable ami Véronèse », comme il
les appelait et dont il n'avait pas à craindre le renie-
ment, que Delacroix alla dès lors demander conseil et
assistance. Déjà, au temps où il peinait sur les torses
ruisselants des damnés qui s'accrochent à la *barque de
Dante*, les Néréïdes du *Débarquement de Marie de Medi-
cis à Marseille* lui avaient suggéré la solution du pro-
blème qui l'arrêtait. Au cours de l'exécution du *Marino
Faliero* qu'il peignait, avec le *Sardanapale*, pour le Salon
de 1837, il se désolait de constater que, en dépit de tous
les jaunes prodigués par lui, les tons d'or du manteau du
doge restaient ternes et sans vibration. Il envoya la fidèle
Jenny chercher un cabriolet pour aller au Louvre où
Rubens et Véronèse ne manquaient jamais de répondre
à ses interrogations. Elle lui amena un équipage «jaune
serin » ; au moment d'y monter, en ouvrant la portière,
il s'aperçut que les jaunes de la voiture « produisaient
sous la caisse du violet dans les ombres » et s'exaltaient
au contact de ces violets. La difficulté était résolue ; il
congédia le cocher et remonta dans son atelier pour
appliquer la découverte, que tous les coloristes avaient
pratiquement faite avant la théorie de Chevreul, du
rôle des complémentaires. Il faut lire dans les *Impressions et souvenirs* de George Sand le procès-verbal vraiment délicieux d'une visite qu'elle reçut de Delacroix,
quelques années plus tard, et comment, à l'aide de cous-

sins de couleur ramassés dans son salon et tour à tour juxtaposés, celui-ci expliquait à Maurice (qui voulait être peintre) « la science de la loi des couleurs » — et des reflets, de ces reflets que M. Ingres allait bientôt déclarer « indignes de la peinture d'histoire » — et dont il disait encore à ses élèves dans une de ces formules « énormes » dont il eut le secret : « Messieurs, le reflet, *le chapeau à la main*, doit toujours être prêt à sortir d'un tableau au moindre signe ! » Monsieur Ingres, disait Delacroix à George Sand, croit que la couleur est faite pour embellir; il ne sait pas que, avant tout, elle est faite pour animer. Il ne se doute pas que tout est reflet dans la nature, que toute la couleur, c'est un échange de reflets. Il a semé dans la *Stratonice*, sur tous les objets qu'il a fait poser devant lui, de « petits compartiments de soleil qu'on dirait saisis au daguerréotype, et il n'y a ni soleil, ni lumière, ni air dans tout cela » ! C'est que « l'harmonie, en peinture comme en musique, ne consiste pas seulement dans la constitution des accords, mais dans leurs relations, dans leur succession logique, dans leur enchaînement, dans leurs reflets... ». Et, reprenant sa démonstration, le maître, se tournant vers Maurice : « Tiens, donne-moi ce coussin bleu et ce coussin rouge; place-les côte à côte. Tu vois que là où les deux tons se touchent, ils se *volent* l'un l'autre. Le rouge devient teinté de bleu, le bleu devient lavé de rouge et, au milieu, le violet se produit. Tu peux fourrer dans un tableau les tons les plus violents; donne-leur le reflet qui les relie, tu ne seras jamais criard. Ni la lumière qui frappe le contour, ni l'ombre qui glisse

dessus n'ont des points d'arrêt saisissables. Si tu dessi-
nes un corps nu, une figure, une main, c'est bien autre
chose. *La chair est une buveuse de lumière et une échangeuse
de reflets inépuisables.* Vois un enfant nu de Rubens !
C'est de l'arc-en-ciel fondu sur la chair, l'éclairant, la
pénétrant, lui donnant l'idéal, le relief, la circulation, la
palpitation, la vie sortant à pleins bords de la toile ! »

Et, dans son atelier, il avait toujours sous la main un
jeu de grands pains à cacheter, que, de son doigt mouillé,
il disposait « sur une espèce de cadran en carton », jux-
taposait en ordre variable, regardait à distance de son
œil clignotant, cet œil si particulier dont Dalou a merveilleusement évoqué l'expression et noté la construction
dans son bronze du Luxembourg, que Delacroix lui-
même a si bien observé dans les portraits qu'à différents
âges il a peints *da medesimo*, qui était exactement le contraire, si l'on peut dire, de l'œil de M. Ingres et dont
lady Eglé Charlemont écrivait qu' « enfermé, reculé sous
l'orbite, à l'ombre des épais sourcils, il faisait continuel-
lement osciller la ligne des objets et ne laissait entrer
que les couleurs dans son regard ».

La composition de ses palettes avait pour lui une
importance extrême. Bruyas en avait recueilli plusieurs
spécimens qui sont conservés au musée de Montpellier.
Il les préférait légères à la main, en bois de citronnier
ou de marronnier encore plus léger. « Elles me donnent
disait-il, appétit au travail. Les bons outils m'excitent.
Dans la vue seule de sa palette, le peintre, comme le
guerrier dans celle de ses armes, puise confiance et courage. » Il les faisait vernir au copal. Et les couleurs y

étaient disposées en ordre savamment médité : blanc, jaune de Naples, ocre jaune, vermillon, rouge de Venise, cobalt, vert émeraude, terre verte, terre verte brûlée, terre de Sienne naturelle, terre de Sienne brûlée, terre de Cassel, noir d'ivoire, bleu de prusse, momie, cadmium, jaune indien, laque jaune de chrome clair, laque jaune, laque rouge, brun de Florence, laque brûlée, laque jaune de Rome, terre d'ombre naturelle, cendre d'outremer, terre d'ombre brûlée, jaune d'antimoine..., puis venaient des couleurs composées.... Théophile Sylvestre en a reproduit plusieurs fac-similés dans le catalogue de la collection Bruyas du musée de Montpellier, — admirable et cher musée qui fut l'éducateur et le paradis de mes années d'enfance et de jeunesse !

Revenons au Sardanapale, l'un des moins connus, peut-être, comme des plus contestés parmi les tableaux les plus contestés d'Eugène Delacroix et qui, pour être bien compris, a besoin d'être replacé dans son milieu et à son « moment » dans l'histoire et dans l'œuvre du maître.

> Vous aviez lu *Lara*, *Manfred* et *le Corsaire*
> Et vous aviez écrit sans essuyer vos pleurs ;
> Le souffle de Byron vous soulevait de terre
> Et vous alliez à lui porté par ses douleurs.

écrivait Musset à Lamartine (février 1836) en lui rappelant sa *Lettre à Byron* et les enthousiasmes des jeunes hommes d'alors pour le poète anglais.

En 1827, trois ans après sa mort, l'enthousiasme était encore dans sa ferveur candide. Delacroix l'avait éprouvé pour son compte : *Marino Faliero, la Fiancée d'Abydos, le Giaour, Sardanapale, Manfred* hantèrent son imagination. Il vivait avec les poètes. Rien, on le sait assez, n'est plus démodé et déconsidéré aujourd'hui. Un « créateur » cubiste ne consentirait pas à prendre d'autre sujet que les inventions de sa pédante, orgueilleuse et sophistique Raison. Au temps de Delacroix, les peintres consentaient encore, comme au temps de Leon Battista Alberti et de Botticelli, à s'inspirer des poètes, et certes beaucoup de médiocres tableaux sortirent de cette mode et le *sujet*, aux mains d'un mauvais peintre, ne saurait compenser les insuffisances du pinceau (la rhétorique, notait Delacroix lui-même dans son *Journal*, gâte les tableaux comme les livres); mais pour un grand artiste, l'*idée*, la vision d'un tableau peuvent jaillir de l'émotion d'une lecture, et les plus beaux thèmes plastiques s'ordonner et s'épanouir au rythme d'un poème. « *Je me suis senti un désir de peinture du siècle,* notait un autre jour Delacroix. La vie de Napoléon fourmille de motifs. J'ai lu les vers d'un M. Belmontet qui, pleins de pathos et de romantique, n'en ont que plus, peut-être, mis en jeu mon imagination. » Ce *que plus* étonne ; on s'attendrait plutôt à *pas moins*.

Il revient bien souvent, au cours de ses notes, sur ces rapports de la littérature, de la poésie, de la musique et de son art. « L'écrivain dit presque tout pour être compris. Dans la peinture, il s'établit comme un pont mystérieux entre l'âme des personnages et celle du spectateur. Les esprits grossiers sont plus émus des écrivains que des musiciens et des peintres. » Et un autre jour, se rappelant sans doute quelques critiques de ses adversaires, il écrit : « Il y a toujours du neuf. Montre-le-leur dans ce qu'ils ont méconnu! Quoi! vous êtes original, dites-vous, et cependant votre verve s'allume à la lecture de Byron ou de Dante, etc., etc. Cette fièvre, que vous prenez pour le besoin de produire, ce n'est plutôt qu'un besoin d'imiter.... Eh bien ! c'est qu'on n'a pas encore dit la centième partie de ce qu'il y avait à dire. » Et il ajoutait une autre fois : « Ce qui fait les hommes de génie, ce ne sont pas les idées neuves, c'est cette idée qui les possède que ce qui a été dit ne l'a pas été encore assez. »

Il avait donc lu lord Byron, — avant Gœthe peut-être et après Dante, — avec ferveur; il s'en était assimilé ce qu'il y trouvait de plus propre à contenter ce qu'il sentait et portait en soi, comme tous les jeunes romantiques, tous les vrais *enfants du siècle*, ses contemporains, « conçus entre deux batailles », dont Musset a écrit le roman; mais il y avait surtout pris, pour les adapter à ses besoins de peintre, les *idées* de tableau. Il ne pouvait avoir des impressions et souvenirs de théâtre pour *Sardanapale* qui, sauf erreur, ne fut jamais mis à la scène (Byron en tout cas déclare formellement dans la préface de son drame qu'il ne fut pas écrit pour être représenté). C'est à la lecture du dernier acte qu'il conçut son tableau. Il se mit au travail dès son retour de Londres et il en usa d'ailleurs très librement avec le texte byronien.

Il n'est pas question dans le drame de ces égorgements ou suicides des compagnons du bûcher de Sardanapale, qui tiennent une si grande place dans le tableau. Le roi a fait grâce de la vie à l'envoyé des révoltés victorieux qui assiègent le palais et que les gens de sa suite voulaient égorger : « Le dernier acte de ma vie ne sera pas un acte de colère! Approche, héraut! Prends cette coupe d'or; mets-y ton vin et pense à moi en la vidant.... » Il demande une heure de réflexion avant de répondre à l'ultimatum et ordonne à ses soldats de construire un bûcher : « Plus haut, mes braves; mettez-y plus de bois; faites que les fondements du bûcher soient tels qu'il ne s'éteigne faute d'aliments et qu'aucun secours officieux ne puisse l'étouffer. Que le trône en forme le centre; je ne veux le laisser aux usurpateurs qu'embrasé d'un feu inextinguible. Arrangez le tout comme s'il s'agissait d'incendier une forteresse de nos ennemis. Maintenant il prend forme! Qu'en dis-tu, Pania? Est-ce là un bûcher suffisant pour les funérailles d'un roi? — Oui, et pour celles d'un royaume! A présent je vous comprends! — Et tu ne me blâmes pas? — Non; permettez seulement que je mette le feu au bûcher et que j'y meure avec vous. » Myrrha, « jeune ionienne, esclave favorite », demande alors à avoir sa place auprès du roi; un fort beau dialogue s'engage entre elle et son amant. Il la supplie de vivre : « Écoute-moi, le terme fatal approche. Si en ce moment tu éprouves une répugnance à t'élancer dans l'avenir à travers les flammes de ce bûcher, parle. Pour avoir cédé à la nature, je ne t'en aimerai pas moins. » Elle répond simplement : « Allumerai-je la torche à la lampe qui brûle éternellement sur l'autel de Baal? »

Pendant qu'elle se dirige vers l'autel, Sardanapale adresse une invocation suprême aux « Pères qu'il va rejoindre, purifié peut-être par la mort ». Il leur demande pardon de n'avoir pas conservé intact l'héritage qu'il reçut d'eux. « Demain, vos *trésors*, vos *armes consacrées*, vos *archives*, vos *trophées* dont vous pariez vos triomphes, tout cela, pour vous le rendre, je l'emporte avec moi dans cet élément destructeur, vraie image de l'âme.... La clarté de ce grand bûcher ne sera pas seulement une colonne de fumée et de flamme, un phare éphémère à l'horizon.... Non, non! ce sera une leçon pour les siècles et les princes voluptueux! » Myrrha revient « Vois, j'ai allumé le flambeau qui doit éclairer notre vol vers les astres.... » Et, comme Sardanapale lui demande une dernière fois : « Un moment encore, ma Myrrha.... Est-ce librement que tu m'accompagnes? » elle répond : « Crois-tu qu'une fille grecque n'osera pas faire par amour ce que fait une veuve indienne? » Elle se jette dans ses bras, envoie à la terre et au « plus beau lieu de la terre », à son Ionie, un suprême adieu et allume le bûcher. « Es-tu prêt, dit-elle au roi? — Comme la torche que tu tiens! — Le bûcher est allumé.... Je viens! » et, tandis qu'elle s'élance dans les flammes, la toile tombe.

Voilà ce que le poète livrait au peintre, et voici, autant que de simples mots peuvent le dire, ce que le peintre en a tiré. Le lit royal est sur le bûcher, dont l'architecture de poutres sèches apparaît çà et là. Une grande draperie rouge, qui occupe tout le centre du tableau, y est jetée, d'un rouge très doux de corail clair, que prolonge, jusqu'à l'angle droit de la toile, une autre draperie d'un rouge vermillon plus sonore. Un grand cousisn rouge, ou, plutôt, d'un lilas vineux, les relie, sur lequel sont étendus le torse bistré et les seins nus d'une femme qui ressemble beaucoup à cette *Aline la mulâtresse* qui servit plus d'une fois de modèle au maître, et dont le musée de Montpellier possède une admirable étude, de facture plus grasse et plus large, peinte justement, si mes souvenirs ne me trompent pas, entre le *Massacre de Scio* et le *Bûcher de Sardanapale.* Autour de ces rouges dominateurs, des verts savamment distribués, depuis les épaisses fumées verdâtres qui montent sur la droite jusqu'aux notes bariolées des costumes merveilleusement distribués sur la gauche, quelques bleus placés au bon endroit près des jaunes et des ors (têtes d'éléphants qu'on voudrait d'une allure plus héraldique et moins insignifiante, cantonnant les quatre angles du lit, armes, orfèvreries, bijoux, trophées jetés, entassés autour du bûcher) composent une orchestration aussi riche que savante. Et c'est dans cette somptuosité que se déroulent les scènes accessoires de massacre réparties autour de l'estrade triomphale et funèbre où le tyran impassible et l'amoureuse Myrrha s'abandonnent à la mort.

Un admirable esclave noir, la tête ceinte d'un turban d'un rouge profond et éclatant, tire par sa bride rouge, pour le forcer à monter sur le bûcher, un cheval gris pommelé tout harnaché et empanaché de rouge, d'or et de passementeries verdâtres ; autour de ses reins, une écharpe d'un bleu nocturne — trouvaille de grand coloriste — se déroule amplement. Au premier plan, un guerrier magnifiquement costumé plonge dans la poitrine d'une belle esclave blonde un yatagan à la poignée d'or et d'orfèvrerie. Plus loin, une femme s'étrangle de son écharpe ; une autre affalée contre le lit s'enveloppe la tête. Et c'est, autour de la dominante des rouges, des verts et des ors, une richesse, un surgissement de notes, tour à tour profondes et voilées, étoffant et animant la splendeur d'une symphonie où, dans la sonorité des cuivres, passeraient les accords, les modulations et comme la plainte de quelques *bois* lointains.

En peignant ce grand tableau, Delacroix apprêtait en somme sa palette de décorateur. L'année précédente, il avait fait pour le Conseil d'État le *Justinien* qu'a brûlé la Commune. Il était avide, impatient d'obtenir de larges surfaces à couvrir.

Pour le *Sardanapale,* il écrivait qu'il s'était efforcé d'y maintenir une « grande fraîcheur et blondeur de coloration ». Il l'ébaucha d'abord à la détrempe, puis il fit une série d'études au pastel, qu'il consultait au cours de son travail pour se mettre en garde contre les changements que la peinture à l'huile pourrait faire subir à la détrempe. Malheureusement cette grande composition, contre laquelle se déchaînèrent tous les critiques du temps et celui des *Débats* plus violemment peut-être qu'aucun autre, qui lui avait coûté tant de peines et de tourments, eut beaucoup à souffrir par la suite, non seulement des conditions dans lesquelles elle avait été peinte, mais aussi de l'humidité de la salle où l'un de ses propriétaires, M. Wilson, l'avait placée dans son château de Brière. L'action de la peinture à l'huile sur l'ébauche en détrempe amena de graves avaries; les glacis étaient, au bout de quelques années, dans un état pitoyable; l'humidité avait même pourri par endroits les coutures de la toile, si bien que quelques figures . étaient coupées en deux. C'est P. Andrieux, l'élève de Delacroix, son « clerc » comme il l'appelait, qui fut chargé de tout remettre en état, et c'était bien l'homme le plus capable de l'accomplir. Mais on surprend encore quelques traces des anciennes plaies.

L'ambition de la grande peinture décorative s'était dès lors éveillée dans l'esprit et le cœur d'Eugène Delacroix. Il allait pouvoir, après la révolution de juillet, grâce à la protection de M. Thiers, toujours fier d'avoir « découvert » le grand peintre, commencer le cycle admirable du Palais-Bourbon....

LES PAYSAGISTES

DE 1830

I. — LE PAYSAGE ET LE ROMANTISME[1]

A y regarder de près, rien ne ressemble moins à une
émeute inattendue que le mouvement romantique ; rien
ne fut plus « préparé », plus légitime, plus nécessaire et,
puisqu'on semble vouloir aujourd'hui reprendre, au nom
de la « renaissance latine », les vieilles polémiques entre
le Nord et le Midi, je dirai que rien ne fut davantage
dans la logique de notre vie morale et nationale et de
l'évolution de l'art français. Au nom d'une archéologie
de pacotille, d'une antiquité mal connue et mal comprise, le jacobinisme esthétique et le césarisme latin
avaient assez tyrannisé, ravagé et injurié le vieux fonds
national, l'œuvre authentiquement et profondément
français des corporations du moyen âge, l'*opus francigenum* par excellence ; l'heure était venue où les ins-

---

1. *Journal des Débats*, 16 mars 1903. — A propos de l'entrée au
Louvre de la Collection Thomy Thiéry.

A. MICHEL. — Peinture française XIXe s.   8

tincts, trop longtemps comprimés ou faussés, devaient,
à la faveur de circonstances sociales particulières,
revendiquer leur liberté et leurs droits. L'homme
admirable et charmant que nous venons de perdre,
Gaston Paris, dans une de ses leçons d'ouverture au
Collège de France, a tracé des *origines de la littérature
française* un tableau d'ensemble qui pourrait, à quelques
détails près, servir d'introduction générale à une histoire de l'art français. Je sais bien que, lui aussi, fut
traité d'Allemand, comme Courajod et comme, avant
eux, les maîtres de 1830; mais c'est justement en leur
compagnie que j'aime à me sentir Français, et non pas
Romain. Je ne ferai donc pas un grief à Delacroix et
aux Romantiques d'être allés chercher dans les littératures du Nord les sujets ou le thème de quelques-uns
de leurs tableaux. Certes, à s'engager à fond dans cette
voie, l'art français eût couru le risque de substituer tout
simplement une convention à une autre; et le décor
moyenâgeux, à créneaux et à mâchicoulis, n'était pas
moins artificiel, c'est entendu, que les vagues portiques
et les immenses colonnades des tableaux davidiens;
mais, sans compter que, chez les poètes et dans les
littératures « du Nord », nos artistes retrouvaient
beaucoup de choses d'origine française, et ne faisaient
après tout que reprendre leur bien, il était naturel,
puisque la « peinture d'histoire » leur avait été imposée
comme un pensum sous le déguisement gréco-romain,
qu'ils allassent chercher, dans un autre répertoire,
moins des « inspirations », peut-être, que des moyens
d'affranchissement.

Pendant que se livraient ces batailles, et « qu'homéristes » et « shakespeariens » échangeaient bravement
des injures et des coups, un mouvement plus profond
s'accomplissait.

Le seul danger, mais le grand danger du romantisme, était de tarir les sources mêmes de l'art, en le
séparant de la vie. A placer l'idéal dans l'exceptionnel
ou l'extraordinaire, on risque tout simplement de le
déraciner; il devient alors secret d'école, formule de
théoricien, matière d'enseignement et de beaux discours; mais, dès qu'il ne fleurit plus en pleine terre, il
est mort. De braves garçons, de médiocre culture,
mais d'instinct vivace et robuste, s'avisèrent par
bonheur que, tout près d'eux, à portée de leur main et
de leur cœur, sous le ciel et dans les champs de France,
la nature leur offrait gratuitement les plus simples et
les plus merveilleux tableaux, et, comme au XIIe siècle
l'arum des plaines du Beauvaisis avait inspiré aux
ornemanistes des premiers chantiers français les premiers éléments du décor original et charmant qui allait
s'épanouir en frondaisons vivantes aux pierres de nos
cathédrales et s'y renouveler sans cesse, jusqu'au jour
où la grammaire ornementale antique viendrait y substituer, par la volonté et sous la férule des « Romains »,
ses triglyphes désaffectés, ses oves et ses rais de cœur,
— ce fut dans les campagnes de l'Ile-de-France que le
paysage ressuscita chez nous. Je sais bien que les esthéticiens proclament qu'il « n'avait pas le droit » de naître.
Depuis le pédant Davidien qui écrivait au commencement du siècle : « Vous parlerais-je du paysage ? C'est

un genre qui ne devrait pas exister », que de fois n'avons-nous pas lu ou entendu que le paysage n'est plus de l'art ! Et, pourtant, le paysage a eu l'impertinence de s'emparer de la peinture moderne, de la transformer, et, avec un tranquille mépris pour la littérature des docteurs et des mages, il a fait d'un bout à l'autre du siècle son chemin et son œuvre. La nature s'est permis de réclamer ses droits !

Allez revoir, dans les salles de la collection Thomy Thiéry, ces grands malfaiteurs : Corot, Rousseau, Dupré, Troyon, Daubigny, — Daubigny qui semble grandir à mesure qu'on le connaît mieux, — et si vous pensez que la peinture française a décliné entre leurs mains, je ne m'attarderai certes pas à vous contredire, mais comme je me consolerai aisément de mon hérésie dans la compagnie de ces hérétiques !

Considérez seulement que ce qu'ils ont fait, ce qu'ils ont créé, depuis longtemps voulait naître. Dès le XVIIIᵉ siècle, un mouvement s'était dessiné qui allait vers la peinture de paysage ; arrêté, refréné presque violemment par la pédagogie des académiciens du premier Empire, il reprit, à la première lueur de liberté, sa marche ascendante et désormais consciente. Et, comme il était dans la nature des choses et d'accord avec l'âme moderne, il surmonta tous les obstacles artificiels ou officiels ; il triompha de toutes les résistances ; une fois entré dans la peinture française, il la renouvela.

. . . .

Daubigny, en particulier, qui fut longtemps relégué

au second plan, s'établit paisiblement dans l'histoire à côté des plus forts et des plus grands. Quand on lui consacrera l'étude qu'il mérite, on s'apercevra, si je ne me trompe, que, dans cette évolution de la peinture française du XIXe siècle, son rôle fut plus important qu'on n'avait d'abord cru. Sous sa modestie, sa manière simple et loyale, une sensibilité fine et profonde, une conscience délicate et sérieuse se font vite reconnaître. Des morceaux comme *Un coin de Normandie, les Grèves de Villerville, le Marais, la Tamise à Erith, le Moulin, l'Étang* (qui annonce déjà son évolution vers l'impressionnisme) suffiraient à révéler qu'il excellait à caractériser, sans fracas, avec une réserve charmante qui n'était pas de la timidité et n'arrêtait pas l'émotion, les aspects les plus divers de la nature, en y mêlant les confidences d'une âme admirablement équilibrée, attentive et aimante. Et c'est là l'essentiel, le grand mérite de ces paysagistes : ils ont aimé. Les raisonneurs auront beau dire et les théoriciens auront beau dogmatiser, aimer d'abord : voilà la grande affaire. C'est par l'amour que se manifeste, dans la vie de l'art comme dans celle des nations, tout ce qui est digne de vivre et de durer par delà les esthétiques et les constitutions changeantes. Avec des programmes et des lois, on organise des écoles et des empires, des esthétiques et des codes; mais c'est l'amour qui fait les artistes et les peuples. Nos paysagistes ont aimé la terre de France; tous les mages peuvent tant qu'ils voudront déraisonner sur leur tombeau.

II. — L'ŒUVRE DE COROT[1]

On pourrait de deux mots barbares — et dans un raccourci sans doute un peu forcé — résumer l'œuvre de Corot et marquer sa place dans l'histoire de la peinture française, en disant que sorti de « l'académisme » il ouvrit les voies à « l'impressionnisme ». Comment, sous quelles influences et dans quelle mesure s'accomplit cette évolution qui fut celle de la peinture moderne elle-même? C'est ce que l'examen de quelques-unes de ses œuvres caractéristiques, étudiées à leur date et dans leur milieu, permettrait peut-être d'indiquer.

Il est inutile de revenir, après tant d'autres, sur sa biographie, d'ailleurs sans aventures; il suffira d'en retenir deux faits : la date de sa naissance, 1796, et l'impérieuse vocation qui, en dépit de la résistance de parents respectés et obéis, fit d'un commis en draperie un des maîtres de la peinture. Quand, à force de doux entêtement, il obtint la permission de quitter le comptoir pour l'atelier, il avait passé le temps de l'apprentissage; il avait vingt-six ans; on était en 1822.

A cette date, l'école moderne de paysage n'existait pas encore, mais « le genre du paysage », ses lois et ses variétés, avaient été, depuis la fin du siècle précédent, chez les esthéticiens, les amateurs et les artistes, l'objet

1. Extrait des *Notes sur l'Art moderne* (pp. 1-34).

de discussions et de recherches dont il n'est pas indifférent d'essayer de marquer nettement le « moment » et les tendances, d'ailleurs contradictoires.

Il peut paraître étrange que la « découverte » de la nature, célébrée comme une des grandes conquêtes littéraires et sentimentales du XVIIIe siècle, ait été si lente à faire sentir ses effets sur la peinture. Jean-Jacques Rousseau, depuis longtemps, avait ouvert les yeux de ses contemporains sur « l'or des genêts et la pourpre des bruyères, la majesté des arbres, l'étonnante variété des herbes et des fleurs » que dans ses promenades solitaires il foulait sous ses pas. Bernardin de Saint-Pierre, après lui, s'étonnant de la pauvreté pittoresque de la langue, avait demandé qu'on inventât des termes et comme des tours nouveaux, pour « l'art nouveau de rendre la nature »; il avait en quelque sorte frayé la voie aux peintres en analysant curieusement les variétés et combinaisons de formes que peuvent affecter les sommets ou les flancs des montagnes, la gamme infiniment nuancée de subtiles couleurs et de changeants reflets qu'un souffle d'air déplace et fait jouer à la surface des nuages ou des eaux. Les peintres, absorbés par d'autres contemplations, semblaient n'avoir pas compris. L'étude des plâtres antiques, le culte de la ligne sévère, étaient, pour eux, depuis David, la grande affaire et l'unique pédagogie. « Je ne vous dis rien du paysage, écrivait dédaigneusement, l'an III de la République, un esthéticien de la nouvelle école, l'auteur des *Lettres critiques et philosophiques sur le Salon*; c'est un genre qu'on ne devrait pas traiter. »

Pourtant, à y regarder de près, on pourrait suivre, dès le dernier tiers du XVIIIe siècle, chez quelques peintres, de second et de troisième ordre il est vrai, tous plus ou moins élèves de Joseph Vernet, les premiers effets du sentiment nouveau. Pour établir la part exacte de chacun, il faudrait retrouver, grouper et comparer leurs œuvres, aujourd'hui éparses, et se donner beaucoup de mal sans pouvoir espérer d'être payé de ses peines. Que valaient ces *Vues de la forêt de Fontainebleau* ou *de Montmorency*, ces *Intérieurs de ferme*, ces *Granges ruinées que le soleil éclaire à travers plusieurs solives*, ces *Effets de soleil couchant*, tous ces paysages « agrestes » que l'on voit se multiplier aux Salons de 1789, 1791, 1793, signés des noms de Didier-Boguet, Gillion, Cazin, Bruandet, etc.? Avant eux, quelle place faudrait-il décidément accorder à ce mauvais sujet de Lantara, mort à l'hôpital en 1778, quelques semaines après Jean-Jacques Rousseau? Les *Couchers de soleil*, les *Effets du soir et du matin* qu'il allait paresseusement contempler dans la banlieue de Paris et dont il rapportait d'inégales études, témoignent, par la limpidité et l'harmonie de leurs perspectives aériennes, d'une finesse d'œil dont on retrouverait encore, sous la maigreur de la facture, la vertu efficace. Les *Vues*, un peu trop panoramiques, mais d'impression très juste, d'exécution attentive et souvent spirituelle, que Louis Moreau aimait à peindre à Meudon, à Saint-Germain et à Saint-Cloud, les *Grandes routes* de Louis de Marne avec leur jolie lumière blonde, et ses cours de ferme ou d'auberge, avec leurs bandes d'oies aussi

majestueuses que si elles venaient de sauver le Capi-
tole, les *Moulins de Montmartre* de Georges Michel,
qui, à force de nettoyer des Ruysdaël, des Cuyp, des
Van Goyen (déjà recherchés par quelques collection-
neurs originaux), s'était « grisé de demi-teintes, de beaux
tons, de lumière et d'harmonie », et, à leur école, avait
appris à peindre, un grand nombre d'*études,* enfin, de
cette même époque, qu'on s'étonne de voir passer dans
des ventes obscures ou de découvrir dans les cabinets
de quelques vieux amateurs, pourraient témoigner que,
par un mouvement discret, silencieux, mais ininterrompu,
la peinture tendait à se rapprocher de la nature et que
plus d'une tentative, modeste assurément, mais significative, avait devancé la venue et préparé peut-être le
triomphe des grands lyriques du paysage. Quand, en
1826, Boutard, critique de goût très classique, mais de
très libre esprit, imaginait, dans son *Dictionnaire des
Beaux-Arts,* cette définition : « Le paysage a pour objet
l'imitation des effets de la lumière dans les espaces de
l'air et sur la face de la terre et des eaux », ne donnait-
il pas innocemment la « formule » même de la future
école du « plein air » et de l'impressionnisme?

Ces premiers tâtonnements du paysage naturaliste
furent rejetés dans l'ombre par la conception de l'art
que l'esthétique de Winckelmann et de Raphaël Mengs,
l'autorité de David, firent, pour un temps, triompher
dans la pédagogie. L'esprit de système qui régnait en
maître absolu sur la peinture d'histoire admettait ma-
laisément la légitimité des genres secondaires. « L'art de
peindre est un et ne devrait à la rigueur comporter

qu'un seul genre, qui est la peinture d'histoire », écrivait un paysagiste, Valenciennes lui-même. Le paysage n'aurait pas dû exister. Du moins s'efforçait-on de le relever en dignité. Ceux qui s'y étaient exercés autrefois, Ruysdaël et ses compatriotes, « n'avaient travaillé que pour des hommes dont l'esprit et l'âme étaient engourdis.... L'idéal leur était absolument inconnu ». Il fallait donc que l'idéal vînt au secours du genre méprisé :

Si canimus sylvas sylvæ sint consule dignæ !

C'est à quoi Valenciennes employa sa plume et ses pinceaux. L'an VIII de la République, paraissaient en un vénérable in-4° les *Éléments de perspective pratique à l'usage des artistes, suivis de réflexions et conseils sur le genre du paysage.* Si l'on veut comprendre les ravages que la raison raisonnante peut exercer sur un honnête esprit, il faut lire ces *conseils.* Les principes y sont déduits avec une sorte de fureur. Claude Lorrain lui-même ne trouve pas grâce aux yeux de Valenciennes ; il a « trop sacrifié au genre ». Sans doute, il « a rendu avec la plus exacte vérité et même avec intérêt le lever tranquille ou le brûlant déclin de l'astre du jour ; il a peint admirablement l'air atmosphérique ; personne n'a mieux fait sentir que lui cette belle vapeur, ce vague et cette indécision qui fait le charme de la nature et qu'il est si difficile de rendre ». Mais il n'a pas su « affecter l'imagination ; vous chercheriez en vain dans ses paysages un seul arbre où elle puisse soupçonner une hamadryade, une fontaine d'où elle voie sortir une naïade ;

les dieux, les demi-dieux, les nymphes, les satyres,
sont trop étrangers à ces beaux sites... ».

Le devoir du peintre de paysage n'est pas de nous
donner « le froid portrait de la nature insignifiante et
inanimée », mais de la faire parler à l'âme « par une
action sentimentale ». Il doit lire, comparer, « s'enthou-
siasmer à la lecture des poètes qui ont décrit et chanté
la nature »; la voir à travers Sapho ou Théocrite,
descendre « au Tartare avec Ixion ou Sisyphe »,
gravir les rochers avec Ossian. On se demande parfois, quand on parcourt la liste des concours de paysage
historique ou les livrets des salons de la première moitié
du siècle, dans quels recueils innomés, dans quels dic-
tionnaires de la Fable les peintres du temps puisèrent
leurs sujets : c'est Valenciennes qui est responsable de
ces débauches d'érudition. En « établissant » que, aux
quatre parties du jour, correspondait « un choix de
sujets propres à embellir le paysage », il a fait sortir
de tous les manuels toutes les variétés de demi-dieux,
nymphes, dryades, hamadryades, ægipans, satyres et
sylvains; il a réveillé au fond de l'histoire romaine
des héros justement oubliés. Au matin, « moment où la
riante Aurore sortant des bras de son vïeil époux
répand des herbes et des fleurs sur la surface de la
terre », le paysagiste ne perdra pas son temps à représenter « les habitants de la campagne se dirigeant à
leurs travaux rustiques, pendant que leurs fidèles et
innocentes compagnes s'occupent de la troupe intéres-
sante des volatiles qui les suit battant de l'aile et
demandant, par des sons variés et perçants, la graine

préparée pour son premier repas ». Il se plaira plutôt à évoquer les *Fêtes de Delphes*, les *Heures attelant au char du soleil quatre coursiers fougueux*. Pour le *Soir*, il pourra aller chercher jusque chez les « modernes » *Tarsis et Zélie dans la vallée de Tempé* ; pour la Nuit, *Phrosine et Mélidor* seront des sujets convenables. Quant à l'histoire romaine, elle peut être mise en tableaux, aussi bien qu'en sonnets ; elle offre au paysagiste des ressources infinies. Victor Bertin, élève et continuateur de Valenciennes, ne trouvera-t-il pas un sujet de paysage dans l'épisode de *Tanaquil prédisant à Lucumon sa future élévation au moment où un aigle lui enlève sa coiffure* ?

C'est à l'école de Valenciennes, il ne faut pas l'oublier, que se formèrent tous les paysagistes qui, pendant la première moitié du siècle, devaient diriger les ateliers, régenter l'école, composer les jurys, proscrire des salons les hérétiques dangereux, fonder et distribuer le prix de paysage historique, créé en 1816 comme une consécration solennelle de la bonne doctrine et un moyen de résistance aux velléités de naturalisme, çà et là persistantes. C'est aux plus fidèles élèves de Valenciennes que Camille Corot allait innocemment demander des leçons.

Son premier maître avait été un jeune homme de son âge, que des succès précoces avaient mis en évidence dès 1812, et que, en 1817, le prix de paysage historique obtenu au premier concours avait presque illustré : Achille Etna Michallon. A voir la *Mort de Roland* au musée du Louvre, on aurait peine à comprendre les espérances que ses maîtres et ses contemporains avaient fondées sur lui. Mais on connaît d'autres tableaux plus intimes et plus clairs, surtout des études franches et lumineuses qui font pressentir un paysagiste de race. M. Émile Michel veut bien m'en signaler une (chez M. Eugène Thirion) peinte à Tivoli, à l'endroit même où Corot devait venir un peu plus tard planter son chevalet. « Le dessin en est très fin et scrupuleux, l'exécution très habile, la tonalité charmante ; un effet de plein soleil par un temps très doux avec des nuages légers, flottant dans un ciel pâle. Les valeurs sont très exactement rendues : les colorations de détail respectées, mais bien dans la masse. L'étude poussée à fond dans les parties faites n'est même pas couverte au bas de la toile.... » On voyait à Lyon, dans l'atelier d'un vieux professeur de dessin, plusieurs autres études de Michallon, remarquables par les mêmes qualités. Il serait intéressant de les retrouver; on y lirait clairement quelle influence le jeune professeur put exercer sur son élève. Que savait celui-ci et de quoi était-il capable quand il franchit pour la première fois le seuil de son maître? que valaient ces études faites au *Bois-Guillaume* près de Rouen, où il avait été boursier au lycée impérial, plus tard sur la berge de la Seine, au bout de la rue du Bac, tout près du magasin de modes de sa mère, sous les yeux des jeunes ouvrières curieuses de voir peindre « monsieur Camille »? Nous ne saurions le dire. On peut présumer en tout cas que ce qu'allait chercher ce jeune homme dans ses premiers tête-à-tête avec la nature, ce n'était pas des paysages historiques; « l'innocente clarté du jour » avait ravi ses yeux ; un instinct mystérieux l'attirait vers ce qui « devait faire à jamais le charme de sa vie ».

Michallon, dès ses premiers essais, le jugea capable d'aller sur le terrain et lui donna pour tout viatique le conseil « de bien regarder la nature et de la reproduire naïvement avec le plus grand scrupule ». Corot avait conservé le plus reconnaissant souvenir de ce maître qui fut pour lui un camarade et un ami ; avec sa nature enthousiaste et simple, prompte à la confiance et à l'abandon, son empressement à écouter et à provoquer les conseils, il profita beaucoup en peu de temps. Parmi les plus anciennes esquisses retrouvées dans son atelier, je remarque, à côté d'*Études de toits et cheminées à Montmartre*, des *Vues des Alpes au soleil*[1] « copiées d'après Michallon » et de nombreuses *Études de plantes*

---

1. Michallon avait fait en Suisse de fréquentes excursions. L'année de sa mort, il envoyait au Salon une *Vue du Wetterborn et de la Grande Scheideck*. Il semble que, dans leur admiration pour J.-J. Rousseau, et aussi pour Gessner, dont Corot fut un lecteur assidu et fervent, plusieurs jeunes peintres prirent, à la fin du XVIIIe siècle, la route, jusqu'alors peu frayée, de la Suisse et des Alpes. Corot y fit à son tour au moins deux voyages et en rapporta de charmantes études. Valenciennes lui-même, dans l'itinéraire qu'il trace au peintre paysagiste, l'autorise à rentrer dans son pays par la Suisse, mais seulement après avoir fait le tour du monde antique, de l'Égypte à l'Italie. J'ai relevé dans un carton des Archives nationales la note suivante de Vien au comte d'Angivilliers (1784) : « D'après vos intentions, j'ai vu ce matin Taunay, peintre paysagiste, et je lui ai renouvelé les avis que je lui avias donnés, il y a six semaines, que je préférais, pour son avancement, le voyage d'Italie à celui de Suisse qu'il avait envie de faire. » Le conseil fut suivi ; en 1791, Taunay exposait une *Vue du lac de Nemi*.

et d'*architecture* également « copiées d'après Michallon ». Il devait malheureusement être bientôt privé de ce guide excellent. A la fin de l'année 1822, Michallon mourut subitement, à peine âgé de vingt-six ans; et Corot se mit en quête d'un autre professeur.

Il alla chez Victor Bertin. C'était un des chefs reconnus de l'école; il régnait sur le paysage classique; l'histoire romaine et la fable n'avaient pas de secrets pour lui. Le temps était loin où un critique, l'auteur des *Lettres d'un Danois sur la situation des Beaux-Arts en France,* pouvait lui reprocher « de ne connaître que les environs du pays qui l'a vu naître, de s'être engagé trop tôt dans l'hymen pour acquérir le titre honorable de père » et de n'avoir pas visité l'Italie! Les paysages italiens servaient de fond à tous ses tableaux, où, de Numa Pompilius à Cicéron, défila tout le *De Viris.*

Corot fut pendant trois ans l'élève respectueux de Bertin; il se pénétra de toutes les lois du paysage historique; il apprit à disposer noblement dans le rectangle d'une toile les architectures, les mouvements de terrain, les masses de feuillage ; et s'il put lui arriver par la suite de dire ou de laisser entendre qu'il ne retira pas de cet enseignement tout le profit qu'il eût voulu, du moins ne prit-il jamais vis-à-vis de son ancien maître l'attitude d'un révolté. C'est de lui vraisemblablement qu'il reçut le sujet de son premier tableau d'exposition. Dans son voyage en Italie, Bertin s'était plus d'une fois arrêté à Narni, où les ruines d'un pont romain sur la Nera lui fournissaient un *motif* selon son esthétique. En 1810 et 1827, il avait exposé des *Vues des environs de*

Narni; c'est par le *Pont de Narni* que, au Salon de 1827,
Corot fit ses débuts.

Regardons le tableau : entre deux rives encaissées,
au premier plan, un cours d'eau se dirige vers la plaine,
qui s'élargit à l'horizon et fuit dans la lumière ; un pont
en ruine dresse sur le ciel ses arches démantelées ; un
chemin sablonneux court à gauche, animé d'un troupeau de chèvres blanches et va se perdre sous de grands
arbres qui arrondissent noblement le dôme un peu
métallique de leurs sombres frondaisons. Des paysans
en costumes de *lazzaroni* sont assis en avant. L'aspect
général est d'une netteté rigide, la facture sèche ;
l'arrangement un peu mécanique des premiers plans
fait penser aux « paysages ajustés » de Watelet ; mais
le grand ciel lumineux, qui emplit tout le fond du
tableau, se dore à la ligne d'horizon, bleuit au zénith
et se reflète aux eaux basses de la Nera, sollicite plus
doucement l'œil. Jusqu'au bord du cadre, la marche
décroissante de la lumière et son action sur les choses
ont été suivies et indiquées avec une application et une
timidité également sensibles ; sur les piles et les morceaux de tablier encore debout du pont romain, sur la
masse des feuillages, sur les blanches toisons des
chèvres, sur le sable du chemin et les accidents du terrain, enfin sur les vêtements des paysans, des rappels
de tons de lumière ont été posés après coup, par petites
touches « comme on met de la nonpareille sur un gâteau
bien cuit », aurait pu dire Delacroix.

Si l'on pouvait disposer, dans une même galerie, d'un
côté les « compositions » officielles que Corot peignit en

ses premières années d'active production, d'après les
préceptes et pour être soumis, aux Salons, au jugement
de ses maîtres et du public, de l'autre, les petites
études qu'il exécutait seul, sans aucune préoccupation
d'exposition, de jury, de règles à appliquer ou de critiques à éviter, *sub Jove crudo*, dans la présence réelle
de la nature, — on serait frappé de contradictions sin-
gulières. Autant il paraît embarrassé et contraint dans
les unes, autant il est spontané, original et charmant
dans les autres. Qu'on se rappelle le *Forum romain*
(mars 1826) et le *Colisée* qu'il légua au Louvre (montrant par là le prix qu'il attachait à ces premiers essais
de sa jeunesse, à ces premiers essais de son génie), le
Château Saint-Ange, la *Terrasse du palais Doria*, l'*Ile
San Bartolomeo*, toute la série de ces petits tableaux
que l'on a pu revoir en 1889 ou dans quelques expositions particulières, et qui datent tous de la fin de 1825
à 1827. Ils restent, par l'extrême simplicité de l'exécution et l'inexprimable finesse de la tonalité, parmi
ses plus rares morceaux. Jamais il n'eut du monde exté-
rieur, des formes dans l'air et la lumière une vision plus
vive, plus nette à la fois et plus délicate, on voudrait
pouvoir dire plus mélodieuse. C'est un don vraiment
divin de retenir de toutes les apparences naturelles ce
qu'elles ont d'exquis, d'en saisir et d'en fixer comme
sans effort, dans une image fidèle et spiritualisée, la
grâce intime et la douceur. Dans ces heures fécondes,
sous l'aménité du ciel printanier d'Italie, Corot reçut
de la nature la révélation des plus charmants secrets
et des suprêmes lois de la peinture. Il comprit, il sentit,

il vit que ce n'est pas seulement avec des lignes, mais encore et surtout avec les *valeurs*, par le dosage et la distribution des quantités et des qualités de lumière que se construit et « s'établit » un tableau ; et quand, beaucoup plus tard, à la fin de sa vie, sollicité de résumer en quelques mots les règles essentielles de son art, il se bornait à écrire : « Dans la carrière d'artiste, il faut conscience, confiance et persévérance ; ainsi armé, deux choses, à mes yeux de la dernière importance, sont *l'étude sévère du dessin et des valeurs* », il livrait à la fois toute son expérience et toute son esthétique.

A vouloir analyser l'un après l'autre ces délicieux petits tableaux, on fatiguerait le lecteur. Quand on pourrait dire comment, dans le *Pont Saint-Ange*, par exemple, les blonds rosés des fabriques et les verts éteints de la berge, l'azur léger du ciel où se fondent des effluves d'argent et les tons d'ambre fin des dômes et du pont fraternisent tendrement ; comment, dans le *Forum romain*, les modulations infiniment délicates des tons de brique ou de pierres saumonnés, orangés, ardoisés, çà et là soutenus d'impondérables demi-teintes discrètement nuancées de verts et de lilas, chantent harmonieusement dans la transparence et la splendeur calme de l'air, aurait-on donné, avec des mots, la sensation de ce que les mots n'ont pas, après tout, mission de rendre sensible? L'accord de deux tons associés, le contraste de deux complémentaires, le blond rosé d'un campanile montant dans la limpidité d'un ciel d'azur qui verdit par endroits, suffit à combler l'œil d'intime volupté. La littérature, à tenter de tran-

scrire ou de « transposer » ces relations subtiles, se
perdrait en d'inutiles et confuses bouillies de mots et
d'adjectifs. C'est ici le domaine propre de « la peinture ». Et, sans doute, la métaphysique a le droit de
la dédaigner; mais enfin, c'est la peinture. Delacroix se
plaignait qu'on oubliât trop communément que, pour
bien juger de ces choses, il faut « de l'œil », comme pour
la musique « de l'oreille ». Corot fut un grand peintre,
parce qu'il reçut de la Providence l'œil le mieux organisé, le plus merveilleusement sensible et le plus « juste »
dont elle ait jamais fait don à un mortel.

Comment expliquer alors qu'il ait pu, dans le même
temps, du même œil et de la même main, voir et peindre
la nature de façons si différentes? Comment le peintre
du *Pont Saint-Ange* ou de l'*Ile San Bartolomeo* est-il aussi
l'auteur de ces paysages compassés, dont les rochers
aux « cassures savantes », les arbres redressés comme
par un appareil orthopédique, les premiers plans aux
ombres lourdes se retrouvent encore, en 1841, dans le
Démocrite et les Abdéritains du musée de Nantes? Était-
ce timidité? Avait-il foi vraiment, dans la candeur de
son âme, à l'efficacité des règles et des formules qu'il
voyait professer par les maîtres les plus élevés en
dignités? et s'efforçait-il de s'en inspirer dans celles de
ses œuvres qui devaient donner de lui-même, aux jurys
et au public, l'opinion la plus « haute », dans celles où
il mettait le meilleur de son application, sinon de son
cœur?

Il lui fallut longtemps pour acquérir cette *confiance*
dont, à la fin de sa vie, il faisait — il savait bien pour-

quoi — l'une des vertus cardinales de l'artiste, pour oser mettre d'accord les sollicitations intimes de son génie, les appels doucement impérieux de ses visions et de son rêve avec ce que la pédagogie lui avait inculqué. A suivre, de 1822 à 1845, les salons de Corot, on pourrait faire l'histoire de son « affranchissement », dire comment le souvenir et l'influence de ses libres *études* se font de plus en plus sentir dans les constructions laborieuses et les « ajustements » de ses « grands » tableaux. En 1833, il avait fait, à Fontainebleau, une étude de chênes qui est aujourd'hui entre les mains assurément les plus dignes d'un pareil dépôt, chez M. Français. A ceux qui ne connaissent de Corot que les fameux « brouillards argentés », dont les littérateurs, les contrefacteurs, les marchands et Corot lui-même, peut-être, à la fin de sa vie, ont fait un grand abus, il faudrait montrer ce morceau. Il est enlevé d'autorité, d'une facture directe et décidée, corsé de ton, délicat autant que ferme. Deux ans après, Corot « utilisait » cette étude et la plaçait au second plan et à gauche, près du rocher au-dessus duquel descend un ange, dans son tableau d'*Agar au Désert* (Salon de 1835). Le critique qui l'accusait alors « de sécheresse » et « d'un coloris sale et terreux » pourrait à peine être taxé d'excessive sévérité. De l'*étude* au *tableau*, d'autres préoccupations étaient intervenues : la vision s'était refroidie, la main alourdie, le charme envolé. On trouverait le même écart entre les admirables *Études* de moines appartenant aujourd'hui à son ami Alfred Robaut et le *Saint Jérôme* du Salon de 1837.

Cinq ans plus tard, un précieux tableau du musée de Metz, le *Pâtre*, nous montre déjà Corot plus d'accord avec lui-même. Nous ne saurions mieux faire que d'en emprunter la description à M. Émile Michel[1] : « C'est vers la fin du jour; le soleil vient de disparaître d'un ciel clair et pur; la pâle silhouette des montagnes lointaines se détache à peine sur l'or du couchant. Les profondeurs des grands arbres sont pleines de mystère et déjà une ombre bleuâtre envahit les vallées. Un ruisseau rapide court au premier plan parmi les gazons qu'il anime. Des chèvres folâtrent et broutent çà et là, pendant que, adossé au tronc élevé d'un jeune arbre, un pâtre jette dans le silence du soir sa rustique chanson. Il semble que le souffle d'un air pur vous anime et, en même temps qu'une impression de calme et de recueillement, je ne sais quel parfum d'antiquité et de nature vous pénètre peu à peu…. » Corot, paraît-il, avait gardé pour ce tableau une prédilection particulière, comme s'il eût eu le sentiment qu'il avait marqué pour lui le commencement de l'émancipation.

Aucune de ses œuvres peut-être n'est, à ce point de vue, plus instructive que l'*Homère et les Bergers* du Salon de 1845, conservé au musée de Saint-Lô; aucune ne montrerait, avec la même persuasive évidence, la juxtaposition des souvenirs de l'école et du sentiment personnel. C'est de l'école que procèdent les premiers plans et le groupe d'Homère et des bergers, mais tout péné-

---

1. *Étude historique et critique sur le musée de peinture de la ville de Metz*, 1868.

trés déjà des caresses de la lumière enveloppante; et
la mer bleue qui sourit au fond sous un pan de ciel vermeil, surtout, à droite, entre des bouquets d'arbres,
l'apparition de blondes architectures dans la lumière
jeune, annoncent la présence du véritable Corot. Ce
qu'il avait rêvé dans ses premières études d'Italie, on
le retrouve là. L'heure de l'affranchissement a sonné....
On conviendra qu'il était temps, si l'on veut bien se
souvenir que, en 1845, le bon Corot touchait à la cin-
quantaine.

A mesure que, sans rupture violente ni scandale, il
s'était éloigné de Victor Bertin et de Xavier Bidault,
il s'était rapproché d'un maître, naïf comme lui, plus
digne de le conseiller et de le soutenir : Claude le Lorrain. Le même rêve, au fond, habitait leurs deux âmes;
de leur habituelle contemplation de la nature, une
impression se dégageait, dominante : la gloire du ciel
profond, infini, dans son dialogue éternel avec la terre
et les eaux. De l'un à l'autre, assurément, la différence
des milieux et des temps se fait sentir : chez Corot, la
sensibilité est plus agile; la rétine, plus tendre, semble
emmaganiser plus de vibrations; il entre plus de con-
sonances, des jeux plus compliqués d'harmoniques et de
complémentaires dans la constitution de ses grands
accords. A analyser ses ciels admirables, qui sont moins
de la couleur que de la lumière et dont les sonorités
sont tour à tour si légères et si riches, on y noterait la
palpitation de plus d'atomes, et partout, en même temps,
des sens plus aiguisés et plus exigeants, un métier moins
simple, une main moins patiente. Mais chez l'un comme

chez l'autre, les données essentielles se ramènent toujours à opposer la fluidité lumineuse des fonds aux constructions plus denses des premiers plans. Du *Bain de Diane* à *Biblis*, son dernier chef-d'œuvre, Corot, dans ce qu'on pourrait appeler sa grande manière classique, revient sans cesse au même motif : entre deux masses inégales de verdures ou de rochers s'appuyant de chaque côté aux deux montants du cadre, une grande trouée d'horizon fuyant, de ciel et d'eau est ménagée. Le moment choisi de préférence est aux heures indécises, surtout celles du crépuscule où les formes terrestres se silhouettent par grandes masses sur le firmament qui retient encore, dans un grave recueillement, une solennité tendre, la suprême splendeur du jour qui va mourir. Les figures qu'il se plaît à évoquer, dans ce décor auguste, n'y sont jamais qu'un accident pittoresque ; elles animent de l'arabesque de leurs lignes ou des notes toujours savamment nuancées de leurs draperies flottantes, la grande symphonie orchestrale qui les enveloppe de sa puissance et de sa douceur. Quel que soit le sujet, les véritables acteurs sont moins ces figures elles-mêmes que le chœur des choses inanimées, des harmonies aériennes, où vient se condenser et se manifester, dans un état général de nature bien mieux que dans un souvenir historique ou mythique, cette « action sentimentale » que Valenciennes exigeait dans tout paysage[1].

---

1. Cette « action sentimentale », Corot a voulu quelquefois la porter jusqu'au drame, et dans la *Destruction de Sodome* (1844), surtout dans

D'autres fois, c'est aux fêtes du matin, à l'arrivée joyeuse du jour dans les clairières humides ou sur les eaux frissonnantes, que sa fantaisie nous convie ; des bandes de nymphes dansantes accourent ; elles forment des rondes ou bien enroulent des guirlandes au tronc de quelque hêtre ou à la gaine d'un dieu Terme rieur. Mais c'est là-haut, dans l'ivresse légère et le lyrisme des jeunes rayons, dans l'échange des reflets qui, de la terre heureuse au ciel bienveillant, montent et redescendent, dans les échos de notes gaies, rapides et chantantes qui, de toutes parts, à tous les coins de l'horizon, s'éveillent, s'appellent et se répondent, que se célèbre la véritable fête. Il faut avoir analysé patiemment le détail technique de ces symphonies pastorales ; elles sont merveilleusement orchestrées…. Corot, qui était passionné de musique, n'aurait pas désavoué cette assimilation de son art à un art voisin.

Nous avons parlé un peu légèrement des figures qu'il mêla à ses paysages « classiques ». Gardons-nous d'oublier que, lorsqu'il a abordé l'étude de la forme vivante dans ses rapports avec le milieu atmosphérique où elle baigne, Corot s'est montré l'égal des plus grands maîtres. Son incomparable finesse d'œil, là encore, l'a admirablement servi. Il n'avait jamais négligé la figure.

l'*Incendie de Sodome* (1857), avec les violets sulfureux et les jaunes brûlés de ses fonds ; dans le *Dante et Virgile* (1859) et le *Christ au Jardin des Oliviers*, avec des rouges vineux sur des verts nocturnes, on pourrait aisément relever quelque préoccupation ou influence d'Eug. Delacroix, que Corot admirait beaucoup…. Mais ce ne sont là que des incidents dans l'ensemble de son œuvre.

Dès son premier voyage en Italie, il avait copié plusieurs fragments des fresques du Campo Santo ; Andrea del Sarto surtout, le grand Andrea de l'*Annnunziata*, l'avait ensuite enthousiasmé, et il en avait fait de respectueuses copies. Pour son *Agar au désert* (1835) et son *Saint Jérôme*, il avait beaucoup travaillé d'après le modèle vivant ; pour la décoration de la chapelle des fonts baptismaux, à Saint-Nicolas-du-Chardonnet (où il peignit un *Baptême du Christ*, aujourd'hui à peu près invisible, grâce à la construction d'un mur, aggravée par la pose de vitraux aussi médiocres de dessin que faux de ton et vulgaires de couleur), il avait abordé la « grande nature ». Il avait ambitionné alors de plus importants travaux de décoration murale, et des tableaux comme l'*Eurydice blessée* ou la *Toilette* montrent ce qu'il eût pu faire en ce genre. Si le détail anatomique de ses figures nues n'est pas toujours impeccable, les relations des carnations (admirablement *dans l'air*) avec l'enveloppe atmosphérique, sont d'une justesse et d'une qualité si rares, que l'œil en reste comblé de plaisir. Enfin, il ne cessa jamais, pour son intime satisfaction de peintre, de brosser, sans aucune pensée d'exposition ni de vente, diverses études de *Liseuses, Jeunes filles à la mandoline, Intérieur d'atelier*, etc., qui sont, pour la seconde partie de son œuvre et dans une note très différente, ce que les *études* d'Italie furent pour la première. Dans ces morceaux faits sous un jour d'atelier, il est plus franchement « coloriste » que dans ses paysages ; il y laisse au ton local toute sa plénitude, recherche des harmonies plus étoffées et des sonorités plus soutenues, sans jamais compromettre d'ailleurs cette impression totale et cette rigoureuse discipline des détails qui résultent de l'observation constante et de la présence de l'air ambiant. On pourrait citer de cette série quelques pièces dignes des plus grands maîtres ; sans les imiter directement, avec une palette et des procédés différents, elles évoquent la ressemblance, tantôt de Van der Meer de Delft, tantôt de Velásquez, tandis que quelques *Intérieurs de cuisine* n'auraient pas déplu à Pieter de Hoogh.... Et, sans doute, on peut demander autre chose encore à un tableau, et les esthéticiens transcendants doivent être respectés ; mais, croyons-en Chardin, « c'est bien bon de bonne peinture » !

Pendant que Corot, sans renier ses origines classiques, se libérait de sa manière froide et officielle pour atteindre à la libre et large expression de son véritable génie, une bataille mémorable se livrait dans l'école française. Un groupe de paysagistes, plus jeunes que lui d'une quinzaine d'années, avait levé contre les ateliers académiques l'étendard de la révolte. Encouragés par des exemples venus d'Angleterre et par les vieux maîtres hollandais, par Bonington, qui exposait pour la dernière fois en 1827 et dont Corot n'ignorait pas les aquarelles, par Constable et par Ruysdaël, ils osèrent négliger l'Italie et opposer aux paysages ajustés et aux nobles mythologies de fidèles et ardents portraits de la terre natale. C'étaient, disait-on dans le camp ennemi, « des sites arides et sans charme, dont les lignes sont pauvres et la végétation desséchée et rabougrie ». Delécluze, un peu effaré, mais s'efforçant de

résumer le débat avec impartialité, écrivait: « On devait bien s'attendre à trouver dans les paysagistes la
même anarchie de goût que chez les peintres d'histoire
et de genre. Ce sont encore les homéristes et les shak-
speariens qui, sous la forme de Tityres et de pêcheurs
de morues, se disputent la gloire de plaire. Les uns
s'appellent ennuyeux, les autres dégoûtants ! » Corot
restait en dehors de ces querelles. Il ne prit jamais
ouvertement parti contre ses anciens maîtres; et s'il ne
se fit pas faute, plus tard, avec quelque affectation peut-
être, de proclamer son admiration pour Théodore
Rousseau, qu'il comparaît tantôt à un aigle et tantôt à
un lion, — lui, Corot, n'étant qu'une alouette! — par
son âge pas plus que par ses origines, il n'appartint
au groupe des révolutionnaires.

Mais comment n'eût-il pas été frappé de tant de
paysages intimes que la jeune école produisait d'année
en année avec un succès croissant? Comment toutes ces
interprétations exactes et passionnées de la nature
maternelle n'auraient-elles pas touché son cœur? Pourquoi n'eût-il pas dit lui aussi l'amour qu'il avait pour
elle, et fait, comme les autres, des « tableaux » avec les
études qu'il rapportait de ses promenades dans les
provinces? Au Salon de 1848, profitant de la liberté
alors accordée pour la première fois aux exposants, il
en envoyait une demi-douzaine, et, désormais, de plus
en plus nombreuses, à côté de ses paysages où les
nymphes et les ægipans venaient encore errer, il montra des vues de pays, où, sans qu'on puisse dire que les
préoccupations ethnographiques aient été jamais domi-

nantes ni que les « géographes » aient le droit de le revendiquer pour l'un des leurs, il sut exprimer le charme propre de chaque région. Ses études de *Suisse* et de *Hollande* sont à ce point de vue aussi intéressantes que généralement peu connues. Dans ses fréquents séjours aux environs d'Arras et de Douai, en Artois, en Picardie, dans ses villégiatures à Ville-d'Avray, à Compiègne, à Fontainebleau, dans ses visites en Saintonge, en Poitou, en Limousin, il renouvela le fonds déjà si riche de son œuvre. A Marcoussis comme à Castel Gandolfo, à Ville-d'Avray comme au lac de Garde, au pont de Mantes comme au pont Saint-Ange, à la Rochelle comme à Civita Vecchia, dans les saulaies de l'Artois comme dans les bois de chênes-liège de la campagne romaine, dans les rues des villages de Picardie ou de l'Ile-de-France comme sur les voies sacrées de la Rome antique, ce qu'il trouvait d'ailleurs, ce qu'il aimait, c'était encore et toujours la nature, et, dans cette nature, ce qui de plus en plus charmait ses yeux, c'étaient les accords délicats des choses dans l'air mélodieux. On a vu quel peintre d'architecture il avait été et quel parti il avait tiré de ces « fabriques » éclairées par les rayons obliques, dont la tradition lui était venue de l'école et dont il avait fait, par la grâce de son génie, en les égrenant comme des notes de lumière, un des éléments de l'harmonie de ses tableaux. Il fit servir, dans les horizons plus voilés de la France septentrionale, les plus humbles chaumières, tapies dans la verdure ou étagées sur les coteaux modérés, à une même œuvre d'enchantement. Sans qu'on y sente jamais la « composition », la mise en place systématique, tout se dispose naturellement pour le plus heureux effet ; les plus humbles motifs s'ordonnent dans un doux rayonnement pour la plus reposante satisfaction des yeux.

On a parlé de sa monotonie. On n'a donc voulu voir dans cette œuvre si variée que les seuls « brouillards argentés », le tableau type que le public adopta, que les marchands demandèrent, et qu'il fut entraîné à produire en ses dernières années, trop souvent et trop vite…. Mais regardez ! Voici de claires matinées et de fins crépuscules, dont la mélancolie légère semble avoir retenu le meilleur et le plus apaisant de la lumière du jour ; voici des bords paisibles de rivière peints à côté de son cher Daubigny, dont les graves verdures s'enlèvent largement sur le ciel moite et humide ; voici des chemins creux qui se perdent sous bois et gagnent sans se presser le village prochain, s'arrêtant devant une maison de garde, avec çà et là la surprise d'un rayon, l'aménité d'une note de lumière ménagée à quelque tournant, comme une invitation au repos et un appel ami ; voici des villages éparpillés dans la verdure et s'éveillant ou s'endormant comme au son d'une musique invisible ; voici le *Pont de Mantes* aussi noble en sa lumière virginale que les viaducs de Rome et combien plus charmant que le pont de Narni ! Voici la Rochelle, le blond chef-d'œuvre, la perle précieuse, claire et discrète, transparente et profonde, si française et si belle sous les caresses du ciel natal ! Voici, enfin, des intérieurs de bois, des clairières au crépuscule ou au clair de lune, qui prennent dans le mystère de la nuit des airs de forêts enchantées ; voici, près d'Avon, à Fontainebleau, de grands horizons de verdure moutonnante, dont les larges ondulations se déroulent majestueusement, pareilles à un sombre océan apparu soudain du haut d'un monticule, entre deux troncs d'arbres élancés comme les colonnes d'un temple debout sur quelque promontoire.... De l'intimité la plus humble, il s'élève sans effort au style le plus émouvant et ce « style » alors n'est plus l'étroite et impersonnelle application d'une recette, l'art de disposer sur une toile des fragments d'études, c'est l'expression libre et large, persuasive et animée d'un profond sentiment de la nature.

Dès qu'il eut pris clairement conscience de lui-même, qu'il osa davantage obéir jusqu'au bout à son démon familier et qu'il s'habitua à lire plus librement à la fois dans la nature et dans son propre cœur, Corot en vint à créer, pour son usage, un système de notations sommaires et rapides, dont il faut dire quelques mots. Ce vif sentiment, cette intuition si sûre et si subtile de la vie de l'atmosphère et de ses relations avec tout ce qu'elle enveloppe et fait vivre, cette attention portée sur les choses moins pour en surprendre l'intime structure et la physionomie individuelle que pour saisir et noter leurs rapports avec ce qui les environne, cette observation délicate des phénomènes les plus éphémères et des plus mobiles apparences qu'un souffle de brise, l'angle changeant d'un rayon défont et modifient sans cesse, devaient le conduire graduellement à ce qu'on a appelé « l'impressionnisme ».

Il pouvait s'abandonner impunément à son charme

dangereux, parce que, avant de se permettre les synthèses sommaires, il avait patiemment accumulé de
minutieuses analyses. Il avait, en ses jeunes années et
jusqu'à sa pleine maturité, rempli ses cartons de dessins
attentifs, étudié comment les plans des terrains s'éta-
blissent, comment les arbres robustes s'attachent à la
terre maternelle ; il savait comment se comporte la
vivante charpente d'où partent les menues branches ; et
les feuilles qui tremblent au moindre vent, il avait
observé comment elles sont adaptées sur leur tige,
quelle est leur forme et leur profil....

Peu à peu, à ses consciencieuses enquêtes, on voit,
dans la collection de ses dessins et de ses carnets, se
substituer une autre méthode d'indications rapides. Il
s'était permis de dire que Victor Bertin ne lui avait
pas assez appris « l'importance du dessin d'ensemble et
par masses », et, de bonne heure, dans la rue, au
théâtre, il s'était exercé à croquer des silhouettes de
passants ou de danseuses. Il voulut de même, sur le
terrain, noter instantanément non seulement la silhouette générale et la distribution des grandes masses,
mais aussi les relations d'ombre et de lumière des
diverses parties. A cet effet, il avait imaginé un ensemble
de signes conventionnels, une sténographie dont lui seul
pouvait tirer parti. Pour la pleine lumière, un rond;
pour les plans d'ombre, un rectangle ou un carré; pour
les zones intermédiaires (par exemple un nuage que le
soleil éclaire par derrière), un rond inscrit dans un carré
lui servaient à dresser comme un état des lieux, un
procès-verbal instantané. Au moyen de chiffres, allant

de 1 à 5, il marquait les relations variables et les intervalles de clarté.... Et comme il avait par devers lui de longues contemplations, une mémoire pittoresque prodigieuse, une imagination prompte à s'émouvoir à l'appel de cette mémoire, et que, d'ailleurs, il savait, à l'occasion, et jusqu'à la fin, reprendre ses *études* et « se ramener sur le terrain », ces impressions chiffrées lui furent d'un réel secours. Il reste toutefois certain qu'il se laissa entraîner, quand eut sonné l'heure du succès qui vint tardivement récompenser cette vie exemplaire, à des improvisations vraiment trop superficielles. Les adulateurs et les parasites, les marchands surtout et les amateurs, trop souvent marchands à peine déguisés, qui composent leurs galeries comme leur portefeuille et spéculent à la hausse, lui demandèrent à satiété ce qui dans son œuvre était le moins digne de lui. De là, dans cette œuvre si riche, des parties destinées à disparaître et qui ont déjà payé la rançon des engouements naïfs ou intéressés d'autrefois. Mais le meilleur et l'essentiel est inaltérable, et restera, dans l'histoire de la peinture française au XIXe siècle, comme un des chapitres les plus charmants et les plus décisifs.

Corot enfin eut le privilège d'unir à une sensibilité frémissante et exquise une âme admirablement équilibrée ; la volonté était chez lui avisée et tenace ; il conserva un sentiment parfait des ressources et des possibilités de son art. Plus qu'aucun autre, il enrichit, il assouplit jusqu'aux limites extrêmes la langue pittoresque ; il y fit passer des « frissons nouveaux », mais il ne la faussa, ni ne la corrompit. Il ne fut pas esclave

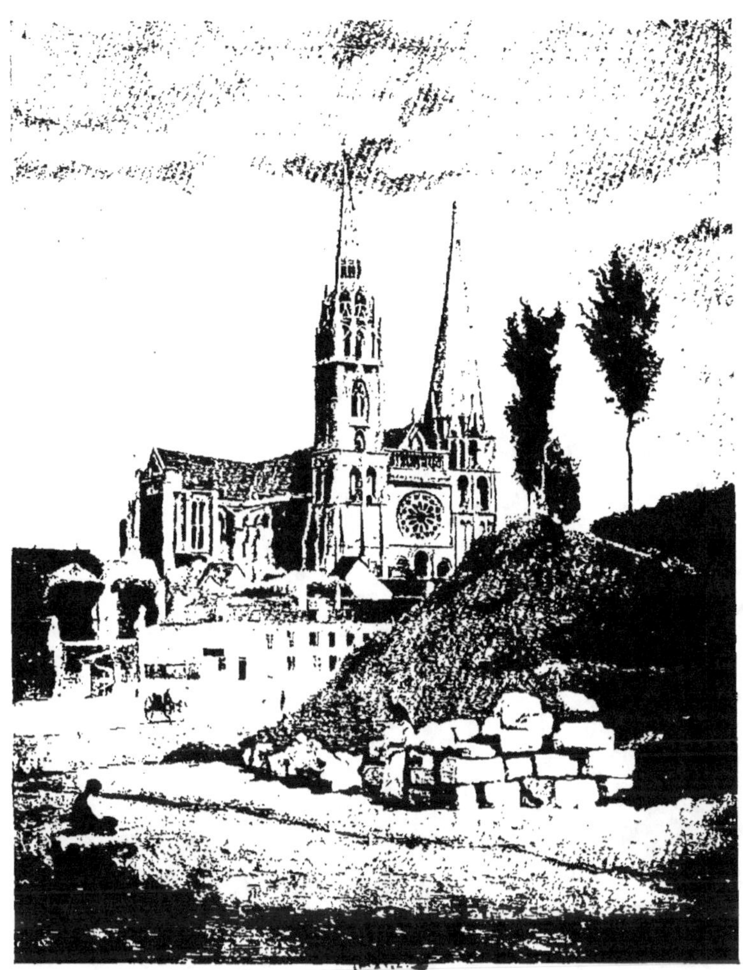

Corot : La cathédrale de Chartres.

(Musée du Louvre)

Pl. IV.   *Peinture française au XIXᵉ siècle.*

de la sensation ; il ne s'y abandonna pas, éperdu et
haletant jusqu'au stérile paroxysme ; il ne fatigua ni la
peinture, ni notre sensibilité, que d'autres, après lui,
ont lassée, violentée, si bien qu'elle a demandé grâce.
Il savait qu'il importe surtout, quel que soit l'outil ou
l'instrument dont on dispose pour traduire son rêve,
d'éveiller dans l'âme des spectateurs des impressions
équivalentes, où le souvenir de la réalité revienne fidèle
et épuré dans une sereine contemplation. Il fut un
idéaliste : avec la vision du monde, il fit passer en nous
le lyrisme charmant dont ce spectacle avait ravi son
cœur.

Aussi son œuvre continue-t-elle de s'offrir comme un
abri délicieux, un rendez-vous de repos et de fraîcheur
dans l'aridité de la route. Toutes les plus caressantes
mélodies de la nature y ont été captées pour notre
usage par un génie bienfaisant et fraternel. Rien de
forcé, rien de faux surtout, ni de violent. Il semble
n'avoir connu de la vie que les heures sereines, ou, du
moins, quelle qu'ait pu être l'amertume des temps difficiles, n'en avoir emporté que des souvenirs apaisés.
Peut-être, s'il est vrai que rien ne nous rend si grand
qu'une grande douleur, serait-on tenté de dire parfois
que cette consécration suprême lui fit défaut.... Ne nous
en plaignons pas ! Il était bon pour notre temps, où
l'art a été le confident de tant de tristes secrets, qu'un
homme se trouvât et qu'une œuvre parût en qui tout fût
lumière, sérénité, harmonie. Corot a travaillé la chanson aux lèvres ; ses sens, comme spiritualisés, son âme,
divinement légère et naïve, auront reflété, pour la con-

solation de la pauvre humanité, un monde où tout semble proclamer que la création fut un acte d'amour, et où rien ne pèse plus de la colère du Créateur, ni du repentir de la faute.

III. — JULES DUPRE[1]

La présence de M. Jules Dupré au Salon national
est un événement et un enseignement. Il semble, quand
on entre dans la salle où ses huit tableaux sont exposés,
qu'on change tout à coup d'époque. Ces paysages, d'une
ampleur et d'une gravité magistrales, d'une gamme si
puissante dans ses tonalités sourdes, saisissent le regard
et vous ont bientôt averti que vous êtes en présence
d'œuvres écloses sous une température morale très différente de celle où nous vivons. Dans les transformations de la technique, l'esprit entrevoit les évolutions
de l'esthétique, c'est-à-dire de l'âme française depuis
cinquante ans.

Les débuts de M. Jules Dupré nous reportent en
pleine bataille romantique, au commencement de l'âge
héroïque du paysage français. C'était au Salon de
1831 ; Delacroix y avait envoyé sa *Liberté* ; Ary
Scheffer, ses premiers *Faust* ; Roqueplan, Devéria,
Johannot, Descamps, Barye, Diaz se pressaient, comme
un petit bataillon sacré, autour du maître, et prenaient
bravement position en face des batteries, ennemies, du
monstre Institut, conspué, mais redoutable, scandalisé
et ébloui sous ses conserves bleues, par la « truculence »
de ces nouveaux venus tapageurs et irrespectueux.

1. *Le Parlement,* 12 octobre 1883.

Valenciennes était mort depuis quelques années, mais ses élèves dociles et nombreux, et Bidault qui vivait et exposait encore, virent, avec stupeur, des paysages d'une formule toute nouvelle, sans nymphes, sans ruines, sans mythologie, et signés de noms déjà mal notés, comme Flers et Cabat, ou encore parfaitement inconnus, comme Jules Dupré et Théodore Rousseau.

Où avaient-ils fait leur éducation? Ils étaient tous fils d'artisans et plus ou moins enfants de Paris. Les bons élèves de Bidault se racontaient, avec un mélange d'horreur et de dédain, que ce Théodore Rousseau avait piteusement échoué au concours de paysage historique, que, incapable de traiter le sujet choisi par l'Institut : *le Corps de Zénobie recueilli par des pêcheurs dans les flots de l'Araxe*, il donnait bien sa mesure à présent en peignant, en dehors de toutes règles, des *Sites d'Auvergne* où des torrents anonymes roulent, entre des rives sans *fabriques* leurs eaux indisciplinées, indignes d'être jamais des *flots*; et même, ô scandale! *la Tour du télégraphe à Montmartre*.... Le sourcil des académiciens prit

L'effroyable aspect d'un accent circonflexe,

et dans les ateliers de l'École on prédit que ces impertinents novateurs ne sauraient manquer de finir mal.

Quant à Jules Dupré, on ne savait rien de lui; il ne s'était même pas présenté au concours du paysage historique, et son premier maître ne l'avait sans doute pas poussé bien loin. Pendant quelques temps, il avait travaillé pour un horloger; il peignait sur des caisses vernies des paysages alpestres avec l'inévitable clocher où l'on encadrait ingénieusement une horloge authentique. La perspective était bien un peu sacrifiée, mais l'illusion n'était que plus grande, et l'effet imprévu autant que pittoresque lorsque le timbre sonnait l'heure au village proprement aligné sous ses arbres géométriques. L'expression de la vie dans l'art n'a jamais été poussée plus loin, et l'on n'a rien trouvé de mieux encore, si ce n'est le rossignol de *Nana*.

Pourtant le jeune artiste se doutait vaguement que ce n'était pas là le dernier mot de l'art. Cette nature qu'il avait sous les yeux lui murmurait d'ardents secrets ; il l'aimait d'amour avant d'avoir appris à l'interroger et à la traduire. Un jour enfin, il vint à Paris, entra au Louvre et prit, devant Ruysdaël et Hobbema, « une décisive leçon ». Ce sont là ses vrais maîtres ; c'est par eux que nos paysagistes ont appris que le sol natal n'est pas indigne de la contemplation et de l'étude d'un artiste. Aux défenseurs du paysage historique et de la nature arrangée en vertu de conventions d'école, ils purent opposer la *Chaumière au grand arbre* de Rembrandt, le *Buisson battu par la tempête* de Ruysdaël, le *Moulin à eau* d'Hobbema. Forts de ces autorités, ils eurent le courage de s'abandonner au sentiment nouveau qui remplissait leur cœur, d'écouter les appels timides de la petite source qui mêle au silence du bois une plainte éternelle, les conseils hautains du vieux chêne qui semble souffrir et résister, les voix confuses, mais si persuasives de cette nature familière et dédaignée. Elle devint la confidente de leur pensée et de leurs rêves; ils mêlèrent leur âme à la sienne; ils découvrirent à leur tour la fraternité profonde qui nous unit à elle; et de cette communion où les prosateurs et les poètes avaient déjà puisé des inspirations et des formes nouvelles, sortit à son tour un art nouveau, un paysage de formule presque hollandaise, mais de sentiment bien français et moderne, qui restera la gloire la plus durable de notre école au XIXe siècle.

« L'arbre qui bruit et la bruyère qui pousse est pour moi la grande histoire, celle qui ne changera pas, disait Th. Rousseau; si je parle bien leur langage, j'aurai parlé la langue de tous les temps. »

Il fut le grand inventeur et le maître incontestable; on a pu voir à la récente exposition des *Cent chefs-d'œuvre*, la variété infinie de ses sensations, la loyauté de son talent, la profondeur de son art, auquel en certaines pages on ne trouve à comparer que celui de Ruysdaël.

Corot chanta avec sa grâce virgilienne ses amours toujours jeunes avec la nature; il dit ses harmonies légères et voilées, ses tendresses et ses enchantements; nul œil ne fut, comme le sien, doué pour saisir les rapports les plus subtils des choses, et en quelque sorte les émanations visibles et flottantes de leur âme cachée. Moins attentif à fixer les formes qu'à noter leurs valeurs, il créa un monde bien à lui, marqué à l'empreinte de son cœur, où la tristesse semble n'avoir pas eu d'accès, et qui souriait à la vie avec une candeur d'enfant.

Si Corot laisse l'impression d'une chanson d'amour,

les paysages de Jules Dupré sont comme les chants d'un
grave poème, les confidences d'une âme fière et haute
qui trouve dans l'intimité de la nature un lent apaisement. Quels que soient l'heure ou le lieu, le jour ou la
saison, on y sent la présence d'un témoin sérieux, d'un
esprit pensif, dont la gravité est l'attitude habituelle,
les enthousiasmes austères et les sourires mêmes mélan-
coliques. « Les arbres ne font pas de calembours »,
répondait Jean-François Millet aux critiques qui lui
reprochaient de manquer de souplesse et de gaieté;
M. Jules Dupré, qui parle de l'art avec éloquence, et
que Théophile Gautier, aimait, dit-on, à provoquer pour
l'obliger à « vider son sac », professe que « toute œuvre
« d'art doit partir des sens pour arriver à l'idée, comme
« un arbre qui a sa cime en plein ciel et sa racine en
« pleine terre ».

Il a peint les plaines du Limousin, les gaves de la
Creuse, les pacages plantureux du Berry, les bois de
l'Isle-Adam et les couchers de soleil sur l'Oise; partout
il nous a montré ce qu'il a éprouvé au moins autant
que ce qu'il a *vu*, ses émotions en même temps que ses
sensations. Les paysages se sont colorés des nuances de
sa pensée; et on a pu dire avec une grande justesse
qu'il traitait un peu les arbres comme Michel-Ange le
corps humain. C'est que les choses n'existent, en effet,
pour nous que sous la forme que notre sensibilité leur
impose et dans la mesure où nous les comprenons,
que, en les racontant, nous nous racontons nous-mêmes,
et que, au fond de toute œuvre d'art, on trouve une
confession.

M. Jules Dupré a poussé jusqu'à l'exaltation l'amour de la nature. C'est dans son émotion maîtresse, si l'on peut dire, que réside l'unité de chacun de ses paysages. Il y fait concourir, fût-ce au prix de grands sacrifices, chacune des parties, et ne laisse jamais l'exactitude du détail empiéter sur l'effet voulu de l'ensemble.

Les titres mêmes de ses tableaux disent bien qu'il a voulu exprimer une impression synthétique et condenser dans un trait unique toute une suite de souvenirs : *Bords d'un ruisseau*, le *Gué*, la *Forêt*, le *Chêne*, *Clair de lune*, *Retour du troupeau*, etc.... Aujourd'hui, on dirait : tel ruisseau, à telle heure du... de tel mois, par grand amour du document, et on nous donnerait une œuvre précise, claire, froide, impersonnelle, une *étude* fragmentaire, — trop heureux si, dans le voisinage du ruisseau, on n'aperçoit pas quelque profil d'auberge avec des odeurs de friture. Nos *impressionnistes*, en effet, voient la nature par la fenêtre d'un cabaret; la terrasse de la Grenouillère a surtout leurs préférences... et ils traitent de *vieux jeu* le style de Jules Dupré.... Mais revenons à lui.

Cette façon très vibrante, très personnelle, éminemment persuasive de raconter la nature, a ses exigences : il insiste avec une ténacité acharnée sur l'*effet* décisif, et les empâtements lui sont habituels, sinon indispensables; de là une certaine lourdeur par endroits, même des brutalités et aussi des négligences : le dessin des animaux, par exemple, complètement sacrifié à l'intérêt du rayon de lumière qui s'accroche à leurs croupes robustes. Les arbres sont quelquefois *violentés* et tordus plus que de raison. Mais quelle tenue superbe, quelle grande et profonde et inoubliable impression, quelle conviction, quelle ampleur, quelle puissance, et, à travers les défauts que nous avons dû signaler, dans cette tonalité généralement abaissée de la gamme, quelles finesses d'œil et de main !

Les couchants mêmes, que j'ai entendu accuser d'être trop tourmentés et voulus, sont d'une composition et d'une condensation magistrales. Quant à ses marines, avec leur grand ciel lourd, livide, sombre et verdâtre, troué par quelques rayons qui tombent dans la mer infinie, moutonnante, déserte comme les mailles d'un sinistre filet, elles sont d'une poésie superbe et d'une vérité d'impression saisissante. On se rappelle, en les regardant, les paroles de Théodore Rousseau : « *Maintenant, qui composera la mer*, si ce n'est l'âme de l'artiste ? », et ce témoignage qu'il rendait, après le triste malentendu qui interrompit une amitié admirable, à celui qui l'avait toujours soutenu de ses conseils, des preuves répétées de son admiration aux heures les plus dures de leur longue lutte : « Je dois beaucoup à Jules Dupré ; il m'a fait entrevoir des choses que je ne soupçonnais pas et, entre autres, l'art de *machiner* un tableau et d'en condenser les *forces*.

Les ciels ont toujours préoccupé Jules Dupré. Ce « grand puits de lumière » impossible à mesurer « est un chaos et un sphinx merveilleux », disait-il à ce brave Alfred Sensier, qui nous a fidèlement conservé les propos et les confidences de ces grands artistes qu'il comprit bien et qu'il aima beaucoup. Le modelé aérien est la grande affaire d'un paysage, et Ruysdaël, sur ce point comme sur beaucoup d'autres, est le maître à consulter. Dupré, toutes différences de moment, de milieu et de mesure observées, a comme lui le cœur ému et la pensée haute; mais sa main n'a pas cette belle tranquillité, cette admirable sérénité d'allure du maître. Une fièvre semble par moments l'emporter; il se jette sur le couteau à palette et après coup entasse les empâtements lumineux, accumulant les épaisseurs au point précis où l'horizon doit fuir dans une fluidité transparente. L'harmonie n'est jamais rompue, mais l'œil est quelquefois troublé dans sa sécurité et se demande si tant de manière était bien nécessaire.

En somme, nous avons là des exemplaires supérieurs d'une certaine conception de l'art et de la nature que nos jeunes peintres, épris de *vérité* et de *plein air*, semblent vouloir définitivement ordonner, mais dont ils n'ont pu jusqu'à présent faire oublier la grandeur simple et émouvante. Ils ont fait à la fureur du plein air beaucoup de sacrifices qui n'ont pas tous été récompensés, et ils n'ont pas eu l'air de se douter que l'exactitude n'est pas la vérité large et profonde des maîtres.

IV. — J.-F. MILLET[1]

... Jamais les liens vivants qui unissent l'œuvre à
l'homme et le talent à l'âme ne se sont révélés avec une
plus intime évidence. Avant qu'on ait pensé à s'informer
de ses moyens, à analyser ses procédés préférés, à
suivre l'allure habituelle de sa main, on est déjà pénétré de sa pensée, attiré et dominé comme par l'entretien d'une parole grave, un peu lente, pleine de certitude, de tendresse et d'autorité. « Malheur, disait-il
un jour, malheur à l'artiste qui montre son talent avant
son œuvre. Il serait bien plaisant que le poignet mar-
chât le premier. » Et chacune de ses œuvres révèle
bien en effet l'accord constant de sa pensée toujours
virile, de sa volonté toujours présente, de son émotion
toujours sincère. Avec de pareils documents, on pourrait écrire, sans crainte de se tromper, la biographie
morale d'un homme. Mais nous avons en outre cet
ensemble unique de renseignements directs, de témoignages et de confidences pieusement recueillis par le
fidèle Sensier et publiés par M. Paul Mantz. Sans
nous attarder aux détails déjà connus, nous voudrions
marquer en quelques traits les origines morales de cet
homme, ce qui a *déterminé* l'œuvre qui nous occupe.

1. Extrait des *Notes sur l'Art moderne*, pp. 35-59. — *Gazette des Beaux-
Arts*, 1887. A propos de l'exposition des œuvres de Millet à l'École des
Beaux-Arts.

Millet est Normand, comme Corneille et Poussin. Il naquit dans un village, près de la mer, en pleins champs. Son enfance et son adolescence s'y passèrent en face des grands horizons, dans un milieu familial très humble, très simple et très pur, où la vie morale paraît avoir été singulièrement intense. Une grand'mère, chrétienne austère et fervente, de grand caractère et d'ardente piété, sorte de Mère Angélique campagnarde, un grand-oncle, Charles Millet, prêtre du diocèse d'Avranches, sans cure depuis la Révolution, qui consacrait sa vie à l'instruction des enfants du village, à de bonnes œuvres et à des travaux d'agriculture, laboureur en soutane et en sabots que le petit Jean-François escortait fidèlement et qu'il revoyait dans ses souvenirs « lisant son bréviaire sur les hauts champs qui dominent la mer », un père, enfin, cultivateur instruit, « maître de chapelle » de la paroisse où il avait organisé un choral, très doué pour la musique, capable de noter de sa main une série de chants religieux conservés par son fils et qu'on eût dits « d'un scribe du XIVe siècle », vaguement porté aussi vers le dessin et le modelage, s'essayant quelquefois à pétrir dans un tas de glaise des formes d'animaux ou à tailler avec le bout de son couteau de grossières sculptures dans les vieilles portes de la ferme…, voilà les premières influences qui, avec la grande nature toujours présente et toujours agissante, façonnèrent l'âme du futur peintre de Barbizon. Quand il remontait à ses souvenirs d'enfant, qu'il y évoquait ces lointaines images à jamais gravées au cœur de tout homme et qui ressortent plus vives à

mesure que l'âge avance, comme une écriture de pa-
limpseste sous les surcharges de la vie, il y trouvait
d'abord cette grand'mère dont il se rappelait ces paroles un matin qu'elle venait le tirer de son lit : « Ré-
veille-toi, mon petit François ; il y a longtemps que les
oiseaux chantent la gloire du bon Dieu! » Il avait
conservé quelques lettres d'elle, qu'on dirait écrites de
Port-Royal. Ce qu'il voyait encore, quand il fermait
les yeux pour regarder en dedans et très loin dans le
cher passé, c'était l'intérieur paternel, où parents et
amis se réunissaient tous les dimanches après la messe
et souvent le soir à la veillée; de son lit, il entendait
les voix des gens qui causaient dans la chambre, le
ronflement du rouet de la tante Jeanne et de Colombe
Gamache, fileuse de son état, occupées à carder et à
filer de la laine près de la grande armoire de couleur
brune et luisante où se jouaient les reflets ; c'étaient
ensuite d'interminables promenades sur la falaise avec
son oncle, dans les champs avec son père qui s'arrêtait
quelquefois pour contempler en silence, puis disait :
« Vois donc comme cela est beau; vois comme cet arbre
est grand et bien fait. »

Plus tard, un jeune vicaire voulut lui apprendre le
latin ; il y fit de rapides progrès et commença la lecture
des *Géorgiques* dans une vieille traduction de l'abbé
Desfontaines ; un vers surtout le plongeait en d'infinies
rêveries : « C'est l'heure où les grandes ombres des-
cendent sur la plaine... ». Il en vint à lire Virgile, comme
la Bible, dans le texte latin, et ce furent là, jusqu'à sa
mort, ses lectures préférées. Il y joignit Homère (dans

la traduction), Montaigne, Bernard Palissy, les *Lettres* de Poussin. Il fut toujours grand liseur. Chez sa grand'-mère et son oncle le prêtre, il avait déjà trouvé toute une bibliothèque : la *Vie des saints*, l'*Introduction à la vie dévote* de saint François de Sales (que sa grand'-mère et marraine lui avait donné comme patron), les *Confessions* de saint Augustin, les *Lettres* de saint Jé-rôme, Nicole, Pascal et Bossuet. Un jour, un profes-seur du lycée de Versailles, venu en vacances dans le pays, le poussa sur ses lectures ; il resta confondu de tout ce qu'il découvrit chez ce petit paysan et, le soir, en rentrant, il disait, dans son langage de littérateur, qu'il avait rencontré « un enfant dont l'âme était aussi char-mante que la poésie elle-même ».

Tels furent les origines et le milieu. Il y resta jusqu'à près de vingt ans, c'est-à-dire que son corps, son esprit et son cœur, si bien disposés par l'hérédité, eurent le temps d'y recevoir des empreintes définitives. Il n'avait jamais rêvé d'autres aventures ; il pensait vivre et mou-rir comme son père, dans la sécurité des horizons fami-liers et aimés. Une fois qu'il avait été emmené par le vicaire, son professeur, dans un village voisin, il ne put se résoudre à cet exil et, grâce à l'intervention de la grand'mère, il obtint de rentrer au pays....

Pourtant ses instincts de peintre s'éveillaient peu à peu et commençaient à parler clairement. Il avait d'a-bord copié les gravures de la vieille Bible de famille ; puis il avait pris pour thèmes l'étable, le champ de pommiers devant la maison, un vieillard qui rentrait de la messe, plié en deux, noué par l'âge et les douleurs, et dont toute la famille reconnut la silhouette dessinée au charbon. On commençait à s'inquiéter de cette vocation; et un jour qu'il avait achevé deux dessins représentant, l'un deux bergers en sabots jouant de la flûte au pied d'un arbre dans le champ du père Millet, l'autre un paysan portant par une nuit étoilée un sac de pain à un pauvre homme, avec une légende empruntée à la Bible latine, le père tint un conseil de famille et il fut décidé qu'on irait, à Cherbourg, consulter M. du Mouchel, pour savoir si « Jean-François avait vraiment des dispositions dans ce métier pour y gagner sa vie ». Y gagner sa vie! le pauvre homme ne le sut guère, mais le père eut raison tout de même de conduire son garçon chez M. du Mouchel.

On sait la suite : la pension accordée sur la demande de Langlois, peintre de Cherbourg, par le conseil général, l'arrivée à Paris, les premières impressions si tristes dans la ville grise, dans l'énorme prison de pierre, l'entrée dans l'atelier de Delaroche. Ce n'était pas la sympathie ni l'admiration qui le poussaient chez ce maître, oh non! Il avait vu quelques œuvres de lui au Musée; il leur avait trouvé l'air de « grandes vignettes, d'effets de théâtre sans véritable émotion ». Mais c'est à lui qu'on l'avait adressé. Chez qui fût-il allé, d'ailleurs? chez Picot? chez Hersent? chez Drolling? chez Abel de Pujol? chez Léon Coignet? Il ne les connaissait même pas de nom. Que savait-il de l'art, de l'école contemporaine, de la mode, de l'esthétique? Il arrivait de son village; il n'avait fréquenté que des gens simples, lu que des choses anciennes et sérieuses, regardé que des choses éternelles, la nature toute nue dont il ne se doutait pas encore qu'elle était la maîtresse des maîtres. Il eût été bien embarrassé de définir les vagues instincts qu'il avait sentis s'éveiller en lui, de dire où le conduisaient les voix intérieures dont il avait entendu au fond de son cœur, au double contact de la nature et de ses lectures, l'appel puissant et doux.

Il s'en fallut de bien peu que la vie, cette grande gâcheuse, ne fît de cet enfant, si merveilleusement préparé pour être le peintre des paysans et de la terre, un simple fabricant de peintures plus ou moins bonnes, un faiseur quelconque de pastiches, comme nous en aurons toujours trop. Il avait quitté l'atelier de Delaroche, allait faire de l'académie chez Suisse et chez Boudin, passait ses soirées à la Bibliothèque Sainte-Geneviève où il lut tout Vasari (!), ce qu'il put trouver sur Dürer, Vinci, Michel-Ange et la correspondance de Poussin. Comme les bibliothécaires l'intimidaient, il s'était fait accompagner d'abord par un camarade, Marolle, enfant de Paris et débrouillard, qui s'était pris d'amitié pour lui. A l'atelier, on l'avait surnommé « le sauvage ». Il allait aussi au Louvre; Beato Angelico, Michel-Ange et Poussin furent ses trois grandes admirations. « Je pourrais passer, a-t-il écrit, ma vie face à face avec l'œuvre de Poussin que je n'en serais jamais rassasié. » Il regardait beaucoup; mais il copiait peu et resta toujours incapable de ce travail. On a montré à son exposition un dessin de cette époque d'après la *Sainte Famille* de François Ier; ce n'est qu'un travail d'élève appliqué, sans doute un *devoir* pour Delaroche. Un autre jour, après de longues heures de contemplation, il ébaucha une esquisse du *Concert champêtre* de Giorgione;... mais il n'eut jamais de tête-à-tête décisif qu'avec son grand ami Poussin. Quant à Boucher, dont on a prétendu qu'il subit l'influence, il le traitait, durement, dans son carnet, de simple « pornographe ».

Il fallait vivre. Quand il avait parlé de peindre des « gens qui moissonnent et qui ont de belles attitudes », on lui avait démontré que ces choses-là n'avaient pas cours sur le marché; il fit des pastiches qu'on portait chez les marchands et qui se vendirent jusqu'à vingt francs, et aussi des portraits, à cinq francs l'un dans l'autre. Bien qu'il mangeât à peu près tous les jours, même depuis que sa pension avait été supprimée par le conseil général, partisan de la politique des économies, il revint dans sa chère Normandie.

Le vrai Millet était encore loin d'être débrouillé : il avait vingt-quatre ans et ne se rendait pas compte de la contradiction douloureuse qui s'établissait entre les aspirations profondes de son cœur et les conseils des maîtres rencontrés à Paris, l'éclectisme banal de l'esthétique régnante, les exigences de la mode. Autant qu'on en peut juger par les quelques morceaux conservés de cette époque, il fut successivement influencé par Ribera *(Portrait de vieilles femmes en bonnet blanc)*, par Diaz et par Delacroix, mais surtout par Diaz. Il est désireux d'apprendre les belles méthodes; il y apporte une application un peu lourde et massive, le goût de la matière abondante et des empâtements comme on les aimait alors dans la jeune école, plus de volonté que d'entrain véritable et de réflexion que de souplesse. On peut voir dans le *Portrait de Mlle Feuardent,* cité comme la caractéristique de sa *manière fleurie,* que même le sourire chez lui ne fut jamais frivole et qu'il n'était décidément pas destiné à mourir dans la peau d'un simple virtuose. Les portraits de son beau-frère, d'une jeune fille en bandeaux plats, surtout celui de sa première femme, si plein de saveur, sont déjà — en dépit des influences subies que révèle encore la facture — très personnels par le grand sérieux de l'observation, la recherche du caractère et un arrangement un peu laborieux, mais original et vou'u.

Pendant ces années d'apprentissage, coupées de retours à Paris, de voyages en Normandie, de séjours à Cherbourg et au Havre, il peint, parmi beaucoup de portraits, des sujets bibliques, l'*Offrande à Pan* (du Musée de Montpellier), une *Señora en costume de soie rose et blanc,* nonchalamment étendue sur un canapé, que lui avait tout spécialement commandée un capitaine au long cours (Millet paraît avoir eu à cette époque un brillant succès dans le corps de marine du Havre), une *Tentation de saint Hilarion* qui rappelle Tassaërt, etc. ; mais on voit dès lors, çà et là mentionnés, des *Enfants dénichant des nids,* une *Vieille femme revenant de faire du bois,* une *Veillée,* des *Moissonneurs.* C'est le véritable Millet qui se dégage ; il revient à ses premières amours, il commence à comprendre ce qu'il ne faut plus faire et à apercevoir la route définitive où il doit s'engager.

En même temps ses dessins prennent une allure de plus en plus synthétique et magistrale; enfin en 1848, après avoir fait successivement le *Vanneur*, des *Faneurs et faneuses se reposant près d'une meule de foin*, et une *Paysanne assise* pour laquelle il était allé chercher des notes sur le bord de la Seine « après Saint-Ouen », il déclare que ce qu'il lui faut « ce ne sont pas des faubouriennes, mais des femmes du terroir »; il quitte Paris où la vie est trop dure et trop triste; il part pour Barbizon et redevient paysan.

Le voilà de nouveau en présence de la nature; il y retourne, avec les impressions toujours vives de son enfance, mûries par une expérience mélancolique de la vie; il s'établit avec sa famille, déjà nombreuse, dans une chaumière qui lui rappelle la ferme paternelle; il reprend possession de lui-même. « Si vous voyiez comme la forêt est belle, écrit-il à son ami Sensier.... J'en reviens à chaque fois écrasé. C'est d'un calme, d'une grandeur épouvantables.... Je ne sais pas ce que ces gueux d'arbres se disent entre eux, mais ils se disent quelque chose que nous n'entendons pas, parce que nous ne parlons pas la même langue, voilà tout ! Je crois seulement qu'ils ne font pas de calembours. » On fait trop de calembours à Paris, et il y revenait le moins souvent possible. On lit, dans une autre lettre encore inédite qu'il adressait à un ami, M. Berger[1] : « C'est toujours un grand embêtement pour moi d'aller à Paris; j'aime mieux les promenades que je fais après

---

1. Lettre communiquée par M. C., Inspecteur des forêts à Alençon.

mon travail, dans la plaine ou dans la forêt, que celles qu'on est forcé de faire sur votre bitume ou même sur votre macadam. J'aime mieux voir les paysans et les paysannes travaillant dans la plaine, y gardant leurs vaches et leurs moutons, et les bûcherons dans la forêt (car il y en a malheureusement dans ce moment-ci) que toutes les têtes à lavement de vos commissaires-priseurs et autres.... Oui, mon pauvre Berger, on nous abat un morceau de forêt dans la partie intitulée Bas-Bréau. L'administration le veut ; qu'elle soit obéie ! A une certaine distance, on n'entend plus que le retentissement des coups de hache et le patatras de la chute des arbres.... »

C'est de la contemplation journalière et religieuse de la nature par cette âme sérieuse, vaillante, simple et réfléchie que l'œuvre va naître, logiquement pourrait-on dire, page à page, marquée au coin de ce caractère de conviction, de volonté sans défaillance, de sincérité et de nécessité qui consacre toutes les créations de l'esprit humain destinées à durer et qui ajoute un rayon moral à la beauté pittoresque et plastique.

Nous commençons, par bonheur, à nous débarrasser de l'encombrante terminologie qui, pendant trop longtemps, a envenimé les querelles, embrouillé les questions d'art et fait dépenser, de part et d'autre, tant d'inutile éloquence. Les mots de réalisme, de naturalisme, d'idéalisme n'exercent plus sur les esprits leur stérilisant despotisme. On eût plus tôt rendu justice à l'œuvre de Millet, on l'eût mieux comprise et aimée, si on l'eût abordée d'un esprit plus libre et sans les préoccupations d'esthétique militante qui n'ont pas moins égaré souvent ses admirateurs que ses adversaires. — Essayons de définir, comme il l'eût voulu lui-même, le but qu'il s'est proposé.

« Quand Poussin envoie son tableau de la *Manne* à M. de Chantelou, écrivait-il dans une note rédigée pour son ami Sensier, il ne lui dit point : « Voyez la belle pâte, voyez comme c'est crâne, voyez comme c'est troussé ! » ni aucune des choses de ce genre auxquelles tant de peintres paraissent attacher du prix et je ne sais pourquoi. Il dit : « Si vous vous souvenez de la lettre que je vous écrivis touchant le mouvement des figures que je vous promettais d'y faire et que tout ensemble vous considériez le tableau, je crois que facilement vous reconnaîtrez quelles sont celles qui languissent, celles qui ont pitié, celles qui font action de charité... » Il nous avertit par là que la beauté propre de la pratique, l'éloquence persuasive d'un pinceau bien manié n'avaient de prix à ses yeux que dans la mesure où elles servaient à une fin qui leur fût supérieure. Il ajoutait ailleurs : « Rien ne compte que ce qui est fondamental. Quand un tailleur essaie un paletot, il se recule jusqu'à la distance qui lui permet de bien juger la tournure.... Celui qui se contenterait de faire de belles boutonnières sur un paletot mal tourné, n'en aurait pas moins fait une besogne pitoyable. » Ailleurs encore : « Je tâche de faire que les choses n'aient pas l'air d'être amalgamées au hasard et pour l'occasion, mais qu'elles aient entre elles une liaison indispensable et forcée.... Une œuvre doit être tout d'une pièce. Gens et choses

doivent toujours être là pour une fin. Je désire de
mettre pleinement ce qui est nécessaire, mais je professe
la plus grande horreur pour les inutilités si brillantes
quelles soient.... »

Ces pensées, sur lesquelles le maître revenait avec
une infatigable insistance, sont bonnes à recueillir.
Elles n'avaient rien d'un commentaire fait après coup
et pour les besoins de la cause; rapprochées de son
œuvre, elles apparaissent comme l'expression réfléchie
de ce qu'il a voulu faire et, l'on peut ajouter, de ce
qu'il a fait. Comme Poussin, dont il ne faut pas craindre
ici de ramener souvent le nom, Millet compose fortement ses tableaux, c'est-à-dire qu'il en coordonne
toutes les parties sous la discipline d'une idée maîtresse; il veut que chaque détail concoure à un ensemble
prémédité, il sacrifie résolument tout ce qui pourrait
« débaucher » l'attention, nuire à la mise en valeur du
caractère. On peut dire qu'il reste par là dans la pure
tradition classique, au sens où le XVIIe siècle l'entendait. Des *Bergers d'Arcadie* à l'*Angelus*, de la *Terre
promise* ou du *Déluge* aux *Glaneuses* ou à l'*Homme à la
boue*, le choix des sujets, la nuance de la sensibilité, la
palette ont été renouvelés, mais la méthode est au fond
la même ; l'esprit qui a conçu et réglé la mise en scène
du drame a moins changé que le spectacle lui-même.
Seulement il s'est affranchi de la superstition littérale
de l'antique mal compris qui pesa si lourdement sur
l'imagination de Poussin et sur toute notre école académique. Millet ne « mesurera » pas des statues romaines;
il ne dressera pas, entre la nature et ses yeux, le modèle

rigide et dominateur de l'inflexible profil « antique »,
et quand il accrochera dans son atelier les moulages du
Parthénon, il ne leur demandera d'autres conseils sinon
sur une libre, large et vivante interprétation de la
nature, hardiment simplifiée sous la dictée d'une pensée
directrice....

Quelle qu'ait été, d'ailleurs, son intimité avec la
nature, si longues qu'aient été ses muettes contemplations, si ardentes qu'aient pu être ses interrogations
dans leur ininterrompu tête-à-tête, Millet n'a jamais
fait le morceau; il est probable même qu'il n'a presque
jamais travaillé *d'après nature;* il n'a pas voulu lutter
de virtuosité ou de *rendu* avec elle et on a été en droit
de lui reprocher, en dépit de quelques natures mortes
charmantes, d'avoir peint trop souvent la terre et les
étoffes, le fer et le bois, les chairs et les cailloux d'une
même touche un peu monotone et cotonneuse. Il vivait
de la vie même de ses modèles; il était imprégné et
comme saturé de réalité; il en renouvelait sans cesse la
sensation par un commerce assidu; mais, à mesure que
les apparences formelles entraient par ses yeux dans
son cerveau et s'emmagasinaient dans sa mémoire, elles
s'y subordonnaient à des groupes et à un ensemble
préexistant dont sa pensée et la nuance de son émotion
constituaient le mode et l'unité.

Par là, il était idéaliste, non pas à la manière des
néo-classiques formalistes épris de la « beauté suprême »
réduite en formules, mais à la manière de tous les
maîtres qui ont caractérisé plus particulièrement un
des aspects du monde physique ou moral et se sont

emparés de la réalité au profit de leur amour et de leur rêve. Millet pensait, en vrai *classique*, que la dépendance mutuelle, la convenance réciproque de toutes les parties d'une œuvre est un des éléments de la beauté. « Quel est le plus beau d'un arbre droit ou d'un arbre tortu? celui qui est le mieux en situation. » Et il disait encore : « Ce n'est pas tant les choses représentées qui font le beau que le besoin qu'on a de les représenter. Point d'atténuation dans les caractères. Qu'Alcibiade soit Alcibiade et Socrate Socrate. On peut dire que tout est beau pourvu que cela arrive en son temps et en sa place[1]. » Et quand, le cœur plein de compassion pour les pauvres gens péniblement courbés sur la terre qu'ils fouillent et retournent sans cesse, mais aussi plein d'admiration pour la grandeur de la vie rustique et la beauté de la création, il voulait dire ses impressions dans sa langue de peintre, il ne se croyait pas tenu de « redresser les nez » et « d'embellir » les visages de ses paysans; mais il disait, avec quelle émotion persuasive! la splendeur du ciel qui les enveloppe de son aménité; il montrait comment ils participent sans en avoir conscience de la magnificence du spectacle; il grandissait leurs silhouettes, il en faisait les héros, autant que les martyrs, de l'éternel labeur.

Dans chacun de ses tableaux, il semble avoir voulu

1. Nous craignons d'abuser des citations. Mais qu'on relise la belle lettre que Millet écrivait à Sensier le 21 octobre 1854 en revenant de l'exposition de Delacroix. Il disait, en parlant des adversaires (artistes) de Delacroix : « Ces gens-là sentent bien qu'ils n'ont pas produit pour tout de bon, car avoir fait plus ou moins de choses qui ne disent rien, ce n'est point avoir produit. Il n'y a production qu'où il y a expression. »

fixer d'une manière définitive un des caractères essentiels, une des allures habituelles de ces ruraux qu'il aimait et en même temps de la terre qui les porte, à laquelle ils appartiennent comme la machine à l'usine, et dont ils sont comme des morceaux animés. On dirait autant de chants d'un vaste poème; des *Géorgiques* d'après le christianisme, sans invocation à la blonde Cérès, à Palès, déesse des troupeaux, aux nymphes familières, portant au frontispice, au lieu du « *Fortunatos nimium* », la tragique parole biblique : « Tu gagneras ton pain à la sueur de ton front. »

On a trop insisté sur la tristesse habituelle de son inspiration. Certes, comme il l'écrivait en réponse à ses critiques, ce n'est pas « le côté joyeux » qui lui apparaît. « Je ne sais où il est, je ne l'ai jamais vu. Ce que je connais de plus gai, c'est le calme et le silence dont on jouit délicieusement. » Niera-t-on qu'il ait exprimé ce calme et ce silence, et que la sérénité des blondes matinées, la gloire flamboyante des midis, la solennité grave et douce, l'apaisement délicieux des crépuscules ou des nuits aient passé dans son œuvre?

Et la paix des humbles intérieurs, l'intimité des veillées silencieuses, la tendresse maternelle pour les *petiots*, qui donc les a jamais plus profondément senties sans le moindre alliage de sensiblerie béate ou de sentimentalité de romance, avec un cœur plus évangélique et plus viril? Est-ce que *la Veillée*, est-ce que *le Rouet* ne font pas penser aux pages les plus intimes de l'école hollandaise, à je ne sais quel Van der Meer de Delft, plus ému, plus profond et plus fraternel?

Dégager des plus humbles spectacles de la vie la part d'émotion humaine et d'intime beauté qui s'y cache, les aborder non plus avec la préoccupation pédantesque et la vaine curiosité du *document* tel que l'entendirent les manifestes tapageurs et si vite oubliés du naturalisme, mais avec cette sympathie révélatrice qui découvre sûrement, parce qu'elle le désire ou le crée, le sens idéal de toute réalité, rendre sensible en des images claires aux yeux de la foule ce qui, à portée de sa main, est digne d'être aimé : — voilà, en dernière analyse, ce que Millet a appris aux peintres de son temps, prisonniers entre l'académisme stérile et le réalisme brutal.

Depuis le triomphe de l'École académique, l'art avait cessé d'être populaire au sens large et fécond du mot ; il avait perdu presque tout contact avec le grand public anonyme, collaborateur essentiel et inspirateur inconscient des chefs-d'œuvre où le génie des races se manifeste et se reconnaît ; il était devenu affaire d'initiés, de coteries, de mandarins savants.... Aucun malheur plus grand ne pouvait lui arriver. Dans l'air raréfié des cénacles et des ateliers, avec le triomphe sans frein de l'individualisme, les fantaisies morbides se multiplient comme dans un bouillon de culture ; l'esthétique des décadents n'est au fond que de l'académisme exaspéré et corrompu. La recherche du *style*, le formalisme triomphant, le dédain du « vulgaire », le culte d'un idéal de convention ayant abouti à la pire fadeur, on se jette, pour en sortir, en des raffinements encore plus artificiels et bien vite malsains.

Quand on en est là, il n'y a plus de chances de salut que dans une invasion de « barbares ». C'est à ces *barbares*, c'est aux grands artistes spontanés et instinctifs, qui furent combattus comme les pires ennemis du Beau et comme des « sauvages », par tous les jurys officiels, que nous devons le renouvellement de notre art moderne. Grâce à eux, un travail d'affranchissement intérieur s'est fait en nous ; nous osons avouer que la *Famille du menuisier* nous émeut tout autrement que *la Sainte Famille* de François Ier ; nous confessons, avec le « barbare » Jean-François Millet, que « ce n'est pas tant les choses représentées qui font le beau que le besoin qu'on a de les représenter », et tout cela est de grande conséquence.

De cette disposition d'esprit, la peinture de mœurs et de caractères, si longtemps reléguée par les esthéticiens dans les catégories inférieures du genre, devait largement profiter. Pendant longtemps chez nous, comme à « l'homme né chrétien et Français » de La Bruyère, les « grands sujets » lui furent défendus ; elle fut obligée « de se détourner sur les petits objets », « contrainte à la satire », réduite à chercher l'intérêt dans l'anecdote, les sous-entendus plus ou moins spirituels ou égrillards, les romances sentimentales, les scènes de vaudeville et les jolis déguisements.

A mesure que ce « genre »-là et cet *esprit*, dont Stendhal a si bien dit qu'il est un sûr préservatif contre le sentiment des arts, tendent à disparaître, la peinture de mœurs ou de caractères élargit de plus en plus son horizon ; elle entre en contact de plus en plus intime

avec la vie. Si nous sommes capables d' « entrer affec-
tueusement », comme voulait Fromentin, « dans la
manière d'être » de ceux qui n'ont pas d'histoire et qui
participent aussi, sans le savoir, du mystère et de la
majesté de la vie universelle, si nous saisissons et ren-
dons sensibles les rapports délicats et les lois éternelles
qui relient chaque existence au milieu qui la façonne et
la modèle, si nous les évoquons, non pas en des actions
transitoires et exceptionnelles, mais dans leur plus
intime habitude, nous rentrerons dans la grande esthétique ; avec les plus « pauvres » sujets nous ferons de
grandes œuvres et nous serons fidèles aux plus précieux
enseignements de Millet.

Il fallait insister d'abord sur les côtés de l'art qui,
aux yeux de Millet, étaient de plus grande importance ;
mais après avoir dit ce que sa pensée et son cœur com-
mandaient à sa main, il reste à dire comment sa main a
obéi et comment, à la suivre dans son action et ses
allures habituelles, elle a trahi ou servi l'inspiration du
maître. On se rappelle l'inquiète interrogation posée
par Fromentin dans une page célèbre. « Sa forme, sa
langue, je veux dire cette enveloppe extérieure sans
laquelle les œuvres de l'esprit ne sont, ni ne vivent, a-
t-elle les qualités qu'il faudrait pour le consacrer un beau
peintre et le bien assurer qu'il vivra longtemps ? C'est
un peintre profond à côté de Paul Potter et de Cuyp ;
c'est un rêveur attachant quand on le compare à Ter-
burg et à Metsu ; il a je ne sais quoi d'incontestablement
noble lorsqu'on songe aux trivialités de Steen, d'Os-
tade ou de Brauwer. Comme homme, il a de quoi les

faire rougir tous ; comme peintre les vaut-il ? » Ecartons
des comparaisons qui ne sauraient être un procédé utile
de critique. Comment décider si un maître en *vaut* un
autre ? Faudra-t-il donner à chacun des notes sur sa
composition, son dessin, sa couleur, puis établir des
moyennes, comme le bon M. de Piles ? Comment dire
de Millet qu'il vaut ou qu'il ne vaut pas Paul Potter ?

S'il fallait absolument chercher, dans l'école hollandaise, un autre terme de comparaison, on penserait,
non pas certes pour la composition de la palette, la
conduite du pinceau ou l'entente de paysage, mais pour
la nuance ordinaire de la rêverie et ce qu'on peut deviner de la qualité du cœur, — on penserait plutôt à
Ruysdaël. Encore serait-ce là un simple *à peu près* parfaitement inutile. Ne comparons donc Millet qu'à Millet
lui-même, c'est-à-dire sa peinture à son idéal.

Accordons de suite qu'il n'est pas un « beau peintre »,
s'il faut entendre l'expression au sens où on l'applique-
rait par exemple à Diaz. Aux heures troublées de son
initiation professionnelle, Millet eut des curiosités et
des ambitions de beau peintre ; elles lui réussirent en
somme assez médiocrement et il n'y révéla aucune apti-
tude. Aussi dut-il y renoncer de plus en plus à mesure
qu'il sut mieux lire en lui-même et prendre conscience
de l'œuvre qu'il avait à accomplir. Sa manière alla dès
lors en se simplifiant et en s'accentuant avec une déci-
sion significative, jusqu'à ne garder que le strict nécessaire, un minimum de ressources, mais fortement appro-
priées.

Son dessin ne s'arrête jamais aux incidents, aux côtés

anecdotiques de la forme ; ce qui l'intéresse, ce sont les silhouettes largement exprimées, les lignes décisives qui caractérisent un mouvement et qui le rythment (car Millet, âme harmonieuse, eut au plus haut degré le sentiment du *rythme*). Qu'on regarde, entre cent autres, l'*Homme traînant la brouette*, les *Voyageurs égarés*, le *Berger chassé par l'orage*, les *Bêcheurs*, le *Semeur*, etc. : est-il possible de marquer d'un trait plus sûr, plus ample et plus sobre une attitude, un geste, une allure, une action? Cette façon de voir grand, simple et *d'ensemble*, chaque coup de crayon chez lui la révèle, et l'on peut dire aussi que les moindres de ses pastels révèlent un œil d'une rare justesse et merveilleusement doué pour saisir la manière d'être des choses dans la lumière enveloppante. Du jour où il eut repris la vie de paysan et s'attaqua à des modèles qui posaient devant lui sans le savoir et qu'il pouvait toujours observer dans leur milieu naturel, il ne les isola jamais de ce milieu. Même sans emprunter le secours des crayons de couleur, rien qu'en ménageant son papier blanc, bleuté ou écru, il sait faire sentir les jeux de la lumière, établir les valeurs. Dans ses admirables pastels — parmi lesquels il faut chercher ses plus incontestables chefs-d'œuvre — ce don tient du prodige, et l'on reste confondu de la puissance et de la justesse de l'effet en même temps que de la simplicité des moyens. Avec quelques hachures rayonnantes largement posées, il exprime les vibrations de l'atmosphère, le flamboiement du ciel au couchant, le frisson de la plaine sous la caresse des rayons. Quelques rehauts de couleur, sur des fonds adroitement ménagés, et dont il a prévu et préparé la collaboration, lui suffisent pour fixer cette « grande harmonie » dont il s'entretenait souvent avec son voisin Théodore Rousseau, après la journée de travail. Sa palette est d'une extrême simplicité ; il n'emploie que les terres les plus ordinaires. Il ne raffine jamais ; il résume et condense ; mais, comme il va tout droit à l'essentiel, ce qu'il dit est définitif.

On rencontre à tout moment chez lui, dans la notation des accessoires, une absence d'*art*, une naïveté et même une gaucherie de main, — main de paysan lente et lourde, quelquefois empêtrée, — dont il est bien aisé de prendre son parti. Nous sommes si fatigués des habiles qui font la leçon à la nature! Mais si l'on examine la construction de ses terrains, le modelé de ses paysages, la sûreté de ses perspectives aériennes, les rapports et les dépendances de toutes les choses entre elles, on ne le prend jamais en faute et l'on reconnaît que nul œil ne fut plus familier aux différentes manières d'être de la nature....

Beaucoup de peintres, brillants, fêtés, vous laissent l'impression qu'ils auraient pu faire autre chose aussi bien que leur œuvre accomplie. En présence de Millet, la pensée ne viendra à personne qu'il eût pu réaliser un idéal différent. C'est une infériorité peut-être aux yeux de quelques juges ; nous pensons, au contraire, que c'est dans cette sorte de *prédestination*, qu'on doit chercher le principe de sa force et le secret de sa grandeur.

COURBET

I. — LA JEUNESSE DE COURBET [1]

L'année où Gustave Courbet vint au monde (10 juin 1819) fut aussi celle où Géricault exposa *le Radeau de la Méduse*. Si le temps lui avait été accordé, s'il avait pu développer toutes les richesses qui étaient en lui : dons magnifiques de peintre, ferveur d'intelligence, noblesse d'âme…, quelle place n'eût-il pas prise en ces années ardentes, si glorieuses pour la peinture française, qui virent l'épanouissement du génie de Delacroix, la formation de l'école d'Ingres (en qui le professeur fut loin d'égaler l'artiste), la splendide éclosion de notre paysage national ! On peut imaginer quelle autorité Géricault eût exercée sur les jeunes hommes de la génération venue après lui, à l'heure où, également lassés des grands gestes passionnés, des décors moyenâgeux, de la « noblesse » classique et des monotones colonnades des tragédies académiques ils décidèrent de « remiser » impartialement dans le magasin des friperies

1. *Journal des Débats*, 27 juillet 1919.

A. MICHEL. — Peinture française XIXᵉ s.   12 délaissées les toges et les pourpoints, les glaives et les hallebardes, les peplums et les manteaux « couleur de muraille ». Mais Géricault mourut stoïquement, cinq ans après, en pleine jeunesse, des suites d'un stupide accident de cheval, et quand éclata la crise du « Réalisme », Gustave Courbet se trouva seul au premier rang.

Si les contes de fées devaient encore avoir crédit, il faudrait évoquer à son berceau le concours ou le conflit de celles qui apportaient à l'enfant nouveau-né les dons les plus désirables et de celles qui lui imposaient les plus funestes présents. « Tu seras, lui dit l'une, un peintre si magnifiquement doué que tu n'auras rien à envier aux plus illustres de ton art. » Mais l'autre ajouta : « Tu auras la vanité la plus puérile, l'esprit le plus trivial et le plus borné ; tu t'ébroueras dans la philosophie à la mode comme un ânon dans une mare, et tes meilleurs amis, tes admirateurs même pourront dire de toi, comme Max Buchon : « Il a la fièvre des admirations banales et l'amour de la canaille », ou comme Proudhon, qui consacrera tout un livre à ta gloire, qui commentera ton œuvre comme une vertu de révélation, Proudhon à qui tu te vanteras d'avoir inspiré son esthétique, d'avoir indiqué la voie : « Il se croit un homme universel ; il faut en rabattre : il n'est que peintre ; il ne sait ni parler, ni écrire. Ce qu'il a débité lui-même est dépourvu de bon sens. »

Tout compte fait, il laissa une œuvre dont les peintres et les amoureux de la peinture ne se lasseront pas d'admirer la robustesse, la plénitude et la saveur ; il fut un

praticien prestigieux, et la postérité, pour qui sa littérature et sa « philosophie » ont déjà cessé d'exister, lui
réservera sa place, au premier rang, dans l'histoire des
peintres français.

Son biographe et compatriote, le regretté Georges
Riat, avec un soin scrupuleux de bon chartiste, a réuni
sur sa vie, et notamment sur sa jeunesse, les documents
les plus précis et les plus utiles. Il naît à Ornans, chef-
lieu de canton du Doubs, d'une famille de propriétaires
ruraux, très attachés à leur « vigneronnage », qui leur
rapportait, bon an mal an, plus de quinze muids de bon
vin. Le père, Regis Courbet, dont il a laissé un vivant
portrait, beau parleur, « parleur sempiternel », écrivait
Max Buchon à Champfleury, très amoureux de la
nature, grand raisonneur et inventeur de perfectionne-
ments agronomiques, entre autres d'une herse nouvelle
— qui se trouva, à l'usage, incomparable pour détruire
les moissons — avait été, par ses compatriotes, surnommé le *cudot*, ce qui, en patois franc-comtois, signifie :
radoteur et esprit chimérique. Et, pour les amateurs
d'hérédité, le trait est à retenir. La mère, dont la vieillesse fut assombrie par les folies politiques de son fils,
dont elle ne voulut voir que les conséquences pour lui
désastreuses, et qui mourut en murmurant : « Mon fils
est malheureux, mon fils est malheureux ! », avait laissé
dans le souvenir des gens du pays l'image d'une digne
et excellente femme, pleine de sens, la meilleure tête et
le meilleur cœur de la famille, parente, d'ailleurs, de

jurisconsultes réputés, dont l'un, Oudot, fut professeur à la Faculté de Droit de Paris. Ce n'était donc pas, comme on l'a trop dit, des « paysans », mais des bourgeois authentiques, bons propriétaires terriens.

La maison où il naquit, et qui existe encore, est construite au bord de la Loue, cette rivière illustrée par lui, dont il suivit ou remonta si souvent le cours, et qui, de sa source à son confluent, lui fournit les motifs de quelques-uns de ses plus beaux paysages. S'il a aimé d'amour quelque chose au monde, c'est ce coin de nature et de terre natale. Ses carnets d'écolier sont remplis de dessins, étonnants de fermeté et de vérité, où les robustes massifs de la roche d'Ornans et les silhouettes de la petite bourgade, reflétée aux eaux paisibles de la Loue, reviennent sans cesse et toujours plus persuasifs. Il n'y retourna jamais sans y puiser des forces nouvelles ; il ne se lassa jamais de la peindre ; quand il en parlait, c'était avec une sincérité d'accent, une abondance de cœur, une justesse d'expression (si rare partout ailleurs chez lui), dont témoignent, outre beaucoup d'autres, les lettres adressées à Alfred Bruyas, à propos d'un paysage donné par celui-ci, avec son admirable collection, au beau musée de Montpellier, au cher musée où je reçus, en mes jeunes années, mes inoubliables premières leçons d'art.

Ce fut là le fond solide et inexpugnable sur lequel s'appuya son génie ; l'influence toujours présente et bienfaisante qui, dès qu'il ouvrit les yeux à la nature, modela jour à jour l'âme du futur peintre. Plus tard, quand l'orageuse renommée lui fut venue, comme un débutant, en quête de directions, se plaignait devant lui de l'embarras où il était de trouver des sujets : « Vous n'avez donc pas de pays ? » s'écria Courbet. Et ce cri du cœur résumait le meilleur de son esthétique.

Ses parents essayèrent tour à tour de faire de lui un polytechnicien ou un avocat. Mais la vocation qui le réclamait était trop impérieuse. Ni les bons prêtres du petit séminaire d'Ornans, où l'abbé Gousset, futur cardinal-archevêque de Reims, fut un des professeurs de l'écolier récalcitrant et essaya en vain de le « faire mordre » au latin, ni les maîtres du collège royal de Besançon ne parvinrent à lui donner le goût des études classiques. Le dessin, en revanche, l'absorbait tout entier et il parlait avec reconnaissance d'un certain « Père Beau «, dont la méthode d'enseignement paraît avoir été fort intelligente et qui conduisait sa classe en rase campagne, jusqu'à la source de la Loue, pour y dessiner d'après nature.

De ses années de collège, il n'avait retenu qu'une phrase de M. de Bonald, que le professeur de rhétorique avait proposée à ses élèves comme thème de dissertation française : « Un homme ne peut comprendre et produire d'art que celui qui interprète sa propre nature ; l'art, en tant qu'expression du sentiment de la société, doit par conséquent se transformer aussi souvent que la société elle-même. » Cette pensée, dont je voudrais bien connaître le contexte et dont la rédaction n'est d'ailleurs pas d'une qualité très recommandable, avait beaucoup frappé le futur « fondateur » du Réalisme. Il serait bien amusant de relire aujourd'hui la

composition qu'elle lui inspira. Si l'on en juge par ses
« manifestes » de 1849 et 1855, ce devait être un assez
joli modèle de galimatias.

L'internat, les pensums qui pleuvaient sur lui dru
comme grêle par « vingt pages à copier », la nostalgie
de ses promenades au grand air exaspérèrent si bien le
collégien que, sur ses menaces réitérées de « rupture des
bancs », ses parents l'autorisèrent à s'établir à Besançon
comme étudiant libre, et c'est dans la maison où naquit
Victor Hugo, l'année même de la première de *Ruy Blas*,
qu'ils lui louèrent une chambre.... Un peintre, justement,
l'habitait déjà ! Les professeurs de mathématiques et de
belles-lettres eurent décidément tort, — et voilà Courbet, apprenti lithographe, qui illustre les *Essais poétiques*
de son ami Max Buchon, dont Buloz devait, bientôt
après, accueillir, à la *Revue des Deux-Mondes*, les contes
franc-comtois.

Un peintre du pays, « sectateur de David », Fla-
geoulot, survint à point pour compléter l'éducation du
néophyte. Comme il s'était décerné le titre de « Roi du
dessin », il sacra son disciple, après quelques leçons :
« Roi de la couleur » et lui ouvrit son atelier. Les Orna-
nais, justement fiers de leur compatriote, devraient bien
faire de la maison natale de Courbet un musée où
seraient déposés tous les albums, études d'après le modèle vivant, paysages et portraits qu'il accumula pendant ses années d'apprentissage. Il conviendrait d'y
grouper aussi les copies que, de bonne heure, il résolut
de faire, d'après des maîtres fort inégaux, pour s'entraîner à la peinture et apprendre son métier. On ne

s'étonne pas d'y voir mentionnés des chevaux et têtes de chevaux d'après Géricault, des études d'après la *Medée* de Delacroix et son *Dante et Virgile*, ni des copies de tableaux de Rembrandt (nous en avons vu, tout récemment, passer une, fort belle, à la vente de la collection de sa sœur Juliette où le Louvre a acquis *la Source*), de Franz Hals et de Velasquez.... (Un étonnant tableau, qui a passé à la même vente : les *Apprêts du mariage*, est tout rempli de l'influence du maître espagnol, mais avec quelle virtuosité toute personnelle !) Il est plus imprévu d'y rencontrer des copies de la *Saint-Barthélémy* de Robert Fleury et d'une peinture de Hesse. Il est vrai que celui-ci se montra plein de bienveillance pour le débutant et l'avait même autorisé, pour faciliter son accès au Salon, où il fallait se réclamer d'un patron renommé, à se dire son élève, quoiqu'il ne lui eût jamais donné la moindre leçon.... J'ai entendu conter au père Français que, mis, lui aussi, en demeure de désigner son professeur, il n'avait rien trouvé de mieux que : Français, élève de... Bougival !

Durant cette période, et non sans quelque intention ironique, Courbet ajoutait à ses propres études, portraits ou paysages, la mention « style des Vénitiens », « style des Flamands », « style des Florentins ». Mais, pour entrer dans l'esprit et la manière des Florentins, quelque chose, un « je ne sais quoi » d'essentiel, lui fit toujours défaut.

C'est à Paris, où il arriva vers 1841 et où il s'installa, après avoir erré entre Saint-Germain-des-Prés et Notre-Dame, au 89 de la rue de la Harpe, qu'il exécuta les principales de ces copies. Il fut, dès les premiers jours, un assidu visiteur du Louvre. Théophile Sylvestre a écrit, dans l'étude si vivante qu'il lui a consacrée, qu'il l'avait entendu traiter Titien et Léonard de Vinci de *filous* Mon Dieu! c'est bien possible, encore qu'il soit bien difficile de comprendre ce qu'il voulait dire par là. Mais avec Courbet, on n'en est pas à une sottise près. Quant à Raphaël, quelques portraits assez « intéressants » exceptés — le *Castiglione*, tout de même, ne l'avait pas laissé indifférent! — il n'y trouvait « aucune poussée » et il l'abandonnait à l'adoration des « prétendus idéalistes ». Les Vénitiens, du moins, trouvaient grâce devant lui. Véronèse était un « homme fort et d'aplomb », mais Rembrandt, Ribera, Holbein et Velasquez le prirent tout entier.

Entre temps, il se montrait assidu chez Suisse, où il travaillait d'après le modèle vivant, et il peignait à grand acharnement des tableaux de son cru, dont plusieurs ont disparu, soit par accident, soit sous d'autres peintures, comme *l'Homme délivré de l'amour par la mort*, où l'on voyait une jeune femme expirante que Courbet lui-même essayait vainement d'arracher à la « Camarde », et sur laquelle il fit plus tard une *Odalisque* inspirée par la romance de Victor Hugo :

Si je n'étais captive,

une *Lélia* d'après George Sand, une *Nuit du Walpurgis*. C'est la crise romantique du futur pourfendeur de toutes les « romances ». Mais, dès lors, des paysages, tant de sa chère Franche-Comté que de la forêt de Fontainebleau, des portraits fort beaux de ses sœurs Juliette et Zoé, et surtout des portraits d'après lui-même, modèle complaisant et toujours prêt, prouvent qu'il a trouvé sa voie et qu'un grand peintre est en train de naître chez le rapin vagabond et d'ailleurs acharné au travail.

De ces portraits *da medesimo*, la collection est vraiment magnifique : les musées de Montpellier, de Lille, le Louvre, et aussi les collections américaines, possèdent les plus beaux : l'*Homme à la pipe*, l'*Homme blessé*, l'*Homme à la ceinture de cuir*, les *Amants dans la campagne, Courbet au chien noir, Courbet au bonnet de coton ;* lui, toujours lui, si beau garçon d'ailleurs, avec son œil d'antilope, sa grande barbe noire et son profil assyrien, dont il se complaisait à détailler lui-même tout le charme. Théophile Sylvestre a dit, à ce propos, que l'âme de Narcisse, au cours de ses migrations et métempsycoses, s'était arrêtée en Gustave Courbet — et sa vanité justifie sans doute toutes les hypothèses. Mais n'oublions pas Rembrandt et l'acharnement qu'il mit lui aussi à se peindre sous tous les aspects, expressions et costumes. Un peintre, à court d'argent et avide de peindre, trouve dans son miroir le modèle le plus complaisant et du meilleur marché.

II. — « L'ATELIER » DE COURBET[1]

Le *Sacre* de David fut peint, nous avons essayé de le
montrer, malgré et même contre les théories de son
auteur. L'*Atelier*, au contraire, fut fait à l'appui et pour
l'illustration des doctrines que Gustave Courbet soute-
nait bruyamment. Quelles étaient ces théories et dans
quelle mesure l'œuvre en bénéficia-t-elle ou bien eut-
elle à en pâtir?

Courbet lui-même s'est abondamment expliqué sur
ses intentions et, si jamais tableau fut, je ne dis pas
« pensé » et médité, car la méditation de Courbet
n'alla jamais bien loin, mais *voulu*, c'est assurément
celui-là. Dans la fameuse lettre à Champfleury, qui pré-
céda, comme dans le manifeste qui accompagna l'exposition particulière de 1855, où parut pour la première fois
*l'allégorie réelle déterminant une phase de sept années de
ma vie artistique* (1848-1855), Courbet se chargea
d'avertir les critiques et de « styler » l'histoire elle-
même. « Malgré que je tourne à l'hypocondrie, écrivait-il à son ami, me voilà lancé dans un immense
tableau — 20 pieds de long, 12 de haut — plus grand
peut-être que l'*Enterrement*, ce qui fera voir que je ne
suis pas encore mort, ni le réalisme non plus, puisque
réalisme il y a. C'est l'histoire physique et morale de

1. *Journal des Débats,* janvier 1920.

mon atelier; ce sont les gens qui me servent, me sou-
tiennent dans mon idée et participent à mon action. Ce
sont les gens qui vivent de la vie, qui vivent de la mort.
(Ceci sans doute à cause de la présence d'un employé
des pompes funèbres); c'est la société dans son haut
et dans son bas, dans son milieu. En un mot c'est ma
manière de voir la société dans ses intérêts et dans ses
passions.... » Suit une longue et minutieuse description
de tous les personnages, épisodes et accessoires de
cette immense toile; après quoi, *in fine*: « Je vous ai fort
mal expliqué tout cela (il se rend justice!), je m'y suis
pris au rebours; mais c'est trop long à recommencer...,
vous comprendrez comme vous pourrez! Les gens qui
veulent juger auront de l'ouvrage.... »

En réalité, le décousu de sa description n'est qu'un
effet du décousu du tableau lui-même, d'où toute composition est absente; qu'il l'eût commencée par la droite
au lieu de la prendre par l'extrême gauche, le corres-
pondant de Courbet n'aurait pas mieux compris cet
alignement de figures juxtaposées plus qu'associées et
que la « peinture » seule relie les unes aux autres.... Les
« théories » de Courbet portèrent en effet beaucoup
moins sur la technique de son art que sur ce qu'il appelait sa « philosophie ». Il ne prétend pas du tout, comme
les impressionnistes hier, ou comme les cubistes aujour-
d'hui, renouveler l'art de peindre par une transforma-
tion radicale de ses procédés traditionnels; les novateurs lui ont assez reproché certes de faire de la « peinture de Musée »! A quoi il répondait : « J'ai traversé
la tradition à la nage », et il était sorti plus fort de ce

bain réconfortant ! Mais il avait des visées plus ambitieuses, des prétentions à la « pensée » et il les formulait lui-même dans une séance au Congrès tenu à Anvers, à propos d'une exposition où son *Combat de cerfs* avait, à bon droit, excité l'admiration générale, suscité dans les ateliers une émotion profonde et provoqué un mouvement d'opinion dont le retentissement fut grand en Belgique et en Europe. La *Tondeuse de moutons*, de J.-F. Millet, fut à peine plus admirée.

On voulut entendre Courbet lui-même expliquer sa doctrine, et voici comment il s'exprima dans son charabia : « Le fond du réalisme, c'est la négation de l'idéal, à laquelle j'ai été amené depuis quinze ans par mes études et qu'aucun artiste n'avait jamais jusqu'à ce jour osé affirmer catégoriquement.... Mon *Enterrement à Ornans* a été en réalité l'enterrement du romantisme.... Aujourd'hui, d'après la dernière expression de la philosophie, on est obligé de raisonner même dans l'art et de ne jamais laisser vaincre la logique par le sentiment.... Mon expression d'art est la dernière, parce qu'elle est la seule qui ait jusqu'à présent combiné tous ces éléments. En concluant à la négation de l'idéal et de tout ce qui s'ensuit, j'arrive en plein à l'émancipation de l'individu et finalement à la démocratie. Le réalisme est par essence l'art démocratique.... » Hélas ! si quelque « réactionnaire » voulait jamais prétendre qu'une certaine démocratie a pour terme inéluctable l'abêtissement final, quels arguments il trouverait dans ce galimatias ! Tout ce qui choque dans son *Atelier* vient de là ; mais tout ce qu'on y

admire n'a absolument rien à faire avec cette « philosophie ».

En revoyant ce tableau dans la galerie du faubourg
Saint-Honoré où il vient d'être exposé — et en feuille-
tant de très anciennes notes — j'ai retrouvé le souvenir d'une rencontre avec Munckacsy, au foyer du
théâtre de la Gaîté, devant cette même toile. Le peintre
hongrois professait pour Courbet une admiration
farouche et très combative ; il déclarait lui devoir beaucoup, depuis le jour où, en 1867, il avait pu pour la
première fois étudier quelques-unes de ses œuvres,
surtout depuis l'exposition de 1869, à Munich, où la
« Salle Courbet » avait excité dans toute l'Allemagne,
des discussions, des critiques et des enthousiasmes
également passionnés. Pour les partisans de Piloty, ce
n'étaient là que lourdes machines sans goût, « *plumpe
Machwerke* », bien dignes de ces *Crassrealisten*, qui
tuaient l'idéal et abaissaient l'art. Pour les autres,
pour Leibl et Munckacsy lui-même, c'était la révélation de la vraie peinture et, avec des gestes appropriés
de ses doigts nerveux et de ses mains étonnamment
expressives, il m'expliquait comment, dans le dessin
de la forme, dans le maniement du pinceau, dans la
manière de poser le ton, dans l'emploi du couteau à
palette qui l'étalait sur la toile, Courbet avait, autant
qu'aucun grand peintre du passé, autant que Velásquez
lui-même, et sans les plagier, révélé le secret de l'*unité
de ton*. C'est un mot, de signification un peu vague, qui
revenait souvent sur les lèvres de Munckacsy et par
quoi il entendait l'homogénéité de la facture et la

construction du tableau par larges touches amalgamées dans une riche matière plastique.

Il admirait tout dans cet immense *Atelier*; il y voyait l'enseignement le plus complet, le plus décisif du maître : la distribution de la lumière, principe de l'unité et de la « vraie composition » dans la dispersion, l'alignement peu cohérent des figures, le parti tiré de la pénombre où s'enchaînaient autour du motif central « les anneaux de la chaîne des tons ». Je me suis demandé depuis si Munckacsy, en commentant avec cette abondance d'enthousiasme la technique de ce tableau, n'y cherchait pas sans s'en douter la justification de quelques-uns de ses défauts. De son admiration sans nuance, il faut rapprocher le jugement d'Eugène Delacroix. Le 3 août 1855, il alla visiter la grande « baraque » construite pour l'exposition privée de Courbet et il notait au retour, sur un de ses carnets : « J'y reste, seul, pendant près d'une heure, et j'y découvre un chef-d'œuvre dans un tableau refusé (l'*Atelier*); je ne pouvais m'arracher à cette vue. Il y a des progrès énormes, et cependant cela m'a fait admirer (aussi) son *Enterrement*. Dans celui-ci, les personnages sont les uns sur les autres ; la composition n'est pas bien entendue.... » Mais, ajoute Delacroix, dans l'*Atelier* « il y a de l'air, des parties d'une exécution...; les hanches, la cuisse du modèle nu et sa gorge ; la femme de devant qui a un châle. *La seule faute est que le tableau qu'il est en train de peindre fait amphibologie; il a l'air d'un vrai ciel au milieu du tableau....* On a refusé là l'un des ouvrages les plus singuliers de ce temps ; mais ce n'est pas un gaillard à se décourager. »

Voilà à mon gré ce qu'on a jamais dit de plus juste sur cette œuvre désormais fameuse, et voilà en deux mots pourquoi nous souhaitons tant de la voir entrer au Louvre, comme un document de première importance pour l'histoire — la passionnante histoire — de la peinture française au XIXᵉ siècle.

La « philosophie » de Courbet! On pourra sans grand dommage la négliger dans l'histoire de la pensée française; mais la peinture de ce prodigieux ouvrier, considérée en soi et dans son influence, chez nous d'abord, et en Europe, il faudra bien la remettre au premier plan, et cet *Atelier* avec tous ses défauts (mais que signifie ce pauvre mot de professeur corrigeant un devoir d'élève à propos d'une œuvre à jamais vivante malgré tout?) témoignera devant la postérité d'un certain « moment », et d'un certain « milieu », et d'une certaine technique. Regardons-le une dernière fois.

Au centre, — dans l'atmosphère de la vaste pièce comme embrumée d'un poudroiement d'effluves mordorées, dans la lumière diffuse qui arrive, par la droite, d'une large baie vitrée d'un verre dépoli et aussi d'en haut par une verrière invisible, mais dont il faut restituer l'existence pour expliquer l'éclairage des figures du premier plan, — éclate sur son chevalet le magnifique paysage où Courbet « avec son profil assyrien » est en train de poser avec un visible contentement quelques dernières touches.... C'est sans doute pour ménager la transition entre ce paysage et le vrai tableau qu'il troue d'une note trop vive (comme pour répondre à l'objection si juste de Delacroix, que, du même coup, d'ailleurs il justifiait), que Courbet posa sur le bord supérieur cette draperie d'un ton neutre qui vient mordre sur le ciel.... Serré dans son veston au col rayé, ses cuisses robustes moulées dans une culotte à raies horizontales, il est assis devant son chevalet, fort absorbé dans sa peinture, et l'on pourrait s'amuser à faire un petit mémoire sur la composition de sa palette et la façon dont il tient son pinceau. Un amour de chat blanc joue à ses pieds — quel « morceau » ! — un petit paysan ébaubi le regarde peindre ; derrière lui, debout, toute nue, une femme regarde aussi par dessus son épaule.... Elle appartient à la famille des baigneuses robustes et charnues qu'il aimait à peindre, mais ici la forme s'allège, s'élance et se transfigure dans la splendeur d'une coulée de vie et de lumière que prolongent jusqu'au sol, dans un remous vermeil, les vêtements écroulés du modèle qui tient encore entre ses seins un bout de draperie. On n'a jamais rien peint de plus beau, et toutes les philosophies, toutes les théories du monde disparaissent là devant, comme parfaitement négligeables, pour peu qu'on aime la « peinture ».

A droite et à gauche se déroule la théorie des témoins, compagnons ou symboles de la vie, des « idées » du maître.... C'est d'abord, dans le groupe du fond à droite, mis en relief par un rayon complaisant qui vient, un peu arbitrairement, se poser sur son visage, le premier des amis de Courbet, son admirateur, son mécène, Alfred Bruyas, qui a légué au musée de Montpellier, sa ville natale, une incomparable galerie.... Mes souve-

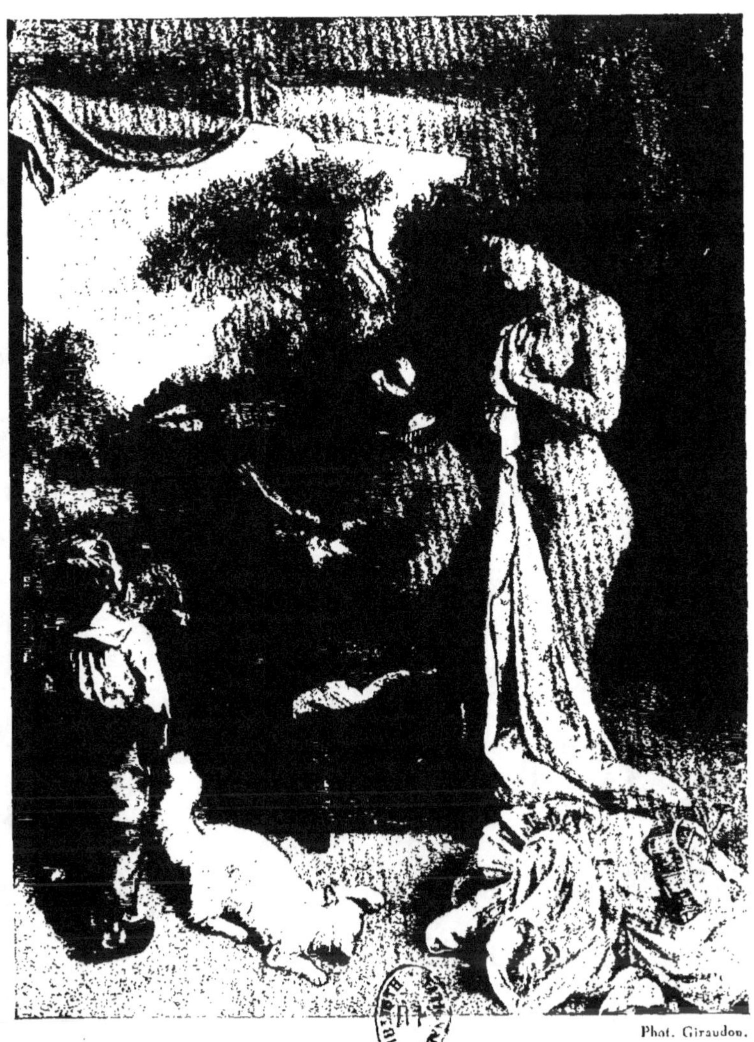

Courbet : L'Atelier du Peintre. Partie centrale.

(Musée du Louvre)

Pl. V. *Peinture française au XIXᵉ siècle.*

nirs d'enfance sont hantés par ce pâle visage au poil
roux. Quand nous étions potaches au lycée de Montpellier, nous entendions parler, au foyer familial, du
père Bruyas, le père d'Alfred, populaire par son originalité, son parler savoureusement incorrect, et d'Alfred
lui-même, dont les bourgeois montpelliérains traitaient
volontiers les goûts de manies. Il allait souvent à Paris,
« visiter les artistes », il les attirait à Montpellier. —
J'ai vu, tout enfant, sur l'Esplanade, Courbet se promener à ses côtés! et lui-même, avant de le voir en
peinture, portraituré par tous les peintres de son temps
et d'abord par Delacroix, dans un de ses plus émou-
vants chefs-d'œuvre.... Que de fois nous le regar-
dâmes passer dans les rues caillouteuses de la vieille
ville, comme les enfants de Ravenne, je suppose,
regardaient passer Dante qui revenait des mondes
merveilleux!

LES

IMPRESSIONNISTES

I. — LES DÉBUTS DE CLAUDE MONET[1]

Gustave Geffroy a pu remettre ce livre[2] à son grand ami Claude Monet comme le plus enviable cadeau d'anniversaire, au matin du 14 novembre dernier. Le maître est entré ce jour-là dans sa quatre-vingt-troisième année.... Une photographie prise pour la circonstance nous le montre en plein travail, en pleine robustesse, debout, solidement campé, avec, jusque dans l'immobilité, je ne sais quoi d'allant et d'alerte. Il tient à la main sa palette et son pinceau; mais il s'est un moment arrêté de peindre et son regard mi-clos sous les sourcils froncés se promène sur une longue frise décorative déroulée au ras du sol, autour de l'atelier.... Cet atelier, c'est celui dont Stéphane Mallarmé consigna l'adresse,

---

1. *Journal des Débats*, 5 décembre 1922.
2. *Claude Monet, sa vie, son temps, son œuvre*, par Gustave Geffroy de l'Académie Goncourt. (Paris, édition Crès, 1922, gr. in-8.)

pour la postérité, sur une enveloppe de lettre pieusement copiée par Geffroy :

> Monsieur Monet que l'hiver ni
> l'été sa vision ne leurre,
> habite en peignant Giverny,
> Sis auprès de Vernon, dans l'Eure...,

et Giverny, — si l'on en croit les descriptions de Geffroy,
qui en parle en poète et en philosophe, c'est tout simplement un coin de paradis, ou plutôt un coin de nature,
aménagé pour la plus féconde délectation et selon les plus
intimes prédilections ou besoins d'un grand peintre. Des
équipes de jardiniers d'élite y entretiennent, au gré des
saisons et des jours, les fleurs les plus belles et les plus
rares à côté des plus *ordinaires* (si une fleur pouvait être
« ordinaire »!); des serres abritent celles dont le climat
trop vif risquerait de blesser la fragile beauté.... Après
le jardin de terre, le jardin d'eau.... Une rivière — et
quelle rivière ! — l'Epte, si française, intelligente et fine
qui, sous les ciels fraternels, fluides et changeants, a vu
passer tant de jours et d'histoire, a été « détournée »,
et, avec la permission de son moderne tuteur, le conseil
municipal, s'est prêtée de bonne grâce à ce « détour-
nement » pour créer, parmi les saules, les bambous et
les massifs de rhododendrons qui bordent les sentiers,
des bassins semés de nymphéas.... Et un pont — qui s'est
tout naturellement trouvé japonais! — a été jeté sur
ces eaux transparentes et fleuries pour servir de pro-
menoir, on voudrait pouvoir dire de *rêvoir*, au maître
et ordonnateur de ces lieux enchantés, après ses tête-

à-tête avec les rochers, l'océan et les grands horizons.

* *
*

L'hommage de ce livre a dû être singulièrement doux
au cœur du vieux peintre, car il lui vient du plus compréhensif, du plus éloquent, du plus tendre de ses admirateurs et de ses amis. Il a pu y vivre toute sa vie
féconde.... A feuilleter les pages de ce journal, dont il a
en grande partie fourni lui-même la documentation, il
a vu surgir du passé les figures amies, au milieu des-
quelles se détache, élégante, mélancolique et gravement
souriante, la haute et fine silhouette de Frédéric Bazille.... Comment ne m'y arrêterais-je pas au passage !...
Il fut, au temps de mon enfance et de ma première adolescence, un grand aîné, très admiré et envié.... Il nous
avait laissés, — pour être peintre à Paris ! — sur les
bancs du lycée de Montpellier où Paul Decharme, retour d'Athènes, que je devais retrouver plus tard en
Sorbonne, nous enseignait, ou essayait de nous enseigner, un peu de grec et ne nous dissimulait pas assez le
profond mépris que nous lui inspirions.... Alfred Bruyas,
l'ami des peintres, que nous avions vu avec émerveillement passer sur l'Esplanade en compagnie de Courbet
lui-même, au moment où celui-ci peignait *la Rencontre
sur la plage de Palavas*, lui prédisait un bel avenir....
Nos pères se tutoyaient.... Je revois, comme si s'était
hier, le sombre jour, ou plutôt la soirée de novembre 70,
où arriva la nouvelle de sa mort au combat victorieux
de Beaune-la-Rolande, la consternation générale, le dé-

filé des amis chez ses parents..., la haute et fière stature
de son père, moins long que lui pourtant, la beauté paisiblement épanouie et souriante de sa mère qui, aux
jours de fête, nous régalait d'un merveilleux café au
lait dont j'ai encore le goût sur les lèvres.... *Tempi pas-
sati* ! S'il avait vécu, il m'aurait certainement fait faire
un jour ou l'autre la connaissance de Claude Monet...,
et qui sait ? introduit chez les « impressionnistes », dans
les rangs desquels il eût occupé une belle place, si les
destins cruels l'avaient permis.

Parmi ces « impressionnistes », dont Geffroy restera
l'exégète et l'historien attitré, Claude Monet restera,
lui, dans l'histoire, la figure la plus « représentative »,
la plus originale et la plus haute.... C'est avec son œuvre
qu'on définira leur idéal et qu'on établira le bilan de ce
qu'ils apportèrent à la peinture française....

Il est né à Paris, le même jour que Rodin (14 novembre 1840), rue Laffitte, et ce n'est pas là assurément
qu'il eût pu prendre, sinon par nostalgie, l'amour des
grands ciels mouvants et des libres horizons glorieux
(encore qu'on y entrevoie de beaux couchants); mais sa
bonne fée le fit grandir au Havre et le mit sur le chemin
d'Eugène Boudin. La *vocation* aidant et l'influence secrète, tout s'explique dès lors. C'est là qu'il découvrit
la mer qui devait faire à jamais, comme disait La Fontaine de l'innocente clarté du jour, « le charme de sa
vie ». Geffroy cite un mot de lui, singulièrement révéla-

teur et émouvant : « Je voudrais être toujours devant ou dessus, et, quand je mourrai, être enterré dans une bouée. » Voilà ce que seul peut dire et trouver un cœur vraiment épris ! Ce n'est pourtant pas la mer qui fut son premier modèle mais la rue, héréditaire souvenir sans doute du quartier Laffitte ! Il y croquait, à la rencontre, des « types », ou faisait des caricatures qu'il « plaçait », vaille que vaille, et vendait chez un encadreur papetier de la rue de Paris, et c'est là qu'il fit la connaissance de Boudin.

Eugène Boudin n'est certes pas un méconnu ; je crois pourtant que sa grande et touchante modestie a trop été prise au mot et que l'histoire lui réserve dans le paysage contemporain une place plus en évidence que celle que nous lui avons faite jusqu'à présent. C'est lui qui révéla la *peinture,* sinon la mer, à Claude Monet ; c'est en le regardant peindre que celui-ci eut l'émerveillement de voir apparaître et se fixer sur un rectangle de toile « les arbres et leur frissonnement, et le vent lui-même, avec sa clameur, lorsqu'il arrive au bord des falaises ou prend son vol sur la mer ! »

Quand il débarqua à Paris, vers 1856, — à quinze ou seize ans — il resta par correspondance en relation régulière avec son ami havrais. M. Gustave Cahen, dans son étude sur *Boudin,* a déjà publié quelques-unes de ces lettres : Gustave Geffroy, à qui Monet a confié tous ses « papiers », en cite d'autres, et l'on aime à suivre, dans ces épanchements juvéniles, la formation d'un esprit et d'un jugement d'une maturité précoce.

La première exposition qu'il voit en arrivant est une

réunion de tableaux de « l'École de 1830 » ; il y admire dix-huit Delacroix « qui sont splendides », entre autres *la Barque de don Juan* ; des Jongkind, mais il ajoute que « *ce seul bon peintre de marines* que nous ayons » (il oubliait donc qu'il écrivait à Boudin !) est déjà mort pour l'art (1856).... On peut consulter là-dessus la biographie de Jongkind par Étienne Moreau-Nélaton. Mais Jongkind se rétablit et ils purent encore, un peu plus tard, peindre côte à côte. Il y admire aussi une douzaine de Rousseau, des Dupré..., et il ajoute : « *Je vous dirai que, auprès de tout cela, les Troyon ne se tiennent pas du tout et les Rosa Bonheur encore moins....* » Sur Troyon toutefois, il ne devait pas tarder à porter des jugements moins sommairement rigoureux, et même franchement élogieux, car il écrivait, deux ans plus tard, à propos d'une autre exposition : « Les Troyon sont superbes », et, comme on lui a donné une lettre d'introduction pour le peintre du *Retour à la ferme*, il ne manque pas d'aller le voir et ne tarit plus d'épithètes : « *admirable, merveilleux, magnifique, de toute beauté, étonnant...* » et il juge que, après ceux de Troyon, les *Chiens* de Jadin « ne sont que de la charge ». Pour les Corot, et ici il n'y a rien à changer, ce sont de « pures merveilles ». Quant aux peintres de marine, on n'en fait plus !...

Voilà donc Troyon promu à la dignité de conseiller, sinon de maître : c'est à lui qu'il s'adresse pour le choix d'un professeur, d'un patron : « Si j'avais à recommencer, lui est-il répondu, j'irais chez Couture. Il y aurait bien encore Picot et Coignet, mais, ajoute Troyon, j'ai toujours détesté la manière de ces gens-là. »

Si Monet avait suivi le conseil et s'était mis à l'école du peintre des *Romains de la décadence* et du théoricien des *Entretiens sur la Peinture*, il y eût appris sans doute l'art compliqué de cuisiner un tableau à la demande du programme et du sujet; mais ce n'était pas, à cette heure, l'enseignement dont il avait besoin pour accomplir ses destinées. Il ne s'y fût pas sans doute plus longtemps attardé que chez Gleyre, où, vers 1863, le père Toulmouche l'envoya avec Renoir, F. Bazille et Sisley, quand, au retour du service militaire, qui lui avait fait connaître la lumière et le ciel d'Algérie, il revint à Paris avec une ardeur accrue de peindre.

Ah! chez Gleyre, « ça ne traîna pas », comme on dit, et il y perdit vite, lui aussi, ses illusions! « Ce n'est pas mal, ce n'est pas mal, lui dit, dès les premières séances, le Cabanel vaudois, devant un modèle féminin qui était, paraît-il, d'une insigne beauté; mais le sein est lourd, le pied excessif.... Praxitèle, Monsieur, empruntait les meilleurs éléments de cent modèles imparfaits pour créer un chef-d'œuvre. Quand on fait quelque chose, il faut penser à l'antique.... » Monet tint aussitôt, avec ses amis Sisley, Bazille et Renoir, un conseil qui fut court et décisif : « L'endroit est malsain : filons ! » On ne les revit plus.

En 1865, il exposait pour la première fois au Salon, et c'était déjà sur les thèmes qui devaient lui inspirer quelques-unes de ses plus belles peintures : *la Pointe de la Hève* et *l'Embouchure de la Seine à Honfleur*.... Le cher Paul Mantz l'y remarquait et lui donnait la joie de voir, pour la première fois, son nom imprimé dans une revue d'art. C'était dans la *Gazette des Beaux-arts*. Le critique y louait le goût des colorations harmonieuses dans le jeu des tons analogues, le sentiment des valeurs, une manière hardie de voir les choses. « Son *Embouchure de la Seine*, ajoutait le critique, nous a brusquement arrêté au passage ; nous ne l'oublierons plus. »

Peut-être, par la suite, y eut-il quelques désaccords entre le peintre et l'écrivain…. Je me rappelle pourtant avoir entendu Paul Mantz, sur ses vieux jours, parler encore de Claude Monet avec une vive sympathie. Il me conduisit — je serais embarrassé de dire exactement l'année, mais c'était certainement au temps du défunt *Parlement* et de mes tout premiers débuts dans la carrière, donc quinze ans au moins après le Salon de 1865 — à une exposition des *Indépendants* ou des *Impressionnistes*, qui se tenait, si je ne me trompe, rue des Pyramides. On y discutait fort autour d'un Caillebotte, et je l'entends encore me dire : « Le plus intéressant, le plus fort, le plus *peintre* de tous, Claude Monet, est malheureusement absent. »

L'étiquette d'*impressionniste* était dès lors — mais assez récemment — inventée. Ce fut, je crois, vers 1875, l'année de la mort de J.-F. Millet, de Carpeaux, de Corot, qui fut la vivante transition entre le classicisme des Bidault, des Bertin et des d'Aligny, et le moderne « impressionnisme », si l'on veut bien entendre le mot dans le sens le plus large, et sans s'arrêter à la technique nouvelle apportée par les « indépendants ». C'est sans doute à cause de cette technique, qu'il jugeait révolutionnaire, qui le déroutait et qu'il redoutait comme

« désarticulant » la peinture, que le bon Corot dit un jour à Guillemet : « Mon petit Antonin, tu as bien fait de t'échapper de cette bande-là.... »

Ce fut un des grands crève-cœur de Monet, qui admirait le maître, et aussi ce propos de Daumier, qu'il eut, paraît-il, le chagrin d'entendre de ses oreilles, un jour qu'il passait devant la boutique d'un marchand où était exposée une de ses œuvres : « Qui donc vous oblige à montrer au public de pareilles horreurs ? » Gustave Geffroy, en la reproduisant, authentique l'anecdote. Mais Diaz (il eût mieux aimé Corot) lui prodiguait mieux que des encouragements, les plus chaleureux éloges, et Daubigny lui donnait la plus efficace preuve d'estime, en achetant quelques-uns de ses tableaux, — choisis, il est vrai, comme le *Canal en Hollande,* parmi les plus paisibles, ou les moins *grenouillère,* si l'on ose s'exprimer ainsi, — et Gustave Courbet, aux moments difficiles et dans les crises pécuniaires, mettait sa bourse comme ses encouragements à la disposition de ce jeune homme, à qui il savait gré de « peindre autre chose que des anges!... », tandis qu'Émile Zola reconnaissait en lui, à propos du beau portrait de *Camille,* « un tempérament, un homme dans la foule des eunuques », et que le caricaturiste André Gill, dans la *Lune* du 13 mai 1866, au bas d'une caricature du même tableau, écrivait : « *Bravo, Monet; merci, Monet!...* » En 1870, Fantin-Latour, en l'introduisant dans l'*Atelier des Batignolles,* derrière Frédéric Bazille, autour du chevalet de Manet, consacrait sa renommée naissante....

L'heure des belles œuvres décisives avait déjà sonné :

la *Terrasse au bord de la mer* est de 1866, la même année que *Camille ou la dame à la robe verte*, et ces beaux et vivants paysages parisiens, vues du Louvre, des quais et du Pont-Neuf, avec le Panthéon dans le ciel à l'horizon ; le *Jardin de l'infante, Saint-Germain l'Auxerrois*, etc.... *Sainte-Adresse* est de 1867, comme les *Femmes au jardin*, si heureusement entré au Luxembourg. Bientôt la *Grenouillère* inaugurera la période de l'impressionnisme militant, sinon agressif. C'est un chapitre de l'Histoire de l'art français qui vaut qu'on s'y arrête.

II. — LA COLLECTION CAMONDO
ET L'IMPRESSIONNISME [1]

La collection de Camondo, qui vient d'entrer au Louvre, permet de suivre Claude Monet depuis presque ses débuts jusqu'à sa dernière manière, et rien n'est plus instructif que de l'observer aux différents moments de son œuvre si riche et si belle. Je crois que, de tous les morceaux réunis par le comte de Camondo, aucun n'est supérieur à la *Charrette* de 1865. Monet a vingt-cinq ans alors, il a subi (d'autres œuvres, des figures, surtout, le révéleraient plus nettement encore) l'influence de Courbet ; mais un rayon du ciel de Corot lui a aussi révélé la douceur bienfaisante de la lumière et l'innocente clarté du jour ; il est, devant la nature, le contemplateur robuste et naïf, sans artifice, sans parti pris, ni formule ; il s'offre candidement à toutes ses suggestions, croyant simplement en elle, l'éternelle, l'immuable, et l'inépuisable, toujours constante et toujours diverse. — C'est en hiver, tout près d'Honfleur ; il s'est logé au bord de la route, dans une cahute, et il peint la route et les talus, et les arbres lourds de neige. Or une charrette vient à passer, silencieuse dans le grand silence, dans cette torpeur de la nature feutrée, ouatée, et qui ne vit que par le ciel, où dans l'or fin en fusion un peu de rose suffit à faire vibrer, à ranimer les bleus fins

1. *Journal des Débats*, juin 1914.

mêlés aux blancheurs de la neige et les verts grisâtres d'un ruisseau gelé au bord de la route. Justesse de l'impression, richesse de la matière, sincérité et finesse raffinée de la vision, force et délicatesse, tout dans cette œuvre de jeunesse révèle une admirable vocation de paysagiste. On me contait que, quelques jours avant l'inauguration, M. Monet est venu au Louvre revoir ses tableaux ; devant celui-là, il eut un éclair de joie, et il se plut à rappeler l'année, le jour, les moindres circonstances de son travail, le passage inopiné de cette charrette qu'il voulut peindre comme il l'avait vue.... Il sentait bien que cette journée-là n'avait pas été perdue pour la peinture et pour sa gloire....

De ce point de départ, où il semble qu'il soit déjà muni de tant de certitude et de robustesse, comment le peintre passa-t-il à « l'impressionnisme ? » C'est la série des *Cathédrales* qui nous le montrerait surtout ; mais l'on peut, dans des tableaux comme *Le bassin d'Argenteuil* (1875) et *Les régates à Argenteuil*, saisir comme le moment précis où l'évolution et la transition commencent.

Viennent ensuite les séries : *meules, cathédrales, nymphéas*, où, sur un même motif, le peintre observe (ou imagine) toutes les combinaisons possibles d'éclairages, d'effets et d'harmonies à toutes les heures du jour. Et certes, sa prodigieuse virtuosité y triomphe, et il y a là d'admirables morceaux. Ils me touchent moins en leurs complications, je l'avoue, que la simplicité naïve des débuts. On pourrait y observer comme une part d'artifice, de convention et d'arbitraire dans la notation ou l'invention des *effets*. Comparez ici les deux tableaux

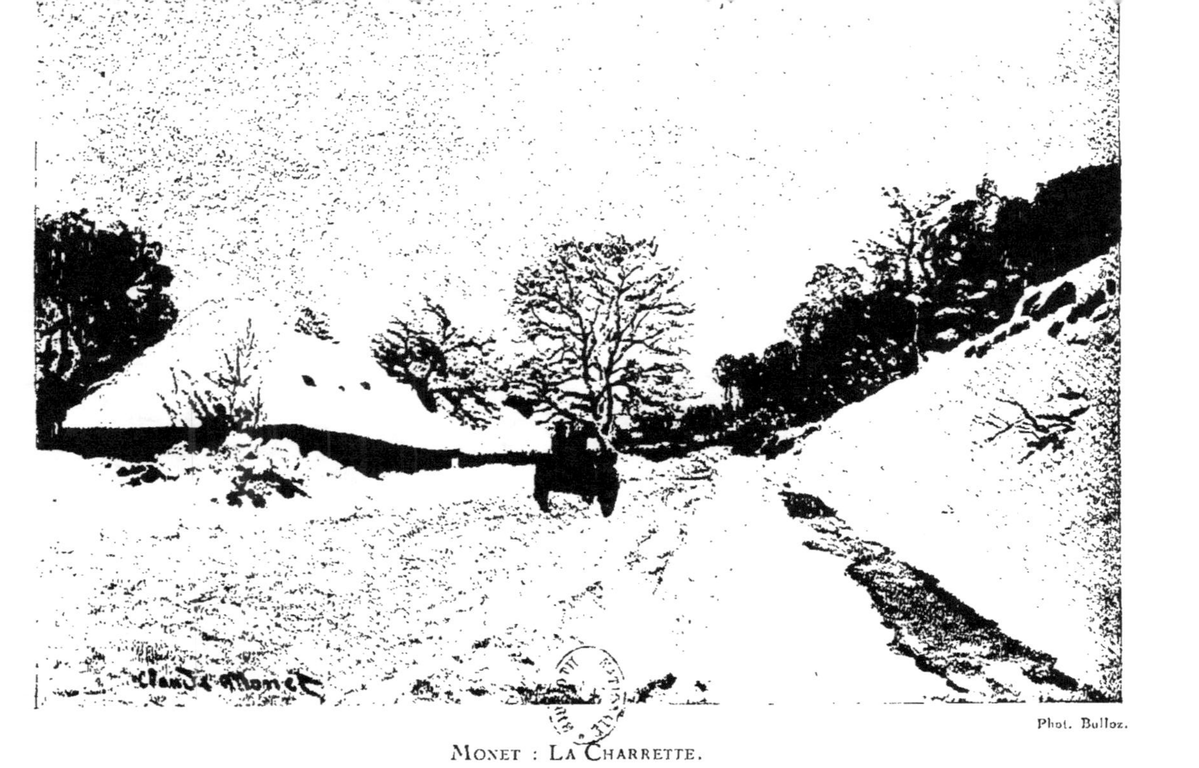

MONET : LA CHARRETTE.

(Musée du Louvre)

Peinture française au XIXᵉ siècle.

dont l'un est intitulé *Soleil matinal* et l'autre *Effet du matin*. Dans celui-ci, l'auguste façade est encore enveloppée de demi-teintes d'un gris bleuâtre, où, dans l'enfoncement du portail, le jaune d'une porte sert discrètement de complémentaire ; mais, au-dessus, la lumière qui vient de l'Orient a déjà réveillé la tour puissante autour de laquelle des vols de corneilles s'ébattent : elle éclabousse de ses rayons et de ses reflets, non seulement la tour septentrionale, mais les parties hautes de la façade occidentale ; on sent là un effet très juste et on s'associe de tout cœur et de toute conviction au lyrisme du peintre.

On comprend moins comment, si la façade est toujours orientée au couchant, le *Soleil matinal* peut, dans l'autre toile, la consteller comme de larges fleurs, de taches rosées de lumière qui vont, jusqu'au fond des voussures profondes, ranimer le portail. Je ne voudrais pas exagérer l'importance d'une observation de ce genre ; je n'en retiens que ce qui pourrait justifier la prédilection que je garde aux œuvres les plus simples, les plus sincères, les plus *directes*.

J'oserai dire que, avec la *Trouée de soleil dans le brouillard*, nous tombons dans la convention la plus artificielle, l'*arrangement* le plus superficiel : c'est un effet à la Gustave Doré, où il ne reste presque plus rien, sinon la virtuosité du peintre....

*
* *

Sisley est le triomphateur de la réunion. *Le Coin de village de Voisins* (1874), tout rose sous le ciel d'un bleu léger, *la Neige à Louveciennes*, surtout la grande *Inonda-tion de Marly* sont de purs enchantements ; on ne se lasserait jamais de regarder ces peintures où les plus fines, les plus délicates harmonies de la nature ont été saisies par un œil merveilleusement sensible et fixées pour notre délectation. On vivrait avec ces bienfaisants tableaux ; on y viendrait reposer ses yeux ou consoler son esprit de tous les accrocs ou de tous les hiatus de la réalité. Je lisais ce matin même, dans une des *Notes brèves* que Camille Bellaigue vient de réunir en volume, au cours d'un article sur *Tolstoï et la musique*, cette phrase du grand romancier qui eut tous les droits d'être un déplorable critique (il avait mieux à faire !) : « La musique me transporte dans l'état d'esprit où se trouvait celui qui l'a écrite. Je mêle mon âme à la sienne et je le suis d'un sentiment à l'autre. » J'en dirais autant de la peinture, et, à ce moment de son œuvre, l'âme de Sisley est délicieusement équilibrée, harmonieuse et bienveillante.

Quant à celle de Cézanne, orageuse, violente, tour à tour vibrante d'élans et de hautes aspirations, puis brusquement découragée et opprimée par le sentiment de son impuissance, comme elle est déconcertante à ceux qui ne sont pas initiés et qui n'ont pas pris rang parmi ses exégètes patentés ! Ceux-ci sont eux-mêmes bien embarrassés, d'ailleurs, d'expliquer leurs enthousiasmes, et ce n'est pas eux, c'est Maurice Denis qui a écrit (*Théories*, page 237) : « Je n'ai jamais entendu un admirateur de Cézanne me donner des raisons claires et précises de son admiration. » Voici pourtant un très beau tableau : *la Maison du pendu* (1873). C'est au débouché d'un chemin qui va se perdre presque à pic entre des chaumières descendant vers la plaine, à droite un toit verdâtre, à gauche une maison au pignon aigu et des arbres dépouillés dont les branches se dressent comme des potences. Par delà, l'horizon se déploie ; des collines bleues ondulent tout au fond et d'autres toits s'y blottissent. Tout est peint ou, plutôt, maçonné à la truelle ; les troncs jaune verdâtre des arbres surgissent à plein relief comme en trompe-l'œil ; des coulées de pâte sont posées au couteau, largement, avec une sorte de rage, l'horizon surtout, la perspective de la plaine et des montagnes lointaines sous le ciel, sont vus avec une ampleur, évoqués avec une puissance vraiment admirables. C'est une des plus belles réussites de Cézanne.... Je ne saurais en dire autant de ses *Joueurs de cartes*, ni même de ses *Pommes* et de ses *Oranges*, dont la substance est sans doute riche et savoureuse, mais qui restent pour l'œil, dans leur impossible arrangement sur une inexplicable nappe en zinc, un sujet d'inquiétude.... Il y a, d'autre part, de jolies *Fleurs* dans un vase bleu.... Mais il faut nous arrêter. La collection Camondo est au Louvre, c'est-à-dire qu'elle va devenir un sujet quotidien d'observations et d'études.

III. — LES LIMITES
DE L'IMPRESSIONNISME [1]

Ce que les peintres impressionnistes ont voulu, c'est peindre la lumière, dire comment elle s'épanouit en clartés ardentes dans le ciel profond, comment elle se comporte aux différentes heures du jour, comment elle s'étale et ruisselle sur les choses. Ces choses elles-mêmes, dans leur individualité et dans leur forme propre, ils en sont peu touchés. Rousseau étudiait un arbre, tel arbre, à telle place, sur telle nature de terrain, avec une attention passionnée ; il en faisait le portrait comme d'une personne morale. Pour les impressionnistes, l'arbre n'est plus qu'une masse pénétrable où se heurtent des rayons ; les surfaces ne sont que des reflets associés et des reflets de reflets ; il n'y eut qu'un mot décisif dans l'œuvre des sept jours : *Fiat lux*. L'Éternel, ce jour-là, travailla pour les peintres....

Dans cette contemplation exclusive et ardente de l'atmosphère rendue visible, de la tache mouvante et colorée, et pour mieux en exprimer la splendeur ou les plus fugitives nuances, ils ont mis à profit tout ce que la science a pu nous apprendre sur les couleurs ; ils ont décomposé les éléments du ton, ils les ont juxtaposés

1. Extrait des *Notes sur l'Art moderne* (pp. 258-262).

sur la toile pour obtenir, par le mélange optique, des
lumières plus transparentes et des vibrations plus
légères. Si vous approchez trop, ce ne sont plus que
petits paquets de couleurs, morceaux inégaux de verts
et de vermillons, de bleus et de jaunes. Reculez-vous,
le ciel flamboie, les feuilles frémissent dans l'air, les
eaux s'étalent en souples nappes reflétées ; vous avez,
— j'entends dans le cas de réussite, et je sais que les
simples barbouillages sont beaucoup trop fréquents, —
vous avez des visions soudaines d'horizons ensoleillés
où la lumière palpite, où éclate, comme un hosannah,
un lyrisme de couleurs claires, à la gloire de « l'éther
ardent et sublime, manteau brillant, émanation souve-
raine de Zeus » !

Ces choses valaient la peine d'être dites, elles étaient
dans la logique de l'évolution où la peinture moderne
s'était engagée. Il n'est pas douteux que l'œil s'est
affiné, que l'art de peindre s'est prêté à des modes
d'expression de plus en plus subtils et délicats, et qu'un
merveilleux instrument, qu'un moyen d'expression
singulièrement riche, compréhensif et souple a été préparé au grand artiste que nous attendons... et qui ne
sera pas impressionniste.

Après avoir constaté les résultats et les « gains », il
faut indiquer les germes de décomposition et de mort
qu'on peut surprendre dans ce principe poussé à l'extrême et à l'absurde par les doctrinaires de la nouvelle
École.

Il faut être doué d'une puissance d'illusion remar-
quable pour soutenir que l'impressionnisme, c'est la

vérité même, c'est la nature représentée, saisie au vol, si l'on peut dire, en dehors de toutes les conventions, On nous a montré, par exemple, M. Claude Monet ne peignant jamais qu'en plein air, incapable de travailler ailleurs qu'en présence de la nature et, — comme le moindre souffle d'air qui apporte ou balaye un nuage suffit à modifier tout l'éclairage et, par suite, tout le modelé et toute la physionomie d'un paysage — menant de front plusieurs tableaux et sautant en quelque sorte de l'une à l'autre toile, selon que la brise change et vient rider la face de l'eau. Je me garderai bien de contester le fait, puisqu'on paraît y attacher une grande importance ; mais, quant à l'admirer, je ne puis. Cette acrobatie me paraît puérile autant que vaine.... Quoi qu'il en soit, ce que l'impressionnisme a voulu fixer, ce sont les aspects les plus fugitifs, c'est ce qu'il y a de plus muable, de plus insaisissable, en tout cas de plus passager dans la nature. Et c'est là, à la fois, son charme et sa faiblesse. Parce qu'il a voulu peindre les nuances, et comme les frissons les plus subtils de l'atmosphère, il nous a donné quelques peintures d'une exquise délicatesse ; parce qu'il a exclusivement regardé, et comme abstrait, ce qu'il y a de plus fragile et de moins consistant dans l'ordre des choses créées, il s'est perdu souvent dans l'affolement et la chimère. Beaucoup de tableaux ont l'air de gageures, ou plutôt de syllogismes exaspérés ; une note suraiguë une fois donnée, tout le reste suit dans une logique de maniaque, poussant, jusqu'à la tension douloureuse et maladive, le développement du thème, — sans aucun souci ni

rappel de la nature, qui, elle, arrive toujours à l'harmonie. C'est que l'échelle des valeurs n'est pas la même
dans la nature et dans la peinture ; qu'il est *impossible*
de peindre le vrai soleil ; que l'œuvre d'art ne saurait
jamais être qu'une transposition, une interprétation, et
que les plus violents et les plus bruyants sont rarement
les plus persuasifs.

Enfin, cette nature, à laquelle il faut bien revenir,
quoiqu'on ait prétendu qu'elle n'existe pas ! cette
nature, source éternelle et soutien de nos œuvres et
de nos imaginations, dont nous ne sommes que la conscience et la voix, elle n'est pas que lumière, air dia-
phane et léger. Les arbres existent, — Rousseau ne se
trompait pas, — et les rochers existent et les formes
robustes et résistantes, l'ossature puissante des terrains ; or ce sont justement ces formes naturelles,
qu'il faut des milliers de siècles ou d'épouvantables
cataclysmes pour modifier, que l'impressionnisme a
sacrifiées aux effets les plus passagers, à ces délicates,
charmantes, mais fugitives sensations de lumière qu'une
seconde défait et renouvelle.... Le bon sens proteste ; il
a le sentiment obscur que, à poursuivre toujours et uni-
quement ces changeantes et décevantes nuances, la
peinture se perdrait dans le vide, qu'il lui faut une base
plus ferme, un appui plus certain, que les formes indivi-
duelles méritent aussi qu'on les étudie et qu'on les
observe.... Et une réaction se dessine.

IV. — AUGUSTE RENOIR[1]

Il y a quelques semaines, il se fit conduire, presque porter au Louvre. Il y revit, dans la salle Lacaze, une de ses œuvres les mieux venues, un *Renoir* de la plus belle eau, un de ceux qui s'émaillent déjà dans la splendeur douce et tendre dont il eut le secret : le portrait de Mme Charpentier; et l'on m'a raconté que ses petits yeux pétillants, derrière l'écran des sourcils broussailleux, s'allumèrent d'une flamme plus vive. Il vit aussi d'autres chefs-d'œuvre qui n'étaient pas de lui et il y prit un plaisir généreux, car — à la différence d'un grand nombre de peintres — il aimait vraiment la peinture, beaucoup plus que *sa* peinture, et quand on l'emmena tout cassé, voûté et comme tordu par les rhumatismes, il murmura : « Ah! que j'aurais à faire encore de progrès! »

On parlait ces jours derniers d'une prochaine exposition de son œuvre; on disait même que, mis en goût par l'entrée du portrait de Mme Charpentier au Louvre, il avait l'intention d'y « sortir » quelques toiles où il croyait avoir fait passer le meilleur de son talent et de son rêve amoureux, et qu'il comptait offrir à l'État celles qui, au jugement de ses amis, lui feraient le plus d'honneur.... Il eût ainsi assisté, vivant, à son apo-

1. *Journal des Débats*, 5 décembre 1919.

théose, car nul ne doutait que cette exposition ne dût être triomphale.... La mort qui, jour à jour, depuis longtemps, l'enveloppait et l'enserrait, l'a emporté trop tôt.... Mais il a pu mourir en paix. Son œuvre était achevée. Il a peint jusqu'au dernier jour (M. Jacques É. Blanche a raconté par quelles complications de machineries héroïques et émouvantes, — le pinceau, que les doigts ne pouvaient plus tenir, attaché par une courroie au poignet noueux, des aides bénévoles déplaçant devant le peintre, à sa demande, le chevalet pour lui épargner des mouvements trop douloureux!...) et jusqu'au bout il a peint dans la joie.... Quelqu'un qui le visita dans sa retraite provençale de Cagnes me contait, au retour, une scène à laquelle il avait assisté. La famille et deux ou trois amis étaient groupés autour de Renoir, dans le jardin fleuri dont on dirait qu'il broyait les fleurs sur sa palette ; le maître somnolait, se mêlant à peine à la conversation générale, quand on vint lui annoncer l'arrivée d'un modèle attendu. Le pauvre vieux corps maigri et recroquevillé frémit tout à coup comme un étalon à l'approche de la cavale ; ses yeux flambèrent ; il fallut le ramener sans perdre une minute à l'atelier, lui ficeler au poignet son pinceau, rouler devant lui le chevalet pour qu'il pût satisfaire, apaiser sa fureur sacrée de peindre....

Cette exposition projetée, à laquelle il devait présider, nous l'aurons certainement, à présent qu'il est mort, et c'est alors que nous pourrons revoir l'ensemble de son œuvre, désormais consacrée, suivre, du *Moulin de la Galette* et de la *Grenouillère de Bougival* à la

Loge et aux paysages parisiens ou provençaux, l'évolution de ce peintre qui tiendra, dans l'histoire de la peinture française au temps de l' « impressionnisme », une si belle place. Plus qu'aucun autre peut-être, il mérita ce mot, mal fait d'ailleurs, mais désormais inévitable, d'*impressionniste*. Un de ses tableaux, passé hier en vente publique, le *Pont-Neuf*, pourrait servir à le définir. Qu'est-ce, en effet, sinon l'*impression*, le mouvement des choses et des êtres, surpris dans la lumière, dans la vibration et la palpitation de l'atmosphère ? Un sentiment si juste, si délicat et si fin y paraît des relations du ciel et des pierres, de l'écoulement de la vie qui passe, dans une plénitude et, en même temps, une spontanéité si rapide de vision, on y sent un don si rare de noter, de capter, comme au vol, tous les éléments des symphonies éphémères d'une heure que la nature et la vie recommencent, reprennent et renouvellent éternellement, que l'œil a vite fait de réduire les objections de la raison raisonnante.... Mais ce n'est là qu'une partie, qu'un moment de l'œuvre de Renoir. Ses études de fleurs, ses études de femmes — dans ses beaux morceaux, car il faudra choisir — illumineront de leur rayonnement les panneaux de nos musées. Tout récemment je voyais au Havre, chez un amateur de peinture, fervent de Renoir, à côté d'un paysage d'eau d'où montait comme un hymne à la gloire du jour, un torse de femme nue qui justifiait le mot du peintre rapporté par Jacques É. Blanche : « Si Dieu n'avait créé la gorge de la femme, je ne sais si j'aurais été peintre. » Par là, par cette exaltation voluptueuse de la beauté féminine, il

fut un des derniers *païens*, au sens le plus honnête et
le plus sain du mot, et c'est par là aussi qu'il s'est
élevé au plus haut de son talent et de son art. Au temps
des *grenouillères* et des goguettes d'Argenteuil et de
Bougival, il avait commencé, peut-être, comme Mar-
montel disait de Boucher, par ne pas « voir les grâces
en bon lieu »; mais il avait fini par leur ériger un temple
au fond d'un bois sacré aménagé par lui.

J'ai écrit le nom de Boucher. N'est-ce pas là en réalité qu'il faudrait chercher la véritable ascendance
spirituelle d'un Renoir? Dans l'histoire de l'art français, il faudra montrer comment, au cours du XIXe siècle,
l'effort du génie national fut de renouer les traditions
brutalement interrompues par le faux classicisme de la
Révolution et la rage raisonneuse des théoriciens plus
ou moins inspirés par l'École allemande des Winckelmann et des Mengs.... Ce qu'il y eut de meilleur chez
David lui vint du XVIIIe siècle et de la vieille tradition
nationale, bien plus que de l'archéologie gréco-romaine
et de l'esthétique jacobine que de faux docteurs, fort
mal renseignés d'ailleurs sur l'antiquité elle-même,
prétendirent en tirer.... Mais ce n'est pas aujourd'hui
le moment de développer ce thème. Renoir est mort.
Lugete veneres cupidinesque! Quand il arrivera, sur
l'autre rive, aux champs Élyséens, dans les régions
réservées aux âmes heureuses des peintres de la
lumière, le bon Frago, dont il était devenu le voisin au
pays de Provence, s'avancera vers lui et l'embrassera
comme un frère, Corot se mêlera à leurs entretiens et
ces bons Français ne parleront pas du cubisme.

PUVIS DE CHAVANNES[1]

Je voudrais essayer d'indiquer pourquoi nous lui devons tous l'hommage de notre gratitude pour avoir apporté à l'art français, à une heure critique de son histoire, la parole dont il avait le plus grand besoin, pour avoir sauvé l'idéalisme, mis à mal moins par les attaques de ses ennemis que par le formalisme inintelligent et stérile de ses prétendus et officiels représentants ou défenseurs.

Quand il entra dans l'art, vers 1850, la confusion y était grande. Ce n'était de toute part qu'inquiétude impuissante ou redites inutiles. Les « néo-classiques » s'entêtaient dans une tradition que les médiocres élèves d'Ingres n'avaient pas su rajeunir et dont ils se chargeaient de démontrer par leur œuvre l'incurable consomption ; les derniers soldats du romantisme essayaient en vain de ranimer la foi agonisante et les truculences d'antan ; ils ne faisaient plus de recrues, et l'un des maîtres du lyrisme délaissé prononçait d'une voix caverneuse et lugubre la parole fameuse : il n'y a plus de

---

1. Extrait des *Notes sur l'Art moderne* (pp. 141-161).

jeunes gens ! En face des calligraphes d'académie et des romantiques découragés, fort de leur double impuissance, le réalisme brutal montait à l'assaut, jetait comme un défi aux adorateurs de la beauté défunte le mot célèbre de Courbet : « Si vous voulez que je vous peigne des *deiesses, montrez-moi-z'en !* », et menaçait de faire de maritornes déshabillées et de filles en goguette les reines de l'art français.... Cependant, toujours fidèles à leurs premières amours, les paysagistes continuaient de planter leurs chevalets en rase campagne, et, si les jours héroïques étaient passés pour eux aussi, ils n'en découvraient pas moins, dans la contemplation fervente de la terre et du ciel de France, le mot de passe de l'avenir.

Si Puvis de Chavannes, à cette heure, regarda quelque part, ce fut de ce côté-là ; s'il entrevit dès lors ces grands horizons paisiblement lumineux où son rêve grave et pur pourrait ouvrir son aile, c'est au paysagistes et aux naturalistes seuls qu'il put avoir l'idée de demander conseil. Quand il avait traversé l'atelier de Couture, il y avait trouvé, étiquetés et classés, tous les formulaires, tout le *codex* pictural dont un amateur épris de peinture grasse et de sauces savoureuses aurait pu faire son profit. Mais il lui fallait autre chose, et, dès ces premières rencontres, il semble s'être rendu compte qu'il ne trouverait pas là son affaire. Les leçons de Scheffer, si, du moins, elles ne le découragèrent pas, ne purent non plus lui être pratiquement d'aucun secours.... Encore une fois, qu'il l'ait ou non compris dès le début, c'est du côté de Jean-François Millet et de Corot qu'il *devait* regarder ; c'est eux qu'il rencontrera au point culminant de sa carrière, quand il évoquera, aux murs du Panthéon, les scènes de l'enfance de sainte Geneviève.

Il faudrait, dans une étude complète, rechercher soigneusement ce qu'il put accumuler d'ébauches et de travaux, entre 1850 et 1859, pendant ces années de silence où, les Salons lui étant fermés, rien de ce qu'il peignit n'est arrivé jusqu'à nous. Mais, à cette date de 1859, quand il acheva le *Retour de chasse*, que possède aujourd'hui le musée de Marseille, il avait clairement aperçu le but à atteindre et la route à suivre. L'instinct et la volonté, le cœur et la main s'étaient rencontrés chez lui et désormais allaient marcher d'accord.

La décoration de la salle à manger d'une villa, que son frère avait fait construire près de Lons-le-Saunier, lui avait révélé sa véritable vocation. « Je sentis autour de moi de l'eau pour nager », disait-il un jour.... D'autres occasions, et plus glorieuses, allaient s'offrir à lui.... Je ne sais à qui revient l'honneur d'avoir désigné Puvis de Chavannes au choix de la municipalité d'Amiens, quand elle entreprit d'édifier et de décorer le musée de Picardie. Que cet honnête homme, en tout cas, soit à jamais béni ! Si l'on eût dû compter sur l'administration du temps pour deviner celui qu'on allait, dès lors, appeler « le peintre mural », et lui fournir du même coup le moyen et la raison de se définir plus nettement à soi-même ce qu'il voulait et ce qu'il pouvait faire, l'œuvre peut-être eût manqué à l'ouvrier ! Mais le voilà, dès 1860, appelé à remplir un vaste programme, à accomplir, par un bienfait spécial de sa destinée, exactement la tâche pour laquelle la forme de sa pensée et de son imagination, les sollicitations les plus intimes de son cœur, ses aptitudes à la fois très hautes et très limitées de *peintre* semblaient l'avoir précisément désigné.

Au Salon de 1861 parurent *Bellum* et *Concordia*.

Pour représenter la guerre, Puvis de Chavannes n'eut recours aux Bellones académiques pas plus qu'aux mêlées confuses et aux grands coups d'épée des peintres de batailles. Un seul groupe de victimes gisantes, de mères prosternées, de cavaliers soufflant d'un même geste en des clairons épiques, résume dans sa grandeur sinistre et sa tragique réalité le drame tout entier. Le paysage, réduit à ses éléments permanents les plus généraux et les plus expressifs, encadre la scène et achève l'impression. Deux gerbes de fumée rayent d'une double ligne monotone la plaine et le ciel infinis, et sur l'impassible sérénité des champs, où les meules flambent comme des torches, font passer l'ombre de la désolation, de la ruine et du deuil. Dans *Concordia*, c'est un paisible concert des couleurs et des lignes, et, surtout dans les fonds, une clarté sereine, une aménité caressante ; des femmes cueillent des fleurs, des lauriers fleurissent, des éphèbes nus font courir des chevaux.

⁂

Il faut suivre, dans la série des dessins et des cartons de Puvis de Chavannes, l'élaboration de ces grandes compositions murales. Rien n'est moins compliqué ; la conception sort toujours directe et franche de la nature même du sujet ; la part de l'invention *littéraire* est aussi réduite que possible. L'invention et la construction plastiques, dès la première heure, sollicitent et commandent l'effort de sa pensée. La vision s'ordonne, elle s'adapte aux formes architecturales dont le cadre inflexible, sans cesse présent aux yeux du peintre, règle et détermine le jeu des lignes encore incertaines et l'équilibre des masses à peine indiquées, où le motif prend corps. Bientôt, des formes plus précises, une distribution plus claire des ensembles, des partis pris plus nets apparaissent, et, par des tâtonnements successifs, un rythme général se dégage, les éléments de la création future prennent, en larges traits volontaires et appuyés, chacun son allure et sa valeur propre, dans la synthèse qui s'élabore.

Mais il ne s'agit pas seulement d'équilibrer des masses ; il faut y disposer des formes expressives. C'est ici que le peintre se rapprochera de la nature et lui demandera assistance et conseil. Regardez ces études de gestes, voyez ces dessins au fusain, à la sanguine ou, quelquefois, au crayon relevé à la pointe d'argent.... Parce qu'il lui est arrivé de synthétiser en abréviations excessives, et parfois un peu gauches, des formes et des mouvements, on a dit sur tous les tons que Puvis de Chavannes ne savait pas dessiner, et les professeurs patentés de dessin ont répété le mot célèbre : « Le dessin est la probité de l'art. » Certes ! Voyez plutôt cette femme occupée à traire une chèvre, qui devait trouver place dans le groupe de *la Paix* au musée de Picardie ; comparez la première étude au crayon de la figure isolée avec l'admirable sanguine où elle revient dans l'ensemble définitif dont elle occupe le centre. Si ce n'est pas dessiner que souligner avec cette évidence expressive le double geste de la main qui presse le pis de la bête et de celle qui tend l'écuelle au lait blanc qui jaillit, si ce n'est pas dessiner que puiser à la source même de la nature les mouvements, les attitudes qui rythment et expriment la vie pour en évoquer à nos yeux des images à la fois si vraies et si grandes, je me demande en vérité ce qu'il faut entendre par le dessin.

Mais il va de soi que toutes les notes réunies pour l'élaboration de l'œuvre monumentale ne sauraient y trouver place. Tout doit y être subordonné aux exigences des grands ensembles plastiques concertés pour faire apparaître aux murs de l'édifice de beaux spectacles rassérénants et rythmés, et suggérer à la pensée de longues rêveries.

Le style d'un maître n'est jamais, en dernière analyse, que la mise en évidence, l'exaltation de certains caractères de la nature, à quoi correspond fatalement l'élimination plus ou moins consciente et systématique de certains autres. La loi des sacrifices est absolue dans l'art; il n'est pas sans elle de puissant effet d'ensemble, et, à y regarder de près, la raison de ces sacrifices se trouve toujours, d'une part dans la destination de l'œuvre, de l'autre dans les aptitudes spéciales de l'œil et la qualité particulière de la sensibilité de l'artiste.

Que l'on ne parle donc pas — surtout pour en faire le but supérieur de l'art et le critère de la valeur d'une œuvre — de l'imitation littérale de la réalité. La nature,

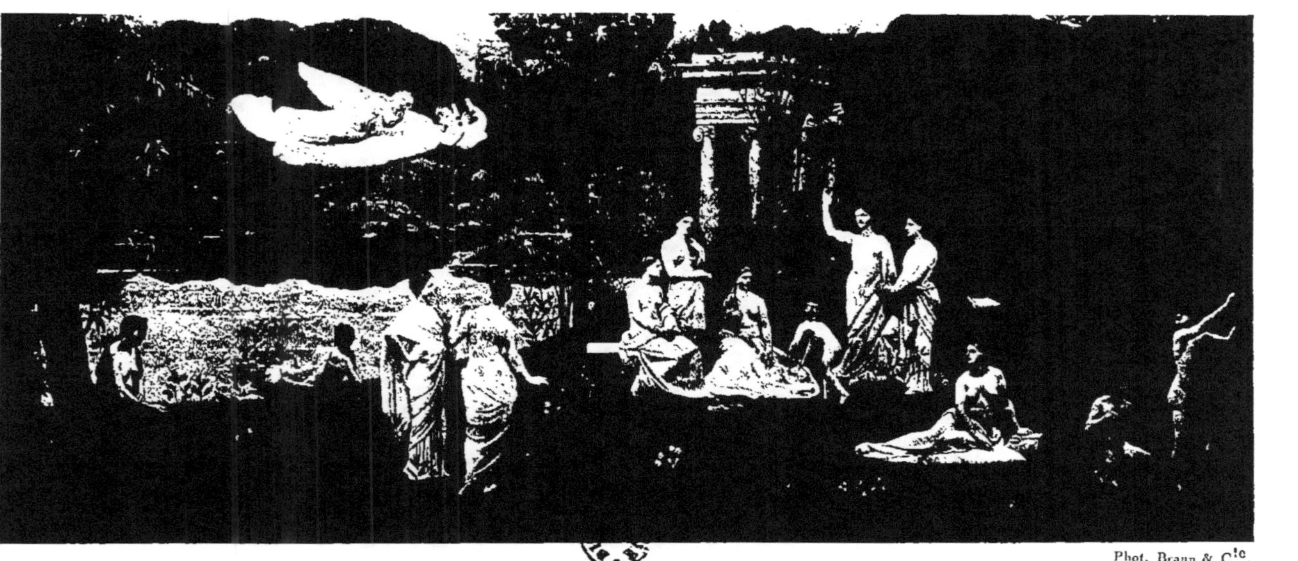

Phot. Braun & Cie.

Puvis de Chavannes : Le Bois sacré.

(Escalier du Musée de Lyon)

Pl. VII.

Peinture française au XIXe siècle.

si dure aux médiocres et intraitable aux orgueilleux,
offre à tout artiste ému et sincère le répertoire infini de
ses couleurs et de ses formes. Conseillère indulgente et
discrète et bienfaisante amie, elle lui livre tous ses trésors pour qu'il y fasse, au gré des exigences de son
œuvre et de son rêve, les emprunts les plus libres et le
choix le plus large. Elle sait bien que, de toute éternité,
tout réside en elle, qu'aucun homme, si grand soit-il, ne
pourra jamais l'exprimer tout entière, que les meilleurs
et les plus forts lui ont à peine ravi un seul de ses secrets ; qu'aucun d'eux ne l'a aimée de la même manière,
ne lui a fait ou demandé les mêmes confidences, et que
les nuances infiniment variées de ces amours, ininter-
rompues à travers les âges, faites tantôt d'emportements et de violences, tantôt de possession souriante,
de patiente tendresse et d'ineffables apaisements, quelquefois même, à certaines heures, de charmantes et
passagères infidélités, constituent justement la grâce
et la richesse, le mystère et l'essence de l'art, l'infinie
complexité et l'inépuisable attrait de son histoire....

*
* *

La décoration du Panthéon, en groupant, dans un
même édifice et dans la plus disparate des collabora-
tions, des artistes choisis parmi les plus importants de
l'école française, réservait à Puvis de Chavannes, qui
ne le cherchait pas, un décisif triomphe. Une promenade d'une heure dans le temple, aujourd'hui laïcisé,
de Sainte-Geneviève suffit pour faire sentir, par le con-

traste, même au plus prévenu, sa supériorité. Quand on a erré de Clovis à saint Louis et à Jeanne d'Arc, sans trouver dans toute cette imagerie la trace ni la source d'une émotion, c'est un charme et un repos de s'arrêter devant l'*Enfance de sainte Geneviève* (1876-1878). Dans un paysage tout rempli des grâces familières du printemps de l'Ile-de-France, des sourires de son ciel léger, des caresses de sa fine lumière, où l'on sent flotter une douceur d'églogue et passer en même temps comme un souffle d'épopée, la légende est évoquée, rendue sensible au cœur. Les souvenirs les plus charmants de la nature s'y mêlent aux intentions les plus hautes de l'art, et les trouvailles exquises de gestes et d'attitudes, saisies dans leur acception la plus franche, au caractère le plus monumental. La main de l'évêque saint Germain d'Auxerre posée sur le front de la petite bergère qu'il a remarquée dans la foule et à qui il prédit ses hautes destinées, l'humble et touchant mouvement des parents qui, debout derrière elle, s'étonnent et adorent, la curiosité attendrie des assistants, l'ébahissement naïf des uns, l'émotion religieuse des autres, le geste du batelier qui amarre sa barque et s'approche pour mieux voir, celui du vieillard raidi par l'âge qui péniblement s'agenouille, ou bien encore de la petite mendiante qui porte dans ses bras un enfant endormi, qu'est-ce sinon la nature elle-même surprise dans ses manifestations les plus spontanées et les plus imprévues, avec la familiarité tendre d'un maître du xve siècle ? Et, en même temps, c'est la légende, c'est la très vieille histoire dépouillée de toute vaine archéologie, mais puisée à la source même de

l'imagination et de l'âme du peuple, sur la terre natale
qui la vit s'accomplir.

Le *Ludus pro patria* (pour l'escalier du musée d'Amiens,
1880-1882), le *Doux pays* (pour l'hôtel de son ami Bonnat,
1882), le *Bois sacré cher aux Arts et aux Muses* (1884),
avec la *Vision antique,* l'*Inspiration chrétienne,* le *Rhône
et la Saône* (1886, pour le musée de Lyon), le grand
hémicycle de la Sorbonne (1887-1889), *Inter Artes et
Naturam* (pour le musée de Rouen), auquel vinrent
bientôt s'ajouter pour le même musée la *Céramique* et la
Poterie; puis, pour l'hôtel de ville de Paris, l'*Été*,
l'*Hiver*, *Victor Hugo remettant sa lyre à la ville de Paris*
et les écoinçons de l'escalier du préfet de la Seine ;
enfin les peintures pour la bibliothèque de Boston
(États-Unis d'Amérique), complètent la série des
grandes toiles murales de Puvis de Chavannes.

... C'est bien dans un *bois sacré* que vivent et rêvent
les *Muses* qui accueillent le visiteur du musée de Lyon.
Un grand lac y reflète un ciel d'or dont une mince bande
paraît seule au-dessus d'une montagne d'un bleu violacé
qui ferme l'horizon. Entre ces deux notes largement
vibrantes du bleu de la montagne et de l'or pâli du lac,
des prairies s'étendent en pentes douces constellées de
fleurs rares ; au fond de la vallée s'enfoncent et moutonnent les frondaisons plus sombres du bois épais. Au
pied d'un double portique, étendues au bord du lac,
assises ou debout sur le gazon, des figures paraissent,
comme des hôtes attendus. Leur vie, c'est la contemplation ; l'une tient son bras levé vers les hauteurs ; l'autre,
le menton dans la main, dans une attitude de méditation,

écoute ; une troisième, assise, montre d'un geste fier ces mots comme un appel : *Arma virumque cano*.... Des éphèbes apportent des fleurs, ou tressent des couronnes ; rien de vulgaire ou de bas ne saurait approcher de cette retraite heureuse, où des pensées sereines semblent flotter dans l'air, se mêler à l'apaisement mystérieux, à la solennité douce du noble paysage.

A côté de ce *Bois sacré*, c'est la *Vision antique* et l'*Inspiration chrétienne*. Entre un fond de collines, dont les crêtes rocheuses semblent se revêtir dans la transparence de l'air d'un tapis velouté d'améthyste, et un promontoire où s'étagent les verdures d'un bois couronné par la lointaine colonnade d'un temple, sous les caresses d'un ciel d'azur, s'étend un bras de mer. Près du flot bleu qui meurt sur le sable rosé, à l'abri d'un mamelon où pâlit la verdure argentée de rares oliviers, cavalcade une blanche théorie descendue de la frise du temple d'Athéné, tandis que, sur la hauteur en avant du temple, apparition auguste et charmante, toute droite, une Muse drapée de blanc, le front ceint de la bandelette d'or, tend au statuaire le maillet d'or et le ciseau. Plus bas, sur les flancs de la montagne sacrée, parmi des plants d'orangers, de figuiers et de cytises, des figures sont posées : joueur de flûte assis, femmes demi-drapées dont les fronts bas sont habités de pensées harmonieuses et les attitudes enveloppées de douceur.... Mais à cette vision radieuse et apaisante, vient se mêler la mélancolie subtile des apparitions inaccessibles. Cette joie de vivre que célèbrent les cavaliers aux manteaux envolés passant dans la splendeur du paysage grec,

c'est une âme moderne qui la reflète, et je ne sais quelle
plainte inexprimée monte de la terre vieillie vers le ciel
radieux. D'où vient ce maigre joueur de flûte et que
fait-il ici ? L'adolescent du dialogue platonicien lui re-
procherait la raideur de son corps et la maigreur de son
cou. Aristophane ne l'admettrait pas dans le chœur des
éphèbes « à la poitrine pleine, aux belles jambes, aux
larges épaules, qui vivaient béaux et florissants dans les
palestres, jouissant du beau printemps quand le platane
murmure auprès de l'orme ». Il porte, en effet, sur ses
membres appauvris, l'ineffaçable empreinte de la chute ;
il est frère du *Pauvre pêcheur* et de l'*Enfant prodigue...*, et
l'*Inspiration chrétienne* fait pendant à la *Vision antique*.
Sous le porche d'une église conventuelle, des moines et
des imagiers sont assemblés ; aux murs, un bas-relief de
la madone devant lequel un religieux entretient une
lampe, plus loin une fresque naïve dans le style de l'école
de Sienne, où le Christ prosterné reçoit, avec la coupe
amère apportée par les anges de douleur, la révélation
suprême de sa mission pour le salut du monde. Un
peintre vient d'achever sur les murs du monastère,
« livre des illettrés », d'autres scènes du drame chrétien ;
descendu de son échafaudage et reculé de quelques pas,
il juge son travail. Des disciples respectueux l'entourent ; un lis fleurit dans un vase de terre ; une cour
silencieuse montre au fond son pavé tapissé d'herbe
pâle ; les religieux, dans leurs robes au ton de vieil
ivoire, accueillent les voyageurs vêtus de bleu ; au-
dessus du mur de clôture, bordé de briques rouges,
s'étendent un grand ciel uni, d'un seul ton vert doré, un

paysage désert où quelques cyprès montent tout droit dans l'éther immobile, un fond de montagnes violacées baignant dans la douceur du crépuscule. Ici la vision est complète; rien ne peut rendre le recueillement de cette retraite idéalement silencieuse et hospitalière, où l'on travaille, on adore et on prie.

*
* *

A la Sorbonne, il s'agissait d'évoquer, aux murs du grand amphithéâtre destiné aux assemblées solennelles de toutes les facultés, en face des statues des fondateurs, toutes les hautes pensées et les spéculations supérieures auxquelles le lieu est consacré. Dans la clairière d'un bois, sur un tertre central, est assise l'antique Sorbonne, ayant à ses côtés deux génies, porteurs de couronnes et de palmes, hommages aux morts glorieux. Debout à côté d'elle, l'éloquence célèbre les luttes et les conquêtes de l'esprit humain. A droite et à gauche sont groupées des figures attentives symbolisant les diverses poésies. Du rocher qui les porte s'échappe la source vivifiante; la jeunesse vient y boire avidement et la science y puiser une nouvelle force. A gauche la philosophie et l'histoire sont symbolisées : la philosophie, par un groupe de figures représentant la lutte du matérialisme et du spiritualisme en face de la mort, l'un affirmant sa foi par un geste d'ardente aspiration vers l'idéal, l'autre montrant une fleur, expression des joies terrestres et des transformations de la matière; l'histoire, au milieu des antiques débris que les fouilleurs sont en train d'exhumer, interroge le passé. A droite, c'est la Science. De grandes figures offrent à des jeunes gens émerveillés de ces richesses, les trésors des plantes, de la mer, de la terre, de la vie. Autour d'une statue de la Science, des adolescents font serment de se vouer à son service ; d'autres, absorbés dans l'étude, ferment la composition.

Ce que ne dit pas cette description empruntée à la notice rédigée par M. Puvis de Chavannes lui-même, ce que peuvent exprimer mieux que les mots l'éloquence des lignes, les harmonies des tons associés ou contrastés, c'est la beauté du paysage préservé de tous les bruits de la terre par la clôture arrondie d'une épaisse forêt, fait à souhait pour l'entretien des muses et les méditations de la pensée, ouvert seulement sur le ciel, un ciel éternel qui ne connaît les variations des saisons, ni des heures, et revêt de lumière immuable les habitants de l'enceinte sacrée.

*
* *

Telle est cette œuvre qui, au premier regard, peut paraître inattendue et isolée au milieu de la production bruyante et confuse de l'art contemporain.... Si l'on considère cependant avec quelle reconnaissante admiration, quel touchant parti pris de n'en voir que les beautés, avec quelle sorte d'avidité à en sentir la douceur reposante, les jeunes gens sont venus à cette peinture méconnue si longtemps, on sera amené à penser que cette œuvre, en apparence égarée parmi nous, est peut-être l'une des plus vraiment *modernes* que notre temps ait vues paraître. « Mon maître, le grand Hegel, disait, a écrit Henri Heine, que, si l'on avait noté les rêves que les hommes ont faits pendant une période déterminée, nous verrions surgir devant nous, à la lecture de ces songes recueillis, une image tout à fait juste de l'esprit de cette période. » Ce qui date une œuvre d'art, en effet, c'est bien moins l'action ou le sujet que la nuance de sensibilité qui s'y reflète et la colore. Peut-être les critiques de l'avenir sauront-ils reconnaître et montrer, avec une précision qui ne nous est pas possible, dans ces grandes visions peintes, quelques-uns des caractères les plus intimes de notre temps, je ne sais quelle transposition plastique des sentiments qui ont fait se réfugier dans la musique la pauvre âme moderne.... On risquerait là-dessus d'écrire des sottises.... Il n'est pas douteux, cependant, que, beaucoup plus que tous les réalistes, Puvis de Chavannes a exprimé, dans son œuvre où les spectacles de la rue et l'*actualité* n'ont jamais eu de part, quelque chose où nous avons reconnu une convenance secrète avec nos propres inclinations et comme une réponse venue de loin à quelque attente inexprimée et vague. Il a donné, en tout cas, dans la forme la plus simple et la plus claire, ce que les modernes symbolistes réclament et annoncent, — et ne nous donnent pas. Si le *symbolisme* n'est, en effet, qu'une forme renaissante du très ancien désir de noter et de susciter, entre certains états d'âme ou d'imagination et la matière inerte de nos œuvres, entre notre pensée ou notre rêverie et la nature inanimée, une correspondance mystérieuse et des réactions efficaces, et de suggérer chez les spectateurs, par delà le *sujet* représenté, le *motif* intérieur, n'a-t-on pas le droit de dire que Puvis de Chavannes, comme Poussin d'ailleurs, est un grand symboliste? Mais ses pâles imitateurs ont trop oublié que ce poète a conservé intact et vigoureux en lui le fond bourguignon où il puisa sa force, qu'il a toute la santé robuste, le bon sens et le sang généreux des grands orateurs et écrivains de sa race, les Bossuet et les Buffon, et qu'il a marqué son œuvre de l'empreinte indélébile d'une virile volonté....

Ce qu'avait voulu ou rêvé l'ancien classicisme, au moins dans ses plus glorieux représentants, — non pas, certes, le formalisme étroit et sectaire d'un David, mais la grande et haute pensée d'un Poussin, — reste reconnaissable et constant dans l'œuvre de Puvis. Mais les conditions et les temps sont changés. La route est désormais libre qui permettra d'arriver au but; les avenues du rêve ont été dégagées. Nous savons que ce n'est pas en mesurant des statues romaines, en imposant à nos visions aimées l'implacable profil d'Antinoüs ou de l'Apollon du Belvédère que nous pourrons utilement servir l'immortelle et toujours nouvelle Beauté, ouvrir à notre temps ces asiles d'harmonie, de contemplation et d'amour que le grand art a la mission de lui rendre accessibles. Nous avons mieux compris les leçons de l'art, et les besoins de l'âme moderne.... *Inter artes et naturam !* Nous n'irons pas chercher très loin ce que Dieu a placé sous nos yeux; nous n'irons pas demander à la vieille entremetteuse romaine, dont les perfides conseils troublèrent et compromirent tant de fois les amours de Merlin et de Viviane, ce qu'elle ne saurait plus nous donner. C'est en nous pénétrant de plus en plus de la beauté et de la poésie de la terre natale, en y mêlant nos pensées et nos rêves que nous trouverons, d'âge en âge, la langue pittoresque la plus expressive des grandes choses et des beaux secrets dont l'Art doit entretenir la pauvre humanité.

Mais pour cela, gardons-nous surtout de ce prétendu *idéalisme* inconsistant, évanescent et morbide que nous voyons en quelques cénacles se réclamer du maître! Ne nous égarons pas à la recherche artificielle du « mystère »!

« La nouveauté dans la peinture, écrivait Poussin, ne consiste pas dans un sujet qu'on n'a pas encore vu représenté, mais dans la bonne et nouvelle disposition de l'expression ; un sujet, de commun et rebattu qu'il était, devient nouveau et singulier. Inventer dans un art, c'est penser dans cet art, c'est découvrir des harmonies propres à cet art. »

Puvis de Chavannes a découvert quelques-unes de ces harmonies. Son art est de l'art français, clair et franc, sans alliage étranger, et c'est de l'art « classique », au meilleur sens du mot. Toutes les qualités de composition, d'éloquence, pourrait-on dire, et de pondération chères à notre génie s'y retrouvent; et, par-dessus la tête des italianisants et des ultramontains, il donne la main aux vieux maîtres, fondateurs de la tradition française, française et non latine ou romaine, à ceux qui inventèrent l'*opus francigenum*.

Si nous devons jamais, — comme il faut l'espérer et y tendre sans cesse par l'étude et l'enseignement de notre art national encore presque entièrement ignoré, — renouer ces traditions, ce ne sera certes pas par l'abandon de notre instinct de clarté et de bon sens que nous y réussirons. De toutes les erreurs qui se sont implantées chez nous depuis la Renaissance, la plus funeste a été de croire et de laisser dire que l'art du moyen âge n'était que confusion, mystère et alchimie. Plusieurs de ceux qui, dans la presse, en parlent aujourd'hui avec l'admiration la plus éloquente, n'en savent pas beaucoup plus long, et l'idée continue de se propager que tout ce vieux monde, dont on ne distingue d'ailleurs ni les époques, ni les moments, fut un composé de sorciers, de somnambules et de mystiques hallucinés. Quand on a prononcé ces mots sacrés : « le sens du mystère », on a tout dit, et de bons jeunes gens se réclament de ces ancêtres inconnus pour essayer de nous imposer des œuvres mal venues, malsaines et que l'on dit troublantes.

« Le sens du mystère ! » mais nous l'avons tous, depuis le dindon de la fable. Tous, « sans savoir pour quelle cause », nous ne distinguons pas très bien le grand secret du monde…. Nous estimons seulement que les œuvres d'art, peinture ou sculpture, n'ont pas pour but de nous confier les doutes métaphysiques de leurs auteurs. M. Victor Cherbuliez a bien raison de soutenir que « l'art, c'est la nature débrouillée ». Il n'est pas du tout sûr, en effet, malgré Bernardin de Saint-Pierre, que le monde soit fait à notre usage et le melon créé pour être mangé en famille, par tranches; mais dans l'œuvre d'art, indubitablement, tout se rapporte à une fin, et cette fin, c'est nous-mêmes.

Nous prétendons aimer en Puvis de Chavannes un de ceux qui ont de notre temps renoué, rajeuni et non pas corrompu la grande tradition nationale, et tout à l'heure, quand nous fêterons sa glorieuse vieillesse, quelque nymphe pensive s'envolera du *Bois sacré* pour apporter au maître le rameau d'or qui fleurit aux troncs de la forêt enchantée où Merlin rencontra Viviane et où furent célébrées, pour la première fois, les fiançailles de la nature et de l'âme française.

EUGÈNE CARRIÈRE [1]

La dispersion aux enchères de l'atelier d'Eugène Carrière nous a valu d'avoir sous les yeux, pendant les trois jours d'exposition qui ont précédé la vente, un résumé de son œuvre entier. Aux parois de la galerie Manzi où peintures, esquisses et lithographies étaient une dernière fois réunies, des gestes de tendresse angoissée émergeaient lentement, enveloppaient le passant de leur appel doucement impérieux ; du fond de la pénombre mouvante dont le mystère frémit et s'anime et où ils ne se dérobent parfois que pour nous attirer dans une contemplation plus obsédante, des visages, — que la vie intérieure semble avoir modelés par le dedans de ses effluves tour à tour les plus caressants et les plus douloureux, — s'offraient à nous et nous introduisaient dans on ne sait quel monde crépusculaire, créé par l'art et la volonté du peintre, comme un refuge suprême aux plus intimes secrets de son cœur.

Comment naquit cette œuvre? Quels moyens d'expression révèle-t-elle? Au service de quelle sensibilité

1. *Revue hebdomadaire*, 6 mai 1920.

voilée et profonde, et de quelle pensée? Quelle place prendra-t-elle dans la grande histoire de notre peinture française au XIXe siècle? Ces questions venaient à l'esprit de tous ceux qui, en remontant la rue de la Ville-l'Évêque, essayaient de mettre en ordre les impressions reçues de toutes ces peintures et les souvenirs, tout à coup éveillés au fond de la mémoire, des années déjà lointaines, où Carrière lui-même, mort depuis quatorze ans bientôt, se plaisait à exposer dans les préfaces des catalogues ou à confier à ses amis, Gabriel Séailles et Gustave Geffroy, ses idées sur l'art, ses intentions et ses meilleurs désirs.

*
* *

Rappelons en deux mots les quelques particularités de sa biographie qui peuvent aider à l'intelligence de son œuvre. Sixième enfant d'une famille qui devait en compter sept, il naquit au mois de janvier 1849, à Gournay (Seine-et-Marne), d'un père originaire de la Flandre française et d'une mère, fille d'un médecin de campagne, de vieille souche alsacienne. C'est à Strasbourg que s'écoulèrent ses années d'enfance et d'adolescence. Au foyer, le père, obligé par ses affaires à de fréquentes absences, confiait tout le soin de l'éducation des enfants à la mère, dont le dévouement acharné, voué aux dures besognes, avait laissé dans la conscience et le cœur de son fils l'empreinte la plus durable et la plus bienfaisante. La vie était laborieuse et étroite; aussi, quoiqu'il comptât des « artistes » dans

ses ascendants, — son propre père, sorte de portraitiste de quartier, qui « tirait » à bon compte la ressemblance de ses voisins, amis et connaissances, et un
oncle, vaguement élève de Couture, professeur de
dessin au collège de Douai et auteur d'une copie du
Fauconnier, dont on parlait dans la famille, — le père
d'Eugène se préoccupa-t-il surtout, l'âge venu, de munir
ses enfants d'une instruction immédiatement « réali-
sable ».

Aussi ne prêta-t-il qu'une attention volontairement
distraite aux précoces succès et aux prix de dessin
remportés par Eugène qui, dès l'âge de douze ans, s'était
mis à fréquenter les classes de l'Académie de Strasbourg. Celui-ci avait dix-neuf ans quand on lui proposa
une place dans une manufacture de Saint-Quentin. Il
partit aussitôt; mais on n'échappe pas à sa destinée.
A Saint-Quentin, un maître l'attendait, une rencontre
décisive que n'avait pas prévue la prudence du père :
Maurice Quentin de La Tour! Ed. de Goncourt qui
provoquait, pendant les séances de pose accordées plus
tard à Eugène Carrière, ces récits de la jeunesse de
son portraitiste et les notait dans son *Journal*, attribuait
la plus grande importance à cette rencontre de l'élève
novice et s'ignorant encore, avec le maître de l'expression directe et de la vie. Et peut-être, en effet, est-ce à
ces tête-à-tête prolongés et fervents avec les pastels et
« préparations » de La Tour, qu'Eugène Carrière dut
les dessous toujours si solides et les constructions si
sûres de ses figures, même les plus évanescentes. Toujours est-il que, à cette école, son désir d'être peintre se

transforma en volonté tenace. Malgré les objurgations de son père et au risque d'encourir sa disgrâce, il quitta Saint-Quentin, partit pour Paris, y débarqua sans ressources et sans appui, chercha comme dessinateur du travail chez les industriels, prenant sur ses nuits pour assurer le pain du lendemain et se réserver le temps de suivre les cours de l'École des Beaux-Arts, où Cabanel l'admit bientôt dans son atelier.

Il y entrait à peine que la guerre éclata…, « la guerre », comme nous l'avons appelée pendant quarante-quatre ans. Ce n'est plus aujourd'hui que celle de 70, un simple incident de notre histoire. Carrière s'engagea aussitôt, revit sa famille en passant à Strasbourg, prit garnison à Neuf-Brisach et y fut bientôt fait prisonnier quand, écrasée sous les obus, la place dut capituler. Il fut interné à Dresde et c'est à grand'peine que, avant de quitter la ville, il put visiter les musées. Il n'en avait conservé qu'un souvenir assez vague. Presque rien de Rembrandt; les Rubens et surtout la *Madone de saint Sixte*, que Raphaël a dressée, puissante et pensive, les yeux pleins d'infini, dans son assomption glorieuse, entre le vieux pape et sainte Barbe, hantaient et enchantaient sa mémoire.

Il avait, d'ailleurs, mis à profit les heures qu'il avait pu dérober aux longues journées de sa captivité pour « travailler son dessin », si bien que, la paix signée et sa liberté recouvrée, il ne pensa plus qu'à reprendre sa place à l'École. Strasbourg était, avec l'Alsace-Lorraine, la rançon de la France vaincue; il s'établit définitivement à Paris et, de 1872 à 1876, il fut l'élève appliqué de l'atelier Cabanel. Il parlait sans amertume, et même avec une sorte de gratitude, de ces années d'apprentissage. « Cette éducation me paraissait une chose sacrée, disait-il plus tard à son ami Gabriel Séailles, devant me mener à un but que je n'apercevais pas, mais qui me semblait fatalement supérieur. » On était encore aux temps fabuleux où l'on consentait à apprendre son métier. Il poussa ses études jusqu'au concours préparatoire du Prix de Rome, obtint le premier rang pour l'esquisse. Mais n'alla pas plus outre.

L'année suivante, il se mariait, et, après avoir essayé, comme Cazin et plusieurs autres, d'un séjour à Londres, il rentrait à Paris, s'établissait rue de Vaugirard et se mettait au travail pour faire vivre, si possible, la famille qu'il venait de fonder et qui s'accroissait rapidement ; et c'est dans cette famille même, au cher foyer qui fut dès lors tout son horizon, qu'il allait trouver la matière de son œuvre et l'aliment de son génie. La Providence, toujours équitable, ayant négligé de le faire riche, lui fournit gratis ses modèles.

*
* *

> Je dirais à l'enfant la plus chère à mes yeux :
> Tiens-toi debout devant le soleil qui se lève.
> Aussi loin que ton ombre ira sur le gazon,
> Aussi loin je m'en vais borner mon horizon.
> Tout bonheur que la main n'atteint pas n'est qu'un rêve.

On ne saurait appliquer, sans une variante radicale, à Eugène Carrière ces vers du fameux sonnet de Joséphin Soulary. Ce n'est pas dans la clarté du soleil qu'il se plut à placer l'image des êtres aimés. Au moment précis où le mot d'ordre dans tous les ateliers était de décrasser les palettes, de proscrire toutes les ombres, de proclamer qu'elles ne sauraient être désormais que bleues et indigo dans la clarté dévorante du jour, sa première originalité fut de s'enfermer dans un logis bien clos, d'y peindre de préférence aux heures crépusculaires et même, si, par aventure, les cheminées venaient à fumer, de bien se garder d'ouvrir la fenêtre et d'appeler les fumistes. Il n'eut jamais, comme le hibou de La Fontaine, la curiosité d'aller voir

> Comment est fait le soleil à midi.

Alors que l'on prétendait ramener la jeune peinture et celle de l'avenir aux tons purs, saturés et même systématiquement divisés, afin d'obtenir, par le mélange optique, des transparences et des vibrations plus subtiles, il se mit avec une sorte d'entêtement sentimental et d'obstinée ferveur, à composer, sur sa palette à base de bruns bistrés et de gris endeuillés, des harmonies en sourdine, à évoquer, dans les brouillards mouvants, les chers visages et les gestes familiers qui peuplent et qui rythment l'intimité de la vie familiale....

Mais cela ne se fit pas en un jour. C'est une grande erreur de croire que, dès ses premiers essais, il avait trouvé sa « manière » et qu'il s'y tint avec intransigeance d'un bout à l'autre de sa vie. Selon la formule célèbre, chère aux rapins des temps romantiques, il eut lui aussi ses trois périodes : il se *chercha*, il se *trouva* et il se *depassa*. La période de recherches, de tâtonnements progressifs vers l'expression plastique de plus en plus étroitement adaptée aux prédilections du cœur, au rêve intérieur, fut en somme assez courte. Si l'on classait chronologiquement les peintures de Carrière, depuis le *Portrait de sa mère* (1876) jusqu'au *Premier Voile* (1886), on le verrait, en ces dix années, par éliminations et simplifications graduées, passer de la polychromie, d'ailleurs discrète, de ses débuts à ce parti pris définitif de ne plus peindre et construire que par les *valeurs*, de tout exprimer par des grisailles où tombe encore parfois, comme une larme, une goutte de *couleur*, aussitôt diluée dans une monochromie volontaire. Ah! la mère Angélique, qui mettait en garde contre le danger de « satisfaire plusieurs sens à la fois » les fidèles trop attentifs à la musique des offices en même temps qu'à la peinture des tableaux d'autel, n'aurait ici rien à dire. J'ai lu quelque part que des influences « huguenotes » héréditaires avaient pu agir sur Carrière (qui était, d'ailleurs, né catholique et est mort, je crois, en dehors de toute confession religieuse) et je ne saurais confirmer ou contredire ce propos. Mais si l'art spécifiquement « huguenot » — à supposer qu'il y en ait un, — se définit par une austérité intransigeante, celui d'Eugène Carrière pourrait servir à l'illustrer.

*
 * *

Un des plus anciens tableaux que j'aie vus de lui est au musée d'Avignon. Il fut acquis par l'État au Salon de 1879. Carrière était marié depuis deux ans, et c'est ici son premier né que l'on voit aux bras de la *Jeune Mère allaitant son enfant,* comme, dans cette femme brune, à la charpente osseuse solidement construite, à la physionomie grave, mélancolique et tendre, on reconnaît déjà le modèle toujours présent, toujours patient et toujours bienfaisant qui reviendra, d'un bout à l'autre de son œuvre, sous des cheveux châtains et sous des cheveux grisonnants, tantôt penchée sur un nourrisson, tantôt entourée d'une couronne d'enfants de stature inégale, dans toutes ses *Maternités.* Elle est ici assise, dans une chambre où pénètre, à travers les stores baissés, une lumière fine et discrète; vêtue d'une jupe de ton vineux, la gorge et les bras nus, elle allaite un enfant enveloppé d'une couverture à raies bleues. Une table de bois rustique est près d'elle, où sont posés des pots de grès et de simples faïences; leurs panses brunes ou rougeâtres composent avec le carrelage de briques et la robe de la jeune femme, sous le glissement caressant des rayons tamisés, une harmonie voilée, mais pleine et riche, qui enveloppe de son accompagnement discret le beau profil penché et le geste tendrement attentif de la mère.

En 1882, dans le *Portrait d'enfant,* un petit corsage rouge grenat, en 1883, dans le *Portrait du grand-père* avec sa petite-fille, un ruban mordoré, un coussin rouge, les manches du tablier de l'enfant, dans une autre *Maternité* de 1886, un bouquet de fleurs sur un coin de table, animeront encore çà et là de la note plus vive ou plus chaude d'un rehaut de couleur, la pénombre où se meuvent silencieusement et où se modèlent les visages aimés et les gestes expressifs.... Peu à peu, ces notes s'éteindront une à une et rien n'enrichira plus ou ne diversifiera la monochromie fondamentale de ces tableaux, où la vie, ramenée à sa plus simple expression, se recueille et s'enferme et reste pourtant, grâce à la justesse exquise des valeurs, à la puissance expressive des modelés, à la délicatesse et à la profondeur de l'observation, présente et persuasive.... Le reflet d'un anneau nuptial au doigt de la mère, d'un bracelet au poignet d'une jeune fille, d'un gobelet d'étain dans la main d'un enfant, le glissement d'un pâle rayon sur une épaule nue suffisent à éveiller, dans la monotonie de ce monde silencieux, des résonances, à prolonger jusqu'au fond de l'ombre des échos et des vibrations en sourdine....

A quoi bon, semblent nous dire toutes ces figures, à quoi bon plus de lumière, plus de couleurs, plus de diversité? Cette mère serait-elle plus humaine, plus belle, de cette beauté qui parle surtout au cœur, si le peintre l'avait parée d'atours plus brillants et avait fait fleurir autour d'elle toute la splendeur des printemps? Est-il rien ici-bas qui vaille la tendresse? Que serions-nous sans elle et comment irions-nous jusqu'au bout du douloureux pèlerinage, si elle n'était là pour assister notre courage, soutenir chacun de nos pas ? La voici, par l'art et la volonté du peintre, dégagée de toute vaine contingence.... Cette peinture, que vous dites intentionnellement et abusivement appauvrie, s'enrichit au contraire de tous les trésors de l'intimité et de la plénitude du cœur. Vous vous plaignez d'étouffer dans l'air raréfié d'un monde artificiel où la vie diminuée ne reçoit plus que les reflets décolorés de la réalité trop lointaine. Vous êtes au contraire dans la communion directe et rendue sensible de ce qu'il y a de plus irréductible, de plus bienfaisant et d'incorruptible dans l'éternel amour. Ce n'est pas un caprice de l'artiste, c'est un besoin profond de son esprit et de son cœur qui, jour à jour, a déterminé son choix et son parti pris. Une de ses sentences favorites était qu'il faut « accepter la vie, consentir à la vie ». Elle s'écoula pour lui dans l'humble foyer, où les berceaux ne furent jamais vides, où la gaieté ne fut jamais bruyante, où le recueillement et la méditation, plus que la curiosité extérieure, furent la forme habituelle de la pensée. Dans la préface du catalogue de l'exposition d'un choix de ses œuvres, ouverte en 1896, rue de Provence, dans la maison de « l'Art nouveau », — art nouveau, si vite vieilli ! — Eugène Carrière écrivait : « Dans le court espace qui sépare la naissance de la mort, l'homme peut à peine faire son choix sur la route à parcourir, et à peine a-t-il pris conscience de lui-même que la menace finale apparaît. Dans ce temps si limité, nous avons nos joies, nos douleurs. Que du moins elles nous appartiennent. Que nos manifestations en soient le témoignage et n'appartiennent qu'à nous-mêmes. C'est dans ce désir que je présente mes œuvres à ceux dont la pensée est proche de la mienne. Je leur dois compte de mes efforts et je les leur soumets. Je vois les autres hommes en moi, et je me retrouve en eux. Ce qui me passionne leur est cher. L'amour des formes extérieures de la nature est le moyen de compréhension que la nature m'impose. Je ne sais pas si la réalité se soustrait à l'esprit, un geste étant une volonté visible. Je les ai toujours sentis unis.

« L'émouvante surprise de la nature aux yeux qui s'ouvrent sous l'empire d'une pensée enfin voyante, l'instant et le passé confondus dans nos souvenirs et notre présence..., tout cela est ma joie et mon inquiétude. Sa mystérieuse logique s'impose à mon esprit; une sensation résume tant de forces concentrées ! Les formes ne sont pas par elles-mêmes, mais par leurs multiples rapports; tout dans un lointain recul nous réjouit par de subtils passages; tout est une confidence qui répond à mes aveux, et mon travail est de foi et d'admiration. Que les œuvres ici présentées témoignent un peu de ce que j'aime tant ! »

Sa pensée, comme on voit, s'enveloppait, comme sa peinture, de brumes inégalement transparentes. Mais on comprend bien ce qu'il veut dire, qu'il a senti bien mieux et plus spontanément et simplement qu'il ne l'exprimait et qui peut se ramener à peu près à ceci : le corps humain doit être, pour un artiste, non pas un modèle pour « académies » scolaires, mais un merveilleux idéogramme. La langue pittoresque contient, dans ses combinaisons infiniment variées, subtiles et renouvelables, toutes les possibilités d'expression; elle peut mettre tour à tour *l'accent* sur les moindres nuances de la sensibilité humaine. De Fra Angelico à Corrège, de Giotto à Michel-Ange, des imagiers de nos cathédrales à Jean Goujon et à Puget, de Jean Fouquet à Poussin, de Van

Eyck à Rubens et à Rembrandt, des miniaturistes du duc de Berry à Corot, l'histoire de l'art n'est que le livre toujours ouvert et que chaque génération enrichit d'une page inédite, où sont consignées, par les successives manières de peindre et de sculpter, toutes les pensées, toutes les émotions que les hommes ont éprouvées devant la nature et la vie depuis qu'ils ont pris conscience de la vie et de la nature. Aucune calligraphie ne contiendra jamais, aucune grammaire n'énumérera et ne codifiera jamais tous les rudiments de cette langue en création perpétuelle et, dans sa continuité profonde, en incessant renouvellement. Elle vaut, en définitive, ce que valent les sentiments et les émotions qu'elle a mis en évidence. Voici, à la fin du XIXe siècle, dans l'agitation et le trouble d'une génération qui a tout remis en question, qui a prétendu bouleverser et recréer l'art traditionnel, voici un homme de complexion mélancolique, un Alsacien épris de solitude et de vie intérieure, qui borne d'abord son ambition à l'intimité de son foyer ; il s'y « établit » comme au centre de la vie, mais, de là, par sympathie et communion progressivement élargie, il étendra jusqu'à la famille humaine tout entière ses observations, ses divinations et sa tendresse ; il évoquera dans les ombres complices et amies, çà et là frémissantes du passage d'un rayon ou d'un reflet, non plus seulement sa propre famille, mais, dans les hautes galeries d'un théâtre populaire, les figures penchées, les visages pensifs des spectateurs ; plus encore, il fera surgir dans les perspectives largement modelées d'un paysage de rêve des groupes d'humanité en marche vers des buts vaguement fraternels.... Et tout cela par des moyens techniques obstinément simplifiés où le dessin et la couleur se résolvent et se fondent en une monochromie intransigeante, les « valeurs » restant les seuls éléments du rythme, des modelés et même de la « construction » du tableau. D'ailleurs aucune concession à la curiosité anecdotique, au vain divertissement....

Consentez, par un effort de sympathie critique, à entrer un moment dans sa manière d'être, de penser, de sentir.... Il est digne de votre audience; tout ce qu'il dit vaut la peine d'être entendu, puisqu'il a choisi, en somme, dans le vaste monde, la cellule élémentaire et divine où s'élabore l'humanité. Les gestes qu'il observe, note et fixe dans ses tableaux sont pris au sanctuaire même et comme à la source de la vie.... Rien de conventionnel ici, qui sente « l'atelier », la *pose donnée* au modèle payé. C'est en regardant vivre autour de lui les êtres chéris associés à son existence, nés de lui, qu'il a, jour à jour, créé à leur image et à la sienne, sans banal désir de plaire, et comme sous la dictée doucement impérieuse de la destinée elle-même, cette œuvre devant laquelle la foule s'arrête, d'abord interdite et troublée, mais peu à peu persuadée et conquise, parce qu'elle s'y est reconnue. D'autres vous diront la gaieté et les fêtes de la lumière, la poésie des légendes, le tumulte et l'horreur des batailles, la réalité de la vie telle que les hommes la voient dans la rue, l'usine, l'atelier, les champs, les salons, les « palace », les « *dancing* » ou les beuglants.... Entrez dans ces « intérieurs » clos et enfumés où aucun luxe, aucune tentation, aucune séduction ne vous invitent. Vous y trouverez, condensée, résumée dans une plénitude de vérité, de tendresse et d'expérience, votre propre histoire.

*\
* *

Ce solitaire n'est pas, d'ailleurs, autant qu'on l'a dit, un « phénomène » isolé, sans racine dans notre peinture française. De son temps même et un peu avant lui, et tandis que le « pleinairisme » était en pleine vogue, un autre « lucifuge », Théodule Ribot, — dans un sentiment et avec une technique tout autre, il est vrai, — fouillait aussi d'un regard acharné l'ombre plus opaque, en faisait émerger en de vigoureux empâtements les figures puissamment maçonnées de ses marmitons et de ses vieilles femmes, comptables rigides ou sévères bourgeoises, dont le réalisme positif s'adoucissait parfois d'une savoureuse bonhomie. Bien plus, et si étrange et imprévu au premier abord que puisse paraître le rapprochement, on trouverait entre Carrière et notre grand Chardin plus d'un lien de parenté morale. Je me rappelle quelques *natures mortes* de Carrière (*oignons, confitures*), sans parler de celles qu'il introduisait comme accessoires dans ses premiers tableaux, qui témoignaient, sans aucune imitation littérale, d'une étude approfondie de l'art du peintre du *Benedicite*. Ces deux petits bourgeois qui passèrent l'un et l'autre leur vie dans leur humble intérieur, à peindre des êtres aimés et des objets familiers, étaient faits pour s'entendre. Je n'oublierai jamais ma dernière rencontre avec Carrière, rencontre n'est pas le mot juste, car il ne me vit pas et je ne l'abordai pas. C'était dans la salle Lacaze, quelques mois avant sa mort : il était arrêté avec son fils devant le *Benedicite* et il *expliquait* le tableau. Je ne l'entendais pas ; mais je suivais son geste de démonstration et d'enseignement, où l'on sentait plus de tendresse persuasive que d'autorité pédagogique, et je n'oublierai jamais ce groupe du père et du fils, du maître et du disciple, dont j'aurais voulu pouvoir prendre un « instantané ». Je n'osai pas interrompre leur tête-à-tête et je passai sans me montrer.... Certes, de Chardin à Carrière, dans l'interprétation qu'ils ont laissée de la vie telle qu'ils purent la voir et telle qu'ils la sentirent, les différences abondent, différences de temps, de régime, d'atmosphère, beaucoup de brumes et de complications s'étant ajoutées d'un siècle à l'autre au clair esprit français, mais, s'il y a différence, il n'y a pas opposition et, de l'un à l'autre, l'évolution peut être suivie.... Et l'un des moments intermédiaires de cette évolution serait l'œuvre de Prud'hon.... On pourrait dire que Carrière est un Prud'hon plus triste et plus endolori. Certes, il y a déjà beaucoup de mélancolie dans l'œuvre de celui-ci. Il avait vu finir un monde ; il avait vu les rouges lendemains des jolis carnavals roses qu'avaient célébrés les maîtres admirés encore du temps de sa jeunesse ; et cette douceur de vivre, qui les avait enchantés, s'était voilée pour lui des tragiques expériences des révolutions et des pires douleurs domestiques. Mais « sa grâce est la plus forte » et, s'il mène un deuil, c'est celui du XVIIIᵉ siècle dont les traditions, l'esprit et le charme sont restés présents et efficaces dans ses œuvres. Le voile s'est épaissi chez Carrière ; le renoncement est plus complet, la palette plus endeuillée. Mais, dans les modulations et le rythme de ses visages penchés et de leurs gestes lents, dans la tendresse de l'observation et le sentiment mélancolique de la grâce vivante, qu'il s'agisse du « passage » d'une main repliée ou tendue à un poignet délicat, de l'inflexion d'un cou sur une épaule, une fraternité reconnaissable les relie tous deux. L'on pourrait appliquer à l'un et l'autre le mot de Chardin qui donne tout le secret et la définition profonde des styles : « On se sert de couleurs, mais c'est avec le *sentiment* que l'on peint.... » Avec le sentiment ! on dirait aujourd'hui en certains cénacles : avec la seule raison, la raison raisonnante, orgueilleuse, et, si j'ose dire, bombycinante.... Préférons le « sentiment ».

*
* *

J'ai dit que Carrière remplit toutes les étapes de la vie des artistes, telles que les définissaient les bons rapins des temps romantiques : se chercher, se trouver, se dépasser. Il se « dépassa », c'est-à-dire qu'il finit par trop abonder dans son propre sens. Ce fut une erreur, — on le voit assez aujourd'hui quand on essaie de déchiffrer à la Sorbonne ses allégories opaques et illisibles, — ce fut une erreur de vouloir appliquer à la peinture murale, qui est faite pour parler de loin aux regards et à l'esprit des foules, les procédés, les intentions et la technique de ses tableaux de chevalet. Même dans ceux-ci, il lui arriva de pousser jusqu'à la gageure et au paradoxe la volonté de simplifier, résumer et synthétiser. Mais que ne pardonnerait-on pas à l'auteur de certaines *Maternités*, et de certains *Sommeils*? Je pense à celui de 1890, à M. Pontremoli, chef-d'œuvre central où il me semble que l'homme, le « contemplateur », le poète et le peintre s'accordèrent dans une de ces réussites complètes, toujours rares même chez les plus grands, qui allient la puissance à la grâce, la tendresse à la mélancolie, la noblesse du sentiment à la simplicité et qui élèvent jusqu'à la plus pathétique émotion un morceau de nature. C'est devant de tels morceaux, qui résument et expriment les meilleurs désirs du peintre, qu'il faut relire les paroles exquises que lui dédiait Albert Besnard, dans un banquet qui fut la dernière fête où parut Eugène Carrière, déjà secrètement atteint du mal qui devait l'emporter : « Tandis que certains de nous, disait le peintre de *la Féerie* et de *l'Ile enchantée* au peintre des *Maternités*, tandis que certains de nous, semblables à ces cavaliers des miniatures persanes, courbés sur le col de capricieuses montures, bravant l'âpreté du jour et sa fantasmagorie, pourchassent leur multiple idéal, vous, Carrière, préférant les grandes routes humaines, vous découvrez la vôtre à la clarté miséricordieuse des soirs. Je vous imagine volontiers assis sur le revers gazonné du chemin, scrutant les faces des passants que les dernières lueurs ramènent aux foyers, tristes ou joyeux, et vous levant tout à coup, lorsqu'un visage plus intéressant, peut-être plus douloureux, passe à votre portée, puis, d'un doigt fiévreux et sensible, cherchant, au travers des enchantements des modelés, la construction secrète qui vous permettra d'établir la base morale de l'individu que vous avez pour mission de révéler à la foule. »

Moins d'un an après cette soirée qui fut son apothéose, Eugène Carrière mourait. Au moment de subir, pour la seconde fois, une opération chirurgicale que l'on avait décidé de tenter, déjà privé de l'usage de la parole, il écrivait sur un bout de papier à un ami venu à son chevet : « Cette opération, c'est comme un suicide dont j'ai eu la lâcheté de charger deux de mes amis. » Sa force d'âme, son stoïcisme sans illusion et sans jactance, furent jusqu'à la dernière minute admirables. Tous s'inclinèrent avec respect et émotion devant l'homme et l'artiste qui fut, dans sa vie comme dans son art, un noble témoin de notre humanité....

Quand il eut à l'interpréter comme portraitiste, il montra comment, avec les ressources volontairement limitées de sa palette, il excellait à évoquer, avec la ressemblance formelle et les traits physionomiques du visage, l'intimité morale et comme le tréfonds de tout l'être. *Alphonse Daudet et sa fille, Gabriel Séailles et sa fille, Arthur Fontaine avec sa fille*, le sculpteur Devillez dans son atelier, debout, pétrissant la boule de glaise, ou avec sa mère, Carrière lui-même avec ses enfants, et les portraits multiples de celle qui fut la gardienne et la providence visible du foyer, le masque tourmenté et fumeux du pauvre Lelian avec son regard noyé de trouble extase et si douloureux, Gustave Geffroy, Élisée Reclus, le peintre Armand Berton, obsédantes effigies qui, se gravant à jamais dans la mémoire des yeux et de l'esprit, vous suivent et vous hantent de leur apparition quasi fantomatique!

Quelle place la postérité réservera-t-elle à cet art? La dernière et toute récente vente semblerait indiquer, si l'on pense à la folie de certaines enchères, que la renommée d'Eugène Carrière est entrée dans la période d'hésitation et de demi-sommeil que traversent même les plus grands au lendemain de leur mort, avant de s'établir paisiblement dans l'histoire. De notre temps, il est vrai, où les spéculations et les manœuvres des « grands » marchands ont introduit tant de dessous dans les fluctuations du marché des tableaux, il suffit qu'un *consortium* ait « pris » ou n'ait pas pris tel ou tel *article* pour que les « cours » s'en ressentent aussitôt. L'amateur, livré à ses propres inspirations, non « emballé » par une opinion adroitement machinée, est, de sa nature, timide; et ce n'est certainement pas aux prix enregistrés par les commissaires-priseurs que l'avenir mesurera la *valeur* artistique et morale des œuvres de notre temps. Celle d'Eugène Carrière, dans ses partis pris et son originalité, parfois un peu morbide, peut-être, vivra. Ceux qui viendront après nous iront encore y goûter l'art d'un des peintres les plus habiles à manier ce *sfumato* que Léonard de Vinci révélait aux maîtres de son temps comme l'acquisition la plus importante et la plus délectable de la peinture, après la précision trop sèche à son gré des primitifs, et ils y goûteront aussi les confidences d'un cœur d'homme qui fut tout gonflé du lait de l'humaine tendresse.

DEGAS

I. — LE PORTRAIT DE FAMILLE
SÉMIRAMIS — LES MALHEURS D'ORLÉANS[1]

Le *Portrait de famille* de Degas ne paye pas de mine,
il a été fort maltraité par le temps et paraît même
n'avoir pas reçu, dans l'atelier de l'auteur, tous les
soins dont il était digne. Un cadre de fortune ou,
plutôt, de misère, une toile par endroit lacérée, une
antique poussière depuis des années respectée; le
tableau lui-même conçu, peint et présenté sans aucun
désir de plaire, sans la moindre concession au goût
moyen du public. Et pourtant, dès le premier regard, il
vous arrête. Avant d'y être entré et d'en avoir analysé
les éléments, vous êtes avertis qu'il y a là quelque
chose de rare, et c'est bien moins une certaine originalité, bizarrerie même, de mise en page qu'une distinction suprême et secrète, une harmonie subtile, faite du
plus exquis sentiment des valeurs. Une tenture d'un
bleu pâle, argenté, couvre les murs d'un petit salon
bourgeois, assez pauvrement meublé; un cadre d'or
défraîchi, un cordon de sonnette, une glace où se

---

1. *Journal des Débats*, 9 et 17 mai 1918.

A. MICHEL. — Peinture française XIXe s. 17

reflète l'autre partie de la pièce, une assez laide pen-
dule et deux écrans encore plus laids sur une petite
cheminée de marbre gris, composent tous les éléments
du décor et s'arrangent tout de même pour jouer discrètement, dans l'innocente clarté du jour, un concert
très doux, très simple et délicieux. Donnez-vous le
plaisir d'analyser le rôle de l'humble cordon de sonnette dans cette symphonie presque en sourdine.... Si
vous aimez la peinture, c'est assez pour combler vos
yeux d'intime volupté. Si vous ne l'aimez pas, ne perdez
pas votre temps à regarder des tableaux et surtout à
lire ceux qui en écrivent et qui, selon un mot célèbre de
Degas, font profession d'expliquer ce qu'ils ne com-
prennent pas!

Dans ce décor bourgeois, quatre personnes sont
représentées. Devant la cheminée, dans un large fauteuil, vu de dos, mais tournant la tête de profil vers
l'intérieur de la pièce, un « monsieur » en veston, les
tempes et les joues éclairées d'un rayon frisant, regarde
le groupe que forment, à sa gauche, sa femme et deux
fillettes. Ici encore, le modelé et la *valeur* de cette tête,
en soi assez indifférente, la qualité des gris mastic du
veston et du col en velours sur les gris souris du marbre
de la cheminée mettent, dans l'harmonie totale, des
modulations délicates comme une caresse, tandis que la
mère et les deux enfants, elle debout, en noir, un peu
triste ou soucieuse, point jolie et point flattée par son
peintre, pose sa main droite sur l'épaule de sa fille
aînée et s'appuie de l'autre sur une table. Je parlais de
la sincérité du peintre, de son dédain de tout artifice

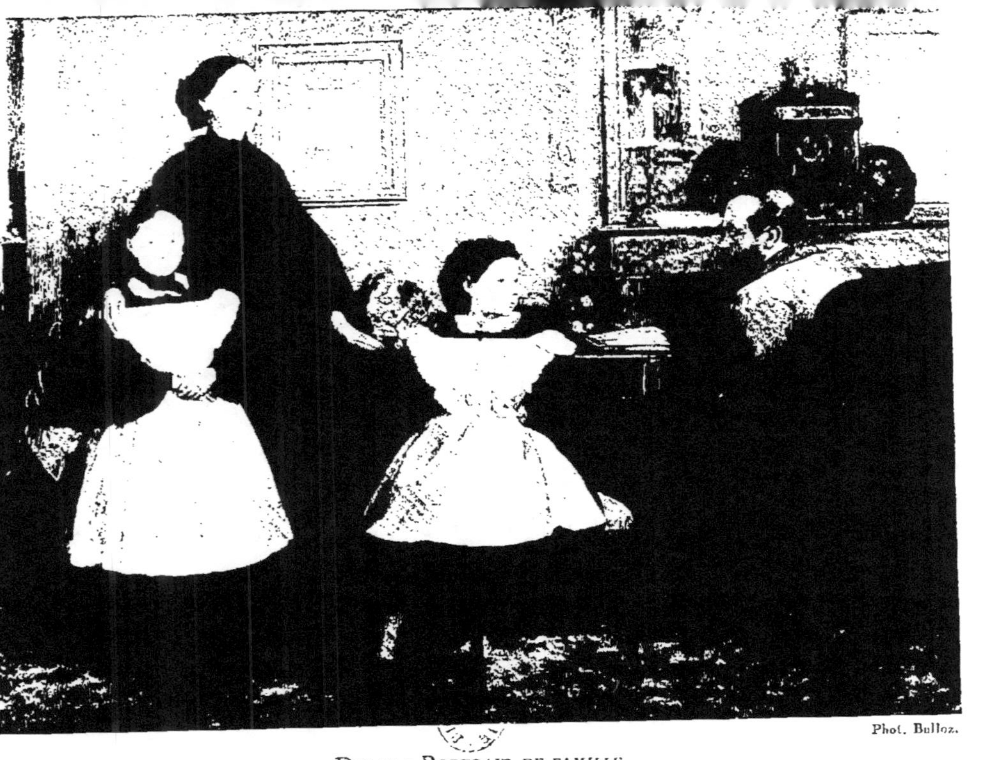

Phot. Bulloz.

Degas : Portrait de famille.

(Musée du Luxembourg, Paris)

Pl. VIII.

Peinture française au XIXe siècle.

qui ne tendrait qu'à plaire. Je ne crois pas qu'aucun primitif se soit jamais placé devant son modèle avec une ferveur plus intransigeante, ait d'une volonté plus forte et d'un dessin plus prenant observé, noté, capté la vie dans sa vérité simple et profonde, et je ne vois pas quel voisinage dans aucun musée du monde pourraient redouter cette femme en deuil et ces deux fillettes en robe noire et tablier blanc. L'une est debout contre sa mère, les mains croisées sur son tablier; l'autre est assise, adossée à la table; elle a ramené ses deux bras derrière sa taille, une jambe recroquevillée et disparaissant sous sa jupe courte. Et j'ai entendu vingt fois de bonnes gens dire avec étonnement et une nuance de mépris : « On lui a donc coupé la jambe! » J'ai si souvent vu, aux jours de mon enfance, mes sœurs, et maintenant mes petites-filles, dans cette posture, que je n'ai pas pensé une seule minute à m'en scandaliser....

Nous reverrons ce chef-d'œuvre, — que Degas peignit à Florence, à vingt-deux ans, d'après une de ses tantes et ses cousines, — au Luxembourg d'abord, puis au Louvre, quand le temps sera venu, et nous pouvons, je crois, attendre sans inquiétude le jugement de ceux qui viendront après nous et jugeront nos « achats ».

Degas était alors plein d'Ingres. Certes, il l'admirait déjà; mais je crois qu'il ne le connaissait pas encore. Il serait plus vrai de dire qu'il puisait aux mêmes sources la force dont une pareille œuvre témoigne et qui, dès lors, révélait un maître. Il était en Italie; il avait vingt ans, il découvrait en même temps la vie et l'art, et il n'est pas douteux, quand on étudie ses tableaux de jeunesse, — et la *Sémiramis*, et les *Malheurs d'Orleans*, et les admirables dessins multipliés pour la préparation de ces œuvres restées, d'ailleurs, inachevées, — que tout le *Quattrocento*, des Florentins aux Vénitiens, de Masaccio à Carpaccio, l'avait touché, sinon conquis. Il fit de Mantegna une magnifique copie. Je voudrais rendre attentifs nos plus farouches révolutionnaires, nos « sauvages », à ces débuts tout « classiques » de celui dont ils se sont si souvent réclamés.... Si j'en crois certains symptômes, nous aurions bientôt la surprise et la satisfaction d'entendre traiter Degas de pompier ; mais cela n'a aucune importance. Ce qu'il faut se demander, c'est comment l'auteur de pareils tableaux où s'annonçait un grand classique et qui semblaient promettre à l'art français un glorieux peintre d'histoire, en vint à peindre avec une sorte d'acharnement et de rage inassouvie, parfois désespérée, et quelque prodigieux talent qu'il y ait d'ailleurs dépensé, non seulement des danseuses et des danseuses encore, mais l'acrobatie très spéciale des femmes à leur toilette, se lavant, s'épongeant, se coiffant, se tubant ; comment, des grandes synthèses rêvées, ébauchées dans ses jeunes années, le même homme passa à l'analyse ardente, morcelée, passionnée, des simples *morceaux* de sa maturité....

*
* *

Voilà donc la *Semiramis* et les *Malheurs d'Orléans* acquis par l'État ; je m'en suis réjouis autant que je l'avais conseillé et souhaité. Si je me permets de le dire ici, c'est que plusieurs personnes s'en étonnent. « Ce n'est pas là le vrai Degas, celui des *jockeys*, des *dan-seuses*, des *repasseuses*, des *baigneuses*. A quoi bon faire entrer dans nos musées des œuvres de jeunesse que le maître semble avoir oubliées, reniées par la suite ? » J'ai recueilli vingt fois, depuis deux jours, ces propos et d'autres semblables. Je réponds : Ce que vous appelez le *vrai* Degas, vous ne le connaîtrez pas, l'histoire ne le connaîtra pas si vous supprimez arbitrairement de sa vie des témoins d'une telle importance et, à mon sens, d'une telle beauté. Et, d'ailleurs, avec la collection Camondo, avec ce que l'avenir ne manquera pas de nous amener encore de danseuses et de baigneuses, par dons ou par legs dont on pourrait déjà désigner un ou deux, soyez assurés que le corps de ballet qui évoluera sur les cimaises de nos musées sera très suffi-samment garni pour le goût des futurs abonnés des futurs opéras ; et que même les pauvres femmes, dont l'anatomie trop souvent disgracieuse et rachitique servit à l'observation amère et à la délectation morose du grand dessinateur, s'y épongeront, baigneront, essuie-ront en compagnie assez nombreuse pour que nos descendants ne puissent pas douter que les Françaises du dernier tiers du XIXᵉ siècle, ayant découvert le *tub*, en eurent comme la folie…. Que les amateurs donc se rassurent ! Nous ne manquerons pas de cabinets de toi-lette, de baignoires et de bidets. Tout l'attirail de la toi-lette intime des dames de ce temps aura eu son peintre, son grand peintre qui s'y arrêta et complut avec un achar-nement implacable et désespéré…. L'avenir le saura.

Les conseillers responsables, et voués par fonction à la salutaire critique, de Sa Majesté l'État n'avaient donc pas à pourvoir dès à présent à l'enrichissement de cette partie de nos collections nationales. Il était au contraire de leur devoir d'assurer à nos musées la possession de ces « tableaux d'histoire », non moins significatifs qu'exceptionnels dans l'œuvre du maître disparu et menacés peut-être, à cause même de leur distinction, de fortunes plus incertaines.

Avec quel intérêt, si j'avais eu le dangereux honneur de connaître M. Degas, j'aurais voulu l'interroger sur la genèse, l'élaboration, le « moment » de ces compositions si longtemps, si tendrement couvées, comme en témoignent les successives esquisses et les différents *états* de la *Sémiramis* et l'incomparable suite de dessins, études de nus, de draperies, de gestes, de chevaux dignes des plus belles choses du *Quattrocento* et qu'il pouvait sans crainte, dans ses vieux jours, comparer à tout ce qu'il avait collectionné de M. Ingres dans ce genre !

Regardons-les. La *Sémiramis construisant une ville* fut exposée au Salon de 1861 ; les *Malheurs de la ville d'Orleans*, à celui de 1865.... C'est donc, observons-le en passant, que le débutant, qu'était encore Degas, n'avait alors aucune objection à s'engager comme les camarades dans la carrière habituelle, qu'il s'y était fortement préparé et qu'il n'y fut pas mal accueilli. Celui dont on a voulu faire un révolutionnaire et un révolté commença comme tout le monde..., avec, en plus, des dons exceptionnels.

Ses premiers tableaux révèlent une profonde et rare

distinction, qui semble s'ignorer, mais dont la noblesse intime et cachée se reflète aux moindres détails de l'œuvre. Est-ce d'un bas-relief assyrien que lui vint la première pensée de la *Sémiramis* ? La princesse lointaine, en robe blanche, entourée de sa cour, debout sur la plate-forme d'un palais en construction, contemple surgir au loin, dans les brumes doucement soleillées, et monter comme dans un rêve, les tours, les murs et les terrasses de la ville future. Il n'est pas un seul morceau, un seul élément du tableau — qualité des tons si riches à la fois, si savoureux et si enveloppés et si délicatement harmonisés, simplicité grave et quasi solennelle du dessin, groupement original des personnages — qui ne s'impose à l'esprit avec une lente et persuasive autorité. Aucune affectation, aucune banalité chez ce débutant, retour de Florence et de Venise, tout imprégné des maîtres, mais exempt de toute imitation servile et de tout pastiche. Il s'est assimilé ce qu'il a vu. Son imagination s'est émue et il semble, à cette heure de sa vie, dans la sollicitation du rêve intérieur, autant que de ses beaux souvenirs, s'orienter vers une peinture d'histoire qui ne serait plus la calligraphie de l'École, mais l'évocation d'une *Légende des Siècles* adaptée à notre moderne sensibilité.

Pensez que, à cette date, le même rêve s'élaborait et s'était déjà formulé dans le cœur d'un Th. Chassériau, d'un Gustave Moreau, et bientôt d'un Puvis de Chavannes. Je ne me consolerai jamais que Degas ne soit pas venu enrichir cette noble phalange. Quelle force, quelle originalité nouvelle ne lui eût-il pas apportées et, pour notre art français, quel enrichissement ! Les mêmes qualités dans une gamme et un rythme très différent distinguaient quatre ans plus tard les *Malheurs de la ville d'Orléans*, et les dessins préparatoires de ce tableau sont aussi beaux, pour les études de nus, que l'étaient pour des draperies ceux de *Sémiramis*. Enfin, le délicieux portrait de *Mlle Fiocre dans le Ballet de la source* réunissait dans une sorte d'apothéose ces qualités de portraitiste, de metteur en scène et de coloriste....

Entre temps, d'admirables portraits, le sien propre, celui du graveur Tourny, de Bonnat, de la jeune femme accoudée, montraient que le peintre du *Portrait de famille* allait ajouter un nom glorieux à la longue liste de nos portraitistes français et, certes, il tint par la suite cette partie au moins des promesses de ses débuts. Des morceaux comme ce *Portrait de Dame en gris* avec une écharpe noire et une petite rose piquée dans le chapeau noir, — qu'un amateur avisé a voulu acquérir à tout prix et que j'aurais tant souhaité pour le Louvre, — comme le merveilleux Manet accroupi sur la housse d'un canapé, compteront un jour parmi les chefs-d'œuvre de notre inégalable école de portraitistes. Mais c'en était bien fini de la « peinture d'histoire ».

II. — LE PESSIMISME DE DEGAS[1]

En même temps que nos peintres célébrèrent avec un lyrisme croissant et dans une langue plus sonore les fêtes de la lumière et les miracles ou les féeries de la nature, ils évoquèrent l'image d'une humanité plus laide et plus avilie. A peindre les splendeurs des « êtres qui ne pensent pas », comme disait Théodore Rousseau (en ajoutant, il est vrai, « mais qui nous donnent à penser »), ils mirent je ne sais quel optimisme émerveillé ; mais du commerce ou de l'observation de leurs semblables, on dirait qu'ils ne rapportèrent que mépris, ou, tout au moins, curiosité malveillante, ricanante et pessimiste. Cette chair, cette « vraie chair poudrée de veloutine, la chair maquillée de théâtre et d'alcôve, telle qu'elle est », que leur réclamait Huysmans avant sa conversion, tout en invectivant, d'ailleurs, « cette brute de Courbet », ils prirent un plaisir singulier à la peindre dans les lumières factices où elle se montre ; les tics, les tares, les déformations professionnelles leur furent un objet inépuisable d'études. Influence du réalisme, réaction contre les fadeurs et les fausses élégances, les attitudes conventionnelles et les poses d'atelier du néo-classicisme et de l'académisme, et aussi contre les romances sentimentales et le bric-à-brac romantiques ? Sans doute. Il

1. *Journal des Débats*, 9 juin 1914.

faudrait encore, peut-être, noter discrètement chez quelques-uns des habitudes de vie, d'obstinées traditions de bohême, plus romantiques qu'ils n'auraient voulu en convenir, — ce que les astronomes appellent l'équation personnelle. — Voyez *la Clownesse* (*Mlle Cha-u-ka-o*), de Henri de Toulouse-Lautrec. On sent que ce malheureux nain (« Et dire, confessait-il, que je n'aurais peut-être pas été peintre, si j'avais eu les jambes un peu plus longues »), qui passa sa pauvre et courte vie à regarder de bas en haut les hommes et les femmes, eut — à peindre cette espèce de géante, aux appas débordants, dont les formes opulentes s'écroulent hors du corset qu'elle agrafe à grand'peine et remplissent de leurs vastes rotondités l'ampleur de la bouffante culotte noire, — je ne sais quelle admiration à la fois gouailleuse, mélancolique et émerveillée. Mais de quel dessin mordant et avec quel ragoût de couleurs où les jaunes et les noirs jouent sur un fond strié de verts et de roses, il accommoda ce modèle qui l'eût écrasé, en « s'asseyant dessus », à la manière de Jeanne Bloch !

Degas, quand il regarde des danseuses ou des repasseuses, n'oubliera jamais, à côté du geste professionnel (une jambe de danseuse avec ses déformations spéciales est pour lui un champ presque infini d'observations), de montrer les tares spéciales dont ces pauvres échantillons d'humanité offrent d'inépuisables exemples, et aussi les expressions passagères où se reflète leur lassitude ou leur... « embêtement ». Tandis qu'une des deux *repasseuses* pèse des deux mains, les épaules levées, sur son fer et sur son linge, l'autre baille à bouche que veux-tu et s'étire les bras à les faire craquer. Ah! il est évident qu'elle en a assez de sa chienne de vie! Dans le cabaret où le graveur Desboutins (que ceux de ma génération ont tous connu et qui est ici étonnant de ressemblance) est assis, la cigarette à la bouche, *devant* une « consommation », une buveuse d'absinthe est venue s'asseoir, l'œil vague et la face hébétée. M. P.-A. Lemoisne rappelle (voir dans la collection l'*Art de notre temps*, le volume sur *Degas*) que ce tableau, quand il fut exposé en 1893 à Londres, aux Crafton galleries, fut cause d'un grand scandale et de longues polémiques. Des artistes comme sir William Richmond et Walter Crane protestèrent contre ce réalisme offensant. Frédéric Wedmore écrivait : « *His woman with the absinthe is so horribly true that it is at least a lesson in human degradation.* » Mac Coll et d'autres prirent, en revanche, énergiquement, la défense de ce « document humain », de cette « tranche de vie », et le résultat fut que le propriétaire, M. Kay, voulut se défaire sur-le-champ d'une toile si compromettante..., et la vendit au comte de Camondo alléché par le bruit...!

Les « purs » artistes ne manquaient pas d'arguments pour répondre aux « Philistins ». Depuis les manifestes de Courbet et de Duranty, la doctrine était formulée : « En littérature, avait proclamé Duranty dans un manifeste qui se ressent trop de l'amitié de Courbet, on s'est jeté dans l'homme moderne, l'homme laid, selon messieurs les « artistes »; le réalisme est arrivé demandant place pour le spectacle universel et il a envoyé promener les Adonis et les Quasimodos..., alors les vrais ouvriers, les vrais paysans, les vrais bourgeois dans leur étroitesse, tout a été peint: *être, c'est être beau comme spectacle*, comme objet de contemplation, puisqu'on intéresse. Pourquoi les peintres n'ont-ils pas suivi la littérature ou n'ont-ils adopté que les extravagances romantiques? L'intelligence large accepte, étudie le monde entier et jouit d'assister à son mouvement... etc., etc. » Et Huysmans, dix ou douze ans après, reprenait le thème à sa manière et dans un style meilleur, et célébrait comme un triomphe l'avènement dans la peinture française de « *la Fille*, le visage crispé, l'œil fascinant dans son réseau de poudre bleue étendue par l'estompe », de la « femme déshabillée » dont il s'agit de nous montrer, de caractériser « la nationalité, la condition, l'âge, l'état intact ou défloré... ». Et si vous préférez l'*Antiope* du Corrège, libre à vous, sale bourgeois! (Voir l'*Art moderne*, de Huysmans, pages 132, 239, 245, etc.).

Nous avons tout accepté; nous sommes tous d'accord, d'ailleurs, depuis Boileau, qu'il n'est point de monstre odieux que l'art d'un maître ne puisse rendre intéressant, sinon plaisant, et depuis Musset qu'un âne,

Pour Dieu qui nous voit tous, vaut autant qu'un ânier;

et même, si vous voulez, un âne galeux qu'un âne bien portant. Mais tout de même, à la longue, on se fatigue plus vite des spectacles ignobles et des intentions systématiquement agressives que de la sympathie largement humaine, vivifiante, créatrice de beauté. « Ne pensez-vous pas, écrivait Jacques Elliot à Burne Jones,

que, de part et d'autre, on écrit beaucoup d'inutile ver-
biage sur le but de l'art? Un esprit malpropre fera de
l'art malpropre, qu'il ait en vue l'art seul ou autre chose,
et un esprit médiocre fera de l'art médiocre. Après
quoi, il est certain que l'œuvre produira nécessairement
sur les autres un effet conforme à la noblesse ou à la
bassesse d'âme de l'artiste. »

Il est incontestable qu'il entre dans l'art d'un Degas
beaucoup de pessimisme; mais on n'y trouverait certes
rien de *bas*. On reconnaît toujours dans ses moindres
croquis, et si humble ou si laid que soit le motif, la
marque d'une distinction native. Le sujet peut être
déplaisant, le *thème* n'est jamais banal et, si l'intention
est souvent amère, l'exécution est toujours savoureuse.
Il n'est, d'ailleurs, pas arrivé du premier coup, au point
où nous le montrent ses dernières études de *femmes
nues* ou de *danseuses*. Ses « mots » cruels ou « rosses »
et longuement préparés sont célèbres : certains n'ont
eu que le désir de plaire et, comme dit Sainte-Beuve,
c'est le doux charme par où ils ont péri; lui, est obsédé
de la crainte de plaire. Après une soirée passée, dans
un cercle d'amis, à contredire et à intimider, on raconte
que, sur le pas de la porte, au moment de sortir, il
s'arrêta tout à coup, et se retournant vers l'assistance :
« S'il y a par hasard quelqu'un ici à qui je n'ai pas été
désagréable, je le prie de vouloir bien agréer toutes
mes excuses. » Avec cela, un homme excellent; mais on
le rendrait furieux et on se ferait mépriser, à le lui dire.
Pour soutenir longtemps un tel personnage, il faut la
complaisance bénévole et infatigable du public. J'avoue

que, à haute dose et à jet continu, le genre me deviendrait insupportable et bientôt odieux. Je n'ai pas besoin de vous, je vous assure, pour apercevoir les tares et la laideur de la vie. Proposez-moi plutôt quelque beau sujet de contemplation.... Ah ! que voilà bien, n'est-ce pas, un propos de « littérateur », de ces littérateurs « qui expliquent les arts sans les comprendre », suivant un autre mot, souvent cité, de M. Degas !

Eh bien, non. Ce n'est pas pour des raisons littéraires et sentimentales que nous préférons l'*Atelier* de Corot à l'*Absinthe* — ou la *Raie* de Chardin aux *Pommes* de Cézanne ; mais nous avons bien le droit, à travers les notations « artistes » et les particularités de la peinture, de reconnaître les nuances d'humanité d'où les unes et les autres procèdent et de mesurer nos préférences au degré de bienfaisance qu'elles nous révèlent. *Cosa mentale* : si cette définition de la peinture est encore vraie depuis Léonard de Vinci, convenons qu'il est des mentalités inégalement saines ou désirables. Mais voilà encore un mot, non plus de « littérateur », mais de moraliste, et encore plus méprisable aux yeux des purs artistes pour qui rien n'est moral ou immoral ! Ils le disent sans en rien savoir. Observez-les seulement et vous les verrez se donner à chaque heure les démentis les plus décisifs. Ils se croient de grands esthètes et ne sont, tout au fond, que des enfants prétentieux. J'en ai connu aussi qui étaient en même temps corrompus jusqu'aux moelles. C'est une supériorité, si vous voulez, mais il ne faut pas en abuser....

TABLE DES MATIÈRES

A. Mɪᴄʜᴇʟ. — Peinture française XIXᵉ s.   18

TABLE DES MATIÈRES

95 634. — Imprimerie Lahure, 9, rue de Fleurus, à Paris. — 1928.